Roland Roth

Die fremde Dimension

Begegnungen mit dem Unfassbaren und anderen Realitäten

Mythen & Mysterien

Roland Roth

Die fremde Dimension

Begegnungen mit dem Unfassbaren und anderen Realitäten

Mythen & Mysterien

„Die fremde Dimension"
Erste Auflage August 2015

Ancient Mail Verlag Werner Betz
Europaring 57, D-64521 Groß-Gerau
Tel.: 00 49 (0) 61 52/5 43 75, Fax: 00 49 (0) 61 52/94 91 82
www.ancientmail.de
Email: ancientmail@t-online.de

Coverfoto: Roland Roth ©
Umschlaggestaltung: Sandra Schmidt
Druck: Digital Print Group O. Schimek GmbH

ISBN 978-3-95652-116-4

„Ein Traum ist wie ein Schatten von etwas Wirklichem.“
(australisches Sprichwort)

Inhalt

Einige Worte vorab: Nichts ist unmöglich ...

Nichts ist unmöglich, so wird einst auch der Visionär Jules Verne gedacht haben, als er seine beeindruckenden Zukunftsromane zu Papier brachte.

Jules Gabriel Verne (1828 - 1905) war ein französischer Schriftsteller, der Zukunftsromane schrieb, die wegweisend sein sollten. Doch Verne betrachtete sich weniger als einen Fantasten, sondern vielmehr als ein Autor „wissenschaftlich belehrender Romane". So bezeichnete er auch stets sein Werk selbst, was er immer wieder untermauerte, indem er in seine Romane ganze Kapitel aufnahm, die nur dem Zweck der Informationsvergabe dienten, so etwa *Der Sklavenhandel* im Roman *Ein Kapitän von 15 Jahren.*

Was Vernes Werke auch heute noch so faszinierend macht, ist die Tatsache, dass er Dinge ersann, die viele Jahrzehnte später Wirklichkeit werden sollten. Er recherchierte sorgfältig, was den technologischen Fortschritt seiner eigenen Zeit betraf und dachte weiter, wie sich Fortbewegungsmittel und andere technische Spielereien über die Jahrzehnte entwickeln würden.

Jules Verne wuchs im Reeder Viertel der Hafenstadt Nantes auf und war das älteste von 5 Kindern. Schon mit elf Jahren packte ihn die Abenteuerlust und er versuchte, als Schiffsjunge anzuheuern, doch sein Plan wurde in letzter Minute vereitelt. Er besuchte das Gymnasium und studierte schließlich Jura, wobei er später die Anwaltspraxis des Vaters übernehmen sollte. Schon in seiner Studienzeit begann Verne mit dem Schreiben. Während seines Studiums lernte er Alexandre Dumas den Älteren und Alexandre Dumas den Jüngeren kennen, die ihn ermutigten, seiner Leidenschaft zu folgen. Nach Abschluss des Studiums blieb Verne in Paris und versuchte sich als Theaterautor.

Veröffentlicht wurden Vernes Werke erstmalig 1851, doch erst vier Jahre später sollte mit *Ein Winter im Eis* sein erster Roman publiziert werden. 1857 heiratete er, später verdingte er sich als Börsenmakler, unternahm zwei Schiffsreisen und frönte so seiner Liebe für die Schifffahrt und das Reisen in fremde Länder. 1862 machte er endlich Fortschritte als Autor. Verne lernte den Jugendbuchverleger Pierre-Jules Hetzel kennen, der seinen Roman *Fünf Wochen im Ballon* verlegte. Über seinen Verleger kam

Verne in Kontakt mit verschiedenen Forschern und Erfindern, die sein Wissen vermehrten und seine Phantasie anregten. *Fünf Wochen im Ballon* erwies sich als Erfolg, für Verne war dies der Durchbruch und der Beginn seiner fruchtbarsten Phase.

1864 erschien *Reise zum Mittelpunkt der Erde*, 1865 *Von der Erde zum Mond*, 1869 *Reise um den Mond*, 1870 *20.000 Meilen unter dem Meer*, 1873 *In 80 Tagen um die Welt*, 1875 *Die geheimnisvolle Insel* und *1876 Der Kurier des Zaren*, die allesamt zu seinen wichtigsten und auch heute noch bekanntesten Werken gehören. Mit seinen Reise- und Abenteuerromanen, die oftmals phantastische Elemente enthalten, sprach er ein großes Publikum an und seine Werke wurden schon zu Lebzeiten in zahlreiche Sprachen übersetzt. Nach 1880 hatte Verne seinen schöpferischen Höhepunkt überschritten, war aber weiterhin fleißig und schrieb einen Roman nach dem anderen. Ihnen allen ist jedoch gemein, dass sie längst nicht so bekannt sind wie die großen Stoffe von Jules Verne, die mit Beginn der Filmtechnik auch immer öfters verfilmt wurden.

Eine Sensation gab es 1999, als ein lange Zeit verschollenes Skript von Jules Verne auftauchte. In *Paris im 20. Jahrhundert*, das er 1860 verfasst hat, beschreibt er, wie er sich die Seine-Metropole der Zukunft vorstellt. Verfilmungen der Romane von Jules Verne gab es schon, als der Film noch jung war. Die ersten Werke konnte Verne auch selbst noch miterleben, entstand doch 1902 unter der Regie von Georges Mélies *Die Reise zum Mond*. Seitdem wurden weltweit Verfilmungen von Jules Vernes Stoffen angestrebt, wobei man sich sehr häufig natürlich auf seine bekanntesten Romane konzentriert hat. Viele Verfilmungen sind den Vorlagen nicht unbedingt treu geblieben, aber Änderungen von einem Medium zum anderen sind immer unumgänglich. Zudem muss gerade bei einem Thema wie diesem gelten, dass Verne als Katalysator der Phantasie der Filmemacher dient, die oftmals auch nur Kleinigkeiten von Vernes´ Vorlagen übernehmen, denen man aber den Enthusiasmus heute noch anmerkt. Aktuell fühlen wir den magischen Zauber von Vernes Romanen, denn sie zeigen uns unzweifelhaft, dass die Welt hinter dem Wahrscheinlichen noch andere Wahrheiten besitzt, die wir als die Welt des Rätselhaften bezeichnen.

Für Verne war vieles möglich. Auch heute haben wir große Denker, die viel zum Verständnis unserer Welt und dem Kosmos beitragen haben, so auch der Physiker Professor Stephen Hawking, wenn auch er manches Mal an sich selbst zu zweifeln scheint. Aus einer Pressemeldung vom 17. Mai 2011 lesen wir beispielsweise:

„Hawking glaubt nicht an ein Leben nach dem Tod. Er gilt als der klügste Mensch unserer Zeit, doch dass ihm sein immenses Wissen über den Tod hinaus erhalten bleibt, daran hat Professor Stephen Hawking seine Zweifel."

Der klügste Mensch der Welt glaubt nicht an ein Leben nach dem Tod!

„Ich sehe das Gehirn als einen Computer, der aufhört zu arbeiten, wenn seine Bestandteile versagen", sagte der Astrophysiker und Bestseller-Autor in einem Interview mit dem britischen „Guardian".

„Es gibt keinen Himmel oder Leben nach dem Tod für kaputte Computer. Das ist ein Märchen für Leute, die sich im Dunklen fürchten."

Er lebe seit Langem mit der Erwartung, bald zu sterben, so der fast vollständig gelähmte Hawking. *„Ich habe keine Angst vor dem Tod. Aber ich habe es auch nicht eilig."*

Ist diese Erklärung nicht ein wenig vorschnell? Trotz einer nicht sehr hohen Lebenserwartung nutzt er seine einzigartigen geistigen Möglichkeiten, uns sein umfangreiches Wissen mit phantastischen Denkmodellen zu präsentieren.

„Ich sehe das Gehirn als einen Computer, der aufhört zu arbeiten, wenn seine Bestandteile versagen", sagt Hawking. Nun, möglich, dann frage ich mich aber (sollte er sich vielleicht auch), wofür das alles da (!) ist? Der Mensch, das Leben, das schier unendliche All, der Sinn und danach zu suchen: Ist das nicht übereinstimmend mit der Frage, ob wir alle – vom Menschen bis zum kleinsten Bakterium – Bestandteil eines großen Plans sind? Es also auch ein Leben nach dem Tod geben kann? Ich denke, es gibt da zu viele Hinweise und Indizien, dass nicht alles nur „biochemische Reaktionen" sind.

Außerdem: „Sich im Dunkeln fürchten" hat möglicherweise einen ureigenen Hintergrund, den Hawking versäumt hat, in seine mathematischen Überlegungen miteinzubeziehen ...

Ich würde Herrn Hawking vorschlagen, dass er sich doch „melden" soll, wenn er die Schwelle des Todes überschritten hat. Wenn es einem gelingen sollte, diese Barriere zu überwinden, dann ist es doch sicherlich der grandiose Geist Hawkings. Ich zumindest wäre zutiefst beeindruckt und gleichzeitig hätte Hawking eines der größten Rätsel der Menschheit gelöst: Gibt es ein Leben nach dem Tod? Ich denke, ja ...

Nichts ist unmöglich, so auch das Motto dieses Buches. Vieles, was wir nicht auf Anhieb verstehen, schieben wir nur all zu gern und viel zu schnell in die Schublade der „Unmöglichkeiten“ ab oder verdrängen es in unserem Alltagstrott. Aber ist bei der ein oder anderen Ungereimtheit vielleicht doch mehr dran, als wir uns vorstellen können? Ist so manche Kuriosität möglicherweise viel mehr als bloßer Schwindel oder eine Ausgeburt der Fantasie?

Dieses Buch lädt Sie auf einen Streifzug durch diese mysteriöse Welt des Rätselhaften ein. Bewusst habe ich dabei auf längst bekannte „Longseller“ des Unbekannten und Geheimnisvollen verzichtet, so dass Sie hier nicht von üblichen Rätseln wie das Monster von Loch Ness hören, dem Big Foot oder von anderen „üblichen Verdächtigen“. Dieses Buch widmet sich rätselhaften Dingen, die man nicht in jeder zweitklassigen Dokumentation eines Privatsenders immer und immer wieder präsentiert bekommt. Auch geht es hier nicht um Geisterstories, gruselige Gute-Nacht-Geschichten oder Sensationsmeldungen aus der Boulevard-Presse. Folgen Sie mir zu spannenden Vorkommnissen und Merkwürdigkeiten, die nicht so einfach rational zu erklären sind. Ich lade Sie daher zu einer facettenreichen Reise in die phantastische Welt der Realität ein. Doch Vorsicht! Es kann eine Achterbahnfahrt der Mysterien werden! Ich wünsche Ihnen in jedem Fall gute Unterhaltung!

Ihr Roland Roth

Teil 1: Die fremde Dimension

Fremde Dimensionen, gibt es so etwas überhaupt? Manche würden sagen, es gibt nur drei Dimensionen und die Zeit, doch da widerspricht schon die theoretische Physik mit ihren multidimensionalen Gedankengebäuden. Wenn es zahllose Dimensionen und unzählige Universen gibt, besteht dann die Möglichkeit, dass wir einen Kontakt zu diesen Welten herstellen können? Sind manche Freigeister der Lösung schon näher gekommen, als wir es uns heute vorstellen könnten? Sind seltsame Begegnungen und Risse in den verschiedenen Dimensionen nur Hirngespinste von Grenzwissenschaftlern, oder steckt da mehr dahinter? Sind die unheimlichen Erlebnisse, die viele von uns schon einmal gehabt haben, Belege für die Interaktion von verschiedenen Universen? Sind Spukphänomene letztendlich nichts anderes als kurze Stippvisiten aus anderen Welten und können Menschen in anderen Dimensionen verloren gehen? Sind seltsame Wesen gar vielleicht aus fremden Welten in unsere Dimension gelangt? Folgen wir in diesem Teil einigen seltsamen Wesen und Begebenheiten. Erwarten Sie keine entgültigen Lösungen für diese Rätsel, denn um die fremden Dimensionen überhaupt zu begreifen, haben wir noch nicht einmal annähernd an der Oberfläche des Phänomens gekratzt.

Auf den Spuren der Unsterblichkeit: Fulcanelli, der Meisteralchemist

Der Name Fulcanelli ist seit Anfang des 20. Jahrhunderts eng verwoben mit der Literatur und den Spekulationen des modernen Okkultismus, wenn es um den vielzitierten Stein der Weisen oder das seit Menschengedenken gesuchte Lebenselixier geht.

Die Identität Fulcanellis, insbesondere aufgrund der Tatsache, dass der Name ein Pseudonym war, ist bis heute legendenumwoben und nicht zuverlässig geklärt. Die meisten Angaben gehen zurück auf Eugène Canseliet (1899 - 1982), der Fulcanelli 1915 in Marseille als einen Buchbinder mit Namen Ch. Violette kennengelernt haben will und sein einziger wirklicher

Schüler gewesen sei, der von dem Alchemisten dessen schriftlichen Nachlass empfangen haben soll, ehe Fulcanelli 1926 verschwand. Fulcanelli wurde laut Canseliet 1839 geboren. Sein Todesdatum wird in dem meisten Schriften nach 1953 angesetzt, weil Canseliet Fulcanelli in diesem Jahr, in dem dieser demnach 114 Jahre alt gewesen wäre, in der Nähe von Sevilla noch einmal getroffen haben will. Fulcanelli, ein Meisteralchemist, der im Verborgenen lebte und wirkte?

Canseliet hatte als leidenschaftlicher Erforscher der Alchemie regen Kontakt mit dem Künstler und Illustrator Jean-Julien Champagne (1877 - 1932). Um die beiden Männer bewegte sich eine kleine, ausgewählte Gruppe von Okkultisten, die gemeinsam in seltenen Büchern und Manuskripten stöberten.

Gerüchte, die in die Öffentlichkeit drangen, sprachen von Fulcanelli als einen älteren, vornehmen und sehr gebildeten Mann adeliger Abstammung, der kurz vor der Vollendung des „Großen Werkes" - wie man die Herstellung des Steins der Weisen und des Lebenselixiers auch nannte - stehen sollte oder es möglicherweise bereits realisiert habe. Niemand war ihm aber je begegnet, mit Ausnahme von Canseliet und Champagne. Die Identität blieb also auch weiterhin verborgen, so wurden diese Begegnungen schließlich ebenfalls in Zweifel gezogen und Fulcanellis Existenz grundsätzlich in Frage gestellt. Im Jahr 1925 soll ihm sogar die Verwandlung unedler Metalle in Gold gelungen sein.

Im Herbst 1926 tauchte dann ein indirekter Beweis für die vorgebliche Existenz des Alchemisten auf: das Buch *Le Mystère des Cathédrales* (Das Rätsel der Kathedralen), das ein Vorwort von Eugène Canseliet und 36 Illustrationen von Champagne enthielt und eine esoterische Interpretation der hermetischen Symbole des „Großen Werkes" versprach.

Das Buch wurde unter Okkultisten zu einer kleinen Sensation, denn es wurde darin versucht, die Symbole verschiedener gotischer Kathedralen und anderer Gebäude Europas als verschlüsselte Anweisungen für alchemistische Geheimnisse zu deuten - etwas, das in dieser Deutlichkeit noch nie zuvor geschehen war. So deutete Fulcanelli zum Beispiel im Portal der Kathedrale von Notre-Dame die Ornamente auf dem zentral dargestellten Sarkophag als Symbole der sieben Planetenmetalle. In der Alchemie steht die Sonne für Gold, Merkur für Quecksilber, Saturn für Blei, Venus für

Kupfer, der Mond für Silber, Jupiter für Zinn und Mars für Eisen. Die Theorie Fulcanellis besagte nun, dass die Darstellung der Ornamente jenes Portals Hinweise auf die Umwandlung dieser Metalle gab, und der Schlüssel dafür würde in einer der dargestellten Figuren verborgen liegen. Da Fulcanelli das Geheimnis nicht bis zum Ende ausführte, begannen daraufhin erneut wilde Spekulationen um Fulcanellis wahre Identität.

Im Juni 1937 warnte Fulcanelli, mittlerweile 98 Jahre alt und jugendlich wie ein 30-Jähriger, in einem Labor den jungen Assistenten eines berühmten Atomforschers - André Hellbronner - vor weiterem Forschen auf dem Gebiet der Atomspaltung. Er sagte, der Alchemie sei schon lange bekannt, was die Physiker gerade zu entdecken im Begriff waren:

„Gestatten Sie mir zu warnen! Sie und ein paar andere Physiker auf der Welt stehen kurz vor einem Durchbruch. Sie beginnen zu entdecken, was Alchemisten schon seit langem wissen."

Die Physiker seien dabei mit Kräften zu hantieren, die ganze Städte in Schutt und Asche legen und den ganzen Planeten verseuchen könnten, Alchemisten wüssten dies und es sei der Menschheit auch schon Unheil widerfahren durch diese Kräfte. Es sei leichter den Kern des Atoms zu spalten, als es Physiker momentan für möglich hielten, meinte er. Darum sei Schweigen die wichtigste Voraussetzung für Alchemisten, bei Physikern sei das anders.

Er sprach:

„Bitte überbringen Sie Professor Hellbronner diese Nachricht: ‚Gewisse geometrische Anordnungen hochreiner Stoffe sind genug, um atomare Kräfte freizusetzen, man braucht dazu weder Elektrizität noch Vakuumkräfte. Das Geheimnis der Alchemie ist: Durch Manipulation von Materie und Energie ist es möglich das zu erschaffen, was die Physiker ein Kraftfeld nennen.'"

Er fügte hinzu, es seien von Alchemisten Kreisen die notwendigen Erfordernisse geschaffen um zu verhindern, dass das unreflektierte Tun der Physiker die Welt ins Unheil stürze. Professor Hellbronner indes wurde gegen Kriegsende von der Gestapo verhaftet und ermordet. Im August 1945 suchte angeblich sogar der Geheimdienst der US-Army vergeblich nach Fulcanelli.

Auch die Filmkunst bediente sich dem Phänomen Fulcanelli. Im Jahre 1992 griff der Regisseur Guillermo del Toro, auch bekannt durch Filme wie Blade II, Pans Labyrinth oder Hellboy, die Mysterien um Fulcanelli in dem mexikanischen Horrorfilm „Cronos" auf, der von einer käferartigen Maschine handelt, die das Leben verjüngt und von dem Alchemisten Fulcanelli selbst stammt. Die Maschine aus biologischen und mechanischen Komponenten stellt eine interessante Variante zu lebensverlängernden Mechanismen dar.

Wer war Fulcanelli? Man hat Fulcanelli als eine Fiktion Canseliets entlarven wollen, aber auch mit zahlreichen anderen Personen der Zeit in Verbindung gebracht, wie dem Physiker Jules Violle (1841 - 1924) oder dem Astronomen Camille Flammarion (1842 - 1925). Nach einer neueren Theorie soll es sich bei Fulcanelli um den Bauingenieur, Chemiker und Industriellen Hilaire de Chardonnet gehandelt haben, der ebenfalls 1839 geboren wurde, in seinem beruflichen Werdegang mit Angaben Canseliets übereinstimmt und ungefähr zu jener Zeit verstarb, als Fulcanelli laut Canseliet verschwand. Eine Verbindung zwischen Chardonnet und den Personen um Fulcanelli (Canseliet, Champagne usw.) ist allerdings bisher nicht bekannt.

Schließlich fiel das Augenmerk der Okkultisten auf Illustrator Jean Julien Champagne. Während Canseliet nicht über die in dem Buch beschriebenen Kenntnisse verfügen konnte, kam Champagne in Frage, denn zum einen war er älter, erfahrener und zum anderen hatte ihn seine Tätigkeit als Künstler mit Sicherheit zu den verschiedensten interessanten Kathedralen, Schlössern und Bauwerken voller Symbolik geführt, die Fulcanelli offensichtlich gut studiert haben musste, um einen derart detaillierten Schlüssel zum „Großen Werk" zu verfassen.

Die Autorin Katrin Glase berichtet in einer Arbeit über Fulcanelli von Robert Ambelain, einem Studenten des Okkulten, der diese Annahme untermauerte. Unter dem Einfluss von Fulcanellis Buch hatte Ambelain selbst ein Werk geschrieben und ging damit zu Jean Schemit, dem Herausgeber von Fulcanellis Buch. Während dieses Besuches erzählte Schemit dem jungen Mann schließlich, dass er 1926 von einem Fremden besucht worden war, der zwar seinen Namen nicht genannt, ihn jedoch in eine Unterhaltung über die hermetischen Symbole in gotischer Architektur verwickelt hatte. Ein paar Wochen nach dieser Unterhaltung war dann Canseliet mit dem Manuskript zu *Le Mystère des Cathédrales* bei ihm erschienen, das dieselben Ideen und Formulierungen enthielt, die sein seltsamer Besucher zuvor benutzt hatte. Schließlich war Canseliet mit Jean-Julien Champagne, dem Illustrator, zu ihm gekommen, um letzte Details zu klären und Schemit hatte ihn augenblicklich als seinen geheimnisvollen Besucher wiedererkannt.

Fasziniert von dieser Geschichte begann Ambelain sich im Zuge der gerade auf Hochtouren laufenden Spekulationen gründlicher über Champagne zu informieren. Schnell stieß er auf verschiedene Fakten, die ihn in der Annahme bestärkten, der wahren Identität des geheimnisvollen Meisters auf der Spur zu sein. So fand er einen Artikel, in dem Champagne selbst eine seiner Illustrationen in deutlich alchemistischen Worten beschrieb, was seltsam anmutete, da Canseliet ihn stets als kenntnislos auf diesem Gebiet bezeichnet hatte. Dann fand Ambelain heraus, dass die erste Erwähnung Fulcanellis in genau jener Gruppe stattgefunden hatte, die Canseliet und Champagne stets in ihren Räumen zu versammeln pflegten. Auch Fulcanellis Buch selbst enthielt einen klaren Hinweis, denn das auf der letzten Seite abgebildete Wappenmotto UBER CAMPA AGNA klang verblüffend wie eine phonetische Umsetzung des Namens Hubert Champagne. Laut Jules Boucher, einem von Champagnes Studenten und Ambelains Hauptinformant, lautete Champagnes voller Name Jean-Julien Hubert Champagne!

Ambelain war überzeugt, den wahren Fulcanelli gefunden zu haben und ließ sich weder von Canseliets steten Dementis noch von den erdrückenden Gegenargumenten in diesem Glauben beirren. Champagne selbst lieferte durch seinen Lebensstil genügend dieser Gegenargumente, denn er war Zeit seines Lebens ein bekannter Prahlhans, Witzbold und heftiger Trinker, der auch nicht davor zurückschreckte, seinen bösartigen Humor an seinen Mitmenschen auszuleben. Champagne erlag 1932 in seiner Dachstube dem Wundbrand und nahm das Wissen, ob er mit Fulcanelli identisch war, mit sich. Doch damit war die Reihe der Spekulationen noch nicht beendet.

Das drei Jahre vor Champagnes Tod veröffentlichte zweite Buch Fulcanellis *Les Demeures Philosophales* (Die Wohnungen der Philosophen) enthielt wiederum Interpretationen spezieller architektonischer Deckenverzierungen in Herrenhäusern und Schlössern des 12. bis 15. Jahrhunderts, bei denen es sich um verschlüsseltes alchemistisches Geheimwissen handeln sollte. Daraufhin entwickelte man eine weitere Theorie über Fulcanellis mögliche Identität, denn auf dem Umschlag des zweiten Bandes dieses Buches befand sich das Wappenschild von Dom Robert Jollivet.

Im 13. Jahrhundert hatte sich dieser Abt von Mont St. Michel mit Alchemie beschäftigt. Es gab in der Folge Mutmaßungen, dass sein moderner Namensvetter F. Jolivet Castelot in Wirklichkeit Fulcanelli war. Der wiederum setzte sich entschieden dagegen zur Wehr, denn er machte kein Geheimnis daraus, dass er sich ausschließlich als Alchemist sah, der mit der konventionellen Chemie unedle Metalle in Gold verwandeln wollte.

Der Höhepunkt der Mysterien um Fulcanelli war jedoch erreicht, als Canseliet 1954 (also 22 Jahre nach Champagnes Tod) öffentlich erklärte, Fulcanelli ein letztes Mal in einer in den Bergen Spaniens gelegenen alten Burg begegnet zu sein. Fulcanelli - so Canseliets Schilderung - schien physisch nicht gealtert zu sein und erlaubte ihm, in einem Laboratorium seinen Experimenten nachzugehen, bis Canseliet schließlich nach Frankreich zurückkehren musste.

Das Rätsel um die Identität dieses Alchemisten ist nie gelöst worden, doch mehr als eine Person behauptete, dass Fulcanelli die Schaffung des „Großen Werkes" gelungen sei und er noch immer unerkannt unter den Menschen leben würde. Stimmte diese Behauptung, wäre der Mann heute über 176 Jahre alt.

Die an dem Mysterium beteiligten Personen jedenfalls segneten nach und nach das Zeitliche, Champagne starb 1932, Schemit 1945, Boucher 1957 und Canseliet Mitte der 80er Jahre.

Warum aber ließ Fulcanelli - wenn er wirklich jemand anderes als Champagne war - all seine alten Freunde und Kollegen sterben, wenn er sie mit dem Lebenselixier hätte retten können? War seine Entdeckung nur auf ihn selbst anwendbar?

Hatte Canseliet durch seine Dementis und Geschichten die Erinnerung an seinen alten Freund und Mentor Champagne in den Gedanken der Menschen lebendig gehalten, indem er das Geheimnis um Fulcanellis wahre Identität bewahren wollte?

Ist Fulcanelli ein wahrer Meister der Alchemie und gelang ihm die Entdeckung des Lebenselixiers? Lebt er gar heute noch unter uns, verborgen und mit einer anderen Identität? Wo aber hält sich Fulcanelli dann jetzt auf? Oder bleibt die Wahrheit um den mysteriösen Alchemisten für immer vreborgen?

Zona Mutante:

The Walking Dead – Der wandelnde Tod

„Man kann viel lernen von jeder Art von Biest ..."

(Gary Oldman als Graf Dracula in „Bram Stokers Dracula")

Zombies sind in der modernen Popkultur nicht mehr wegzudenken und erfreuen sich nicht zuletzt durch Serien wie *The Walking Dead* steigender Beliebtheit. Was ist aber dran an dem Phänomen des wandelnden Todes? Als Zombie wird ein zum Leben erweckter Toter (Untoter) oder ein seiner Seele beraubtes, willenloses Wesen bezeichnet. Der Begriff leitet sich offenbar von dem Wort Zumbi aus einer zentralafrikanischen Sprache ab und bezeichnet ursprünglich einen Totengeist. Aber gibt es Zombies wirklich?

Bereits im Mittelalter hatten die Menschen oft Angst, dass verstorbene Familienmitglieder wieder kommen würden. Meist wurde zu diesem Zweck dem vermeintlichen „Wiedergänger" ein Pflock in die Brust gestoßen oder ein Stein in den Mund gerammt. Für nüchterne Zeitgenossen basiert der Zombie-Mythos auf das Missverständnis der Scheintoten bzw. den vielzitierten Geräuschen, die aus Särgen kamen und lediglich Geräusche waren, die der Verwesungsprozeß des Körpers verursachte. In früher Zeit konnte man mangels entsprechendem Gerät den Scheintod nicht feststellen und damit ein Scheintoter nicht aus Versehen vergraben wurde, hatte man oftmals eine Glocke an das Grab gehängt und diese mit einer Schnur bis in den Sarg verbunden, damit ein vermeintlich aus dem Scheintod Erwachender an der Glocke läuten konnte.

Im Sommer 2011 fanden Archäologen bei Grabungen in Kilteasheen, am Irischen See Lough Key Co Roscommon, zwei mittelalterliche Skelette, denen tatsächlich dicke Steine in die Mundhöhlen gesteckt worden waren. Das Vorgehen war einst ein in ganz Europa verbreiteter zeitgenössischer Brauch, um zu verhindern, dass die so Beerdigten als Vampire, Wiedergänger oder böse Geister zurückkehren konnten. Wie Forscher um den Archäologen Chris Read vom „Institute of Technology Sligo" (IT Sligo) herausfanden, wurden die beiden Skelette, das eines Mannes und einer Frau, wahrscheinlich vor rund 1.300 Jahren Seite an Seite auf diese Weise begraben. Ähnliche Skelette wurden schon in vielen anderen Ländern entdeckt, was eine weltumspannende Vorgehensweise belegt.

Eine C14-Datierung schloss die Theorie eines Pestgrabes von vornherein aus, da die beiden auf ungewöhnliche Weise begrabenen Skelette auf das 8. Jahrhundert datiert wurden und somit deutlich vor dem bislang nachgewiesenen Auftreten des Vampirglaubens in der europäischen Folklore im 16. Jahrhundert liegt.

Anhand dieser Skelette kann man also davon ausgehen, dass die Grundlage dieses Handelns weniger der Vampirglauben als die schon in der Antike bekannte Vorstellung um die „Wiedergänger" widerzuspiegeln scheint, wenn von Verstorbenen befürchtet wurde, dass sie als Untote und böse Geister aus dem Grabe auferstehen könnten, um die Lebenden und im Besonderen ihre einstigen Feinde und Rivalen zu drangsalieren. Auch auf Irland ist der Glaube an Wiedergänger tatsächlich historisch belegt. Allerdings gibt es auch schon ältere Funde, die den Glauben an die, die Lebenden heimsuchenden Untoten belegen. So wurde im Sommer 2008 in Böhmen ein rund 4.000 Jahre altes Grab entdeckt, in dem der Leichnam zusätzlich mit schweren Steinen auf der Brust beschwert wurde.

Die bislang einzig bekannte westeuropäische Kultur mit ähnlichen Ritualen, war die der keltischen Skoten im Königreich Dalriada, das sich zwischen 300 und 800 nachchristlicher Zeit über den Norden Irlands und den mittleren Westen Schottlands erstreckte. Die Leichname der vermeintichen als „Dearg-dul" bezeichneten Wiedergänger wurden noch bis ins 17. Jahrhundert hinein mit Steinen beschwert. Einen ganzen slawischen „Vampir-Friedhof" aus dem 10. oder 11. Jahrhundert hingegen hatten Archäologen bereits 1966 bei Celakovice vor den Toren Prags ausgegraben. Auch hier waren die Leichen mit schweren Steinen belegt, niedergebunden, oder ihnen Nägel durch die Schläfen getrieben, die Köpfe vom Körper getrennt und nach unten gerichtet worden, um so offenbar die Wiederkehr aus dem Grab auf ewig zu verhindern.

Der Glauben an Zombies ist stark im Voodoo und anderen Yoruba-Religionen vertreten. Besonders in Haiti kennt man diese Geschichten. Dem Glauben nach kann ein Voodoo-Priester (Houngan), ein schwarzmagischer Bokor oder eine Priesterin (Mambo) einen Menschen mit einem Fluch belegen, worauf dieser dann scheinbar stirbt (Scheintod). Tage später kann er den Toten dann wieder zum Leben erwecken, dieser wird dann als Arbeitssklave missbraucht. Diese Zombies nennt man auch Zombie cadavres, sie gelten dann als absolut willenlos.

Eine verbreitete Idee ist, dass dabei ein Pulver eine wichtige Rolle spielt. Es werde gebraucht, um das Opfer in einen hirntodähnlichen Zustand zu versetzen, etwa vermischt mit Juckpulver auf die Haut des Opfers geblasen. Das Gift wird dann beim Kratzen durch kleine Wunden aufgenommen, welches Symptome hervorruft, die das Opfer schnell sterben lassen. In dem Glauben, dass dieser Mensch nun tot sei, werden die Opfer begraben. Nach einer bestimmten Zeit taucht der Zauberer am Grab auf, wo er sein Opfer ausgräbt und ihm ein Gegenmittel verabreicht. Dieses Mittel soll ein starkes Gift, etwa Atropin, sein, das dem Betroffenen bei Aufwachen seine Sinne und sein Bewusstsein raubt. Der Zombie sei dann seinem Herrn hörig und verrichtet ab sofort Schwerstarbeiten.

In Haiti ist die Angst vor solchen Wiederbelebungen ebenfalls noch sehr verbreitet, so dass ein Verstorbener oftmals vergiftet, mit einem Pfahl erstochen oder zerstückelt wird. Es kommt auch vor, dass die Gräber noch tagelang von Angehörigen bewacht werden.

Die amerikanische Schriftstellerin Zora Hurston hat Haiti mehrfach besucht und sich eingehend mit dem Zombie-Phänomen befasst. Zora Hurston gehört zu den wenigen Menschen aus der westlichen Welt, die einem dieser Untoten von Angesicht zu Angesicht und dokumentiert gegenüberstand. Dabei handelte es sich um eine junge Frau namens Felicia Felix-Mentor, die 1907 amtlich verstarb und 1936 (!) aufgegriffen wurde, als sie nackt und völlig apathisch eine Straße nahe der Farm ihres Bruders entlangwankte. Der Bruder und seine Frau identifizierten die Kreatur als die junge Frau, die 29 Jahre zuvor beerdigt worden war. Trotz der Identifizierbarkeit wies der Zombie kaum noch menschenähnliche Züge auf. Das Gesicht war kalkweiß, mit toten, starrenden Augen. Ein bis heute umstrittenes Foto dokumentiert die Geschichte Zora Hurstons.

Der bekannteste aller Fälle ist jedoch der von Clairvius Narcisse, der ein Fernsehstar wurde. Im Jahre 1980 begegnete Angelina Narcisse am Marktplatz von l'Estére, ihren Heimatort, ihren 1962 verstorbenen Bruder Clairvius. Seine Identität wurde auch von anderen Familienmitgliedern bestätigt sowie von mehr als 200 Einwohnern von l'Estére und dadurch, dass er zahlreiche Fragen über seine Kindheit genau beantworten konnte. Diese außergewöhnliche Episode erweckte großes Interesse bei den Medien, so dass sogar ein Team der BBC aus Großbritannien anreiste, um einen Fernsehfilm zu drehen. Das Interessanteste daran war, dass es hier einen Zombie gab, der schildern konnte, wie er zu einem solchen geworden war, und was danach mit ihm geschah. Demnach wurde Clairvius von einem Bokor in einen Zombie verwandelt. Das geschah, indem der Hexer ihm heimlich ein mysteriöses Gift verabreichte, das anfangs fieberähnliche Symptome hervorrief, und ihn kurz darauf in einen tranceähnlichen Zustand versetzte, in dem er bei vollem Bewusstsein, doch vollständig gelähmt war. Er schien tot zu sein, was auch durch zwei Ärzte bestätigt wurde, weshalb er lebendig begraben wurde. Hiernach wurde er von einem Bokor wieder ausgegraben und mittels weiterer Drogen als Sklave gefügig gemacht.

Der amerikanische Biologe Wade Davis, der damals im Botanischen Museum von Harvard arbeitete, hörte diese erstaunliche Geschichte und wollte die biochemischen Substanzen des mysteriösen Gifts erforschen, das bei der Verwandlung in einen Zombie zum Einsatz kam. Nach einem Besuch auf Haiti, wo er den Betroffenen untersuchen und Proben nehmen wollte, stellte Davis fest, dass das Gift, mit dem das Opfer gelähmt wurde, zwei spezielle Bestandteile enthielt. Erstens Tetrodotoxin, ein hochwirksames Nervengift, das rasche und umfassende Lähmungserscheinungen verursacht und im allgemeinen von Kugelfischen gewonnen wird, und zweitens eine Flüssigkeit, die ein starkes Anästhetikum und Halluzinogen enthält und von den Hautdrüsen der äußerst giftigen Aga-Kröte, *Bofo marinus*, abgesondert wird.

Verschiedene Riten, die den Totenkult betreffen, werden heute noch in Haiti oder im Süden der USA praktiziert. Solche Zeremonien werden größtenteils den Anhängern des Petrokults (eine der Schwarzmagie zugewandten Gruppe des Voodoo) zugeschrieben.

Zombies werden oftmals als Schreckensfiguren in Horrorfilmen, in entsprechenden Comics oder Computerspielen dargestellt. Sie sind meistens tumb umherirrende Untote mit Hunger auf Menschenfleisch. Im Gegensatz dazu wandelte Bram Stokers Graf Dracula als extrem agiler Untoter durch die Medien und brachte hin und wieder gewisse Analogien des Vampir-Mythos gegenüber den lebenden Toten.

Dem im vorherigen Betirag erwähnten Regisseur Guillermo del Toro gelang übrigens 2014 in der Vampirserie *The Strain* eine gekonnte und erheblich gruselige Verknüpfung des Vampir-Mythos mit dem Phänomen der lebenden Toten.

Einen ersten Vorläufer des Filmzombies bekommt man in dem deutschen Schwarz-Weiß-Gruselfilm *Das Kabinett des Doktor Caligari* zu Gesicht, der 1919 von Robert Wiene gedreht wurde. Dort tauchte der ferngesteuerte Cesare auf, der unter dem hypnotischen Einfluss des Dr. Caligari dessen Befehle ausführte. Obwohl der ausgemergelte und blasse Cesare visuell die Qualitäten eines wandelnden Leichnams erfüllt, bezeichneten ihn die Produzenten des Films nicht als lebenden Toten, sondern als Somnabulisten, was den schlafwandlerischen Zustand dieses Wesens beschreiben sollte. Cesare, so heißt es im Film, befindet sich hierbei in einem totenhaften Schlaf. Zudem schläft Cesare nicht in einem Bett, sondern in einer Kiste, die einem Sarg stark ähnelt, was an die Figur des Vampirs erinnert. Der auch heute noch sehenswerte Film gilt vor allem wegen seiner außergewöhnlich verzerrten und verstörenden Kulissen als ein Meilenstein des frühen expressionistischen Films.

Der erste Film über Zombies war Victor Halperins *White Zombie* von 1932 mit Bela Lugosi in der Hauptrolle, in dem die Darstellung der wandelnden Untoten noch sehr dem Voodoo-Glauben der Arbeitssklaven entspricht. Im Film *I Walked with a Zombie – Ich ging mit einem Zombie* von Jacques Tourneur ist der Zombie eine fast traurige, friedliche Gestalt. Erst die bekannten Filme von George A. Romero, wie *Die Nacht der lebenden Toten* und *Zombie – Dawn of the Dead* machten die Figuren zu Fleisch fressenden Horrorfilm-Monstern. Es sollte in diesem Zusammenhang vielleicht nicht Mary Shelleys Roman *Frankenstein* (the modern Prometheus) vergessen werden, der bereits 1818 zum ersten Mal veröffentlicht wurde, die Belebung einer Kreatur, die von Victor Frankenstein durch die Zusammensetzung von Leichenteilen erschaffen wird.

Mittlerweile sind Zombies fester Bestandteil der Popkultur. Der Zombiefilm bildet ein eigenes Sub Genre. In den letzten Jahren zeichnet sich der Trend zu einer neuen Interpretation des Zombiestoffs ab; anstatt tumb umherzuirren, sind die „neuen“ Zombies erstaunlich schnell und zielgerichtet (wobei das Ziel dasselbe bleibt – Menschenfleisch). Ein bekanntes Beispiel dafür ist das Remake von *Dawn of the Dead* von Zack Snyder. In George A. Romeros *Land of the Dead* ist bei den Zombies sogar eine gewisse Entwicklung der Intelligenz zu beobachten, was sogar auf eine evolutionäre Entwicklung bei den untoten Kreaturen schließen lässt.

Neuere Adaptionen brachten im nervösen Handkamera-Stil die nackte Angst unmittelbar in unsere Nachbarschaft, so u.a. mit *Quarantäne*, dem verstörenden [*Rec*], dem intelligenten *Autumn of the Living Dead* oder den französischen Film-Perlen *Mutants* oder *Die Horde*. Ein besonders beeindruckendes Werk postapokalyptischer Szenarien liefert der neue Serienhit *The Walking Dead*, der 2011 sogar für den Golden Globe und den Emmy nominiert wurde. Interessant ist hier die Situationsdarstellung nach dem Ausbruch einer unbekannten Seuche und die offensichtliche Zerbrechlichkeit der Zivilisation. Es entstanden humoristische postmoderne Darstellungen des Zombie-Motivs wie *Shaun of the Dead*. Doch bereits mit der 90er Jahre-Adaption von *Night of the Living Dead* unter der Regie von Tom Savini gelang allerdings ein kaum bekanntes, klaustrophobisch beängstigendes Meisterwerk der Filmgeschichte. In diesem Remake des Klassikers ist die mehr als reale Benommenheit gegenüber des plötzlich und unerwartet hereinbrechenden Schreckens dargestellt, wobei die lebenden Toten zu einer anfangs regelrecht unterschätzten Gefahr werden, die die Auslöschung der menschlichen Spezies zur Folge haben kann.

Interessant ist anzumerken, dass es in den meisten Zombiefilmen eine gesellschaftskritische Konstante gibt: Die größte Gefahr für die Charaktere geht nicht unbedingt von den Zombies aus, sondern von den Mitmenschen, die wegen der dramatischen Situation in ein Sicherheitsdilemma geraten: Der Wegfall von Normen und Werten, der im Zombiefilm typischerweise mit der Invasion der Untoten einhergeht, und die Angst um die eigene Sicherheit – gepaart mit Opportunismus und Egoismus – erzeugen zwischen den Charakteren ein Klima der Feindseligkeit, das Kooperation verhindert. Dieser Tatsache fallen – zumindest indirekt – viele der Charaktere zum Opfer: Der Mensch wird des Menschen Wolf (*Homo homini lupus.*, Thomas

Hobbes). Dieses Schema lässt sich problemlos auf die tatsächliche Welt ummünzen, da es im Endeffekt egal ist, ob die Gefahr von Zombies ausgeht oder von Krieg, Hunger und Existenzangst.

Die Zombies der neueren Filme ähneln immer mehr älteren Vorstellungen von lebenden Toten. Beispielsweise droht die wütende Göttin Ischtar im Gilgamesch-Epos:

> Schaffst du mir aber den Himmelsstier nicht,
>
> so zerschlag ich die Türen der Unterwelt,
>
> zerschmeiß ich die Pfosten, lass die Tore weit offenstehn,
>
> lass ich auferstehn die Toten, dass sie fressen die Lebenden,
>
> der Toten werden mehr sein denn der Lebendigen.
>
> (aus: Albert Schott (Übersetzer), Das Gilgamesch-Epos, Reclam Verlag 1988, S. 58)

Ein besonderes Thema in der Diskussion um Gefahren für die Menschheit sind die mikrobiologischen Feinde der Menschheit, Viren und Bakterien. In vielen fiktiven Handlungen verwandeln sich Menschen durch künstlich gezüchtete Viren zu Zombies bzw. rasende Kreaturen und spiegeln die aktuelle Gefahr der künstlichen Virenzüchtung zum Zwecke der Kriegsführung etc. wieder.

In *28 Days Later* befreit ausgerechnet eine wohlmeinende Gruppe von Tierschützern mit einem militärischen Virus infizierte Versuchsaffen aus einem Forschungslabor und setzt so die Biowaffe frei. Insbesondere in der heutigen Zeit sind solche Schreckensszenarien angesichts der biologischen Kriegsführung und der Entdeckung immer neuer, immens gefährlicher Krankheitserreger kaum noch als reine Utopie zu bezeichnen. Der Streifen war so erfolgreich, dass eine Fortsetzung mit Namen 28 Weeks later in die Kinos kam.

Viren waren auch in Richard Mathesons Roman *Ich bin Legende (I Am Legend)* aus dem Jahre 1954 das Problem, die, als Krebsheilmittel gezüchtet, leider am Menschen mutierten und aus den Infizierten zombieartige Kreaturen wurden. Diese hatten erhebliche Ähnlichkeiten mit Vampiren und läuteten nach der völligen Ausrottung der Menschheit eine neue Evolution ein. Der meisterhafte Roman wurde insgesamt dreimal verfilmt: Die erste Adaption trug den Titel *Last Man on Earth* mit Vincent Price. In *Der Omega-Mann*, der Filmversion von 1971, musste sich Altmeister Charlton Heston gegen Mutanten wehren, die das Produkt eines bakteriologischen Krieges waren und so der Kalte Krieg Thema des Films. Die neueste Version hielt sich nicht nur mit dem Titel *I Am Legend* eng an den Original-Roman, sondern wurde verblüffend realistisch, inhaltstreu und extrem authentisch von Will Smith in der Hauptrolle dargestellt. Alle Filmversionen und auch der Roman selbst präsentieren uns heute mehr denn je der Realität entsprechend die biologischen Gefahren aus Labor und Umwelt, denen der Mensch ausgesetzt ist. Wenn man eine grundlegende Botschaft aus Geschichten wie *I Am Legend* oder den Zombie-Fiktionen ableiten kann, dann ist es die erhebliche Zerbrechlichkeit der menschlichen Zivilisation. Diese Zerbrechlichkeit wurde bereits in zahllosen anderen, großartigen Werken dargestellt. Ob es sich hierbei um Sporen aus dem All handelt, wie beispielsweise in *The Day of the Triffids*, oder um kosmische Katastrophenbringer wie *Armageddon, 2012, Deep Impact* oder *Independence Day.*

Den Zombies wurden inzwischen etliche Bücher und sogar eine Enzyklopädie gewidmet und Max Brooks geht vielleicht etwas zu weit wenn er in seinem *Zombie Survival Guide: Complete Protection from the Living Dead* von 2003 die Grenze zwischen Fiktion und Realität scheinbar nicht mehr eindeutig zu trennen vermag.

Faktisch unmöglich ist es nicht, dass es das Phänomen der Wiedergänger auch in der Realität gibt. Wie GEO unlängst berichtete, haben manche Rädertierchen - winzige vielzellige Organismen - wiedergängerische Eigenschaften. Wie das Magazin in seiner August-Ausgabe 2008 meldete, verleiben sich sogenannte Bdelloiden, Bewohner von Pfützen, Seen und Teichen, DNS anderer Lebewesen ein, wenn sie sich selbst in einem Stadium zwischen Leben und Tod befinden.

Verdunstet ein Gewässer, trocknet ein Bdelloid zuweilen völlig aus, und die Membran seiner Geschlechtszellen wird porös. Dabei dringt fremdes Erbgut aus der Nahrung ein. Nimmt der Organismus wieder Wasser auf, ist er in der Lage, sich selbst komplett zu regenerieren. Zugleich wird das fremde Erbgut funktionsfähig in die Chromosomen integriert. Den mysteriösen Vorgang hat ein Team um Irina Arkhipova vom Josephine Bay Paul

Center in Woods Hole im US-Staat Massachusetts beobachtet. Die besondere Fähigkeit der Bdelloiden hat zur Folge, dass verschiedene Arten sich entwickelt haben - obwohl sie sich eigentlich nur ungeschlechtlich vermehren, was im Prinzip eine Durchmischung ihres Erbguts verhindert. Zoologen hatten daher schon lange gerätselt, wieso es die sexlosen Bdelloiden dennoch geschafft haben, eine Tiergruppe von etwa 360 Arten zu entwickeln.

Andere Vertreter sind die Trematoden, parasitische Saugwürmer, die Kalifornische Hornschnecken wie die *Cerithidea californica* als Zwischenwirt nutzen. Und das auf perfide Art und Weise, denn ihre aus Eiern schlüpfenden Larven befallen die Weichtiere und verwandeln diese in zombieähnliche Brutstätten. Forscher der University of California publizierten 2008 eine entsprechende Studie in der Fachzeitschrift „Evolutionary Ecology". Der Biologe Armand Kuris, Leiter der Studie, erklärt dazu: *„Sie sehen aus wie Schnecken, benehmen sich wie Schnecken, aber sie machen Trematoden-Babys. Es sind eigentlich lebendige Tote."*

Die Schnecken werden von ihrem Parasiten kontrolliert und benutzt, verlieren jedes Interesse an sexueller Betätigung, da die Trematoden-Invasoren nach dem Eindringen die Geschlechtsorgane der Schnecken zerstören. Fortan fristen die glücklosen Mollusken ihr Dasein als Sklaven im Dienste der fremden Spezies. Ihr genetisches Material ist für die eigene Art verloren, ihre Körper sind nicht mehr als fremdbestimmte Maschinen. Wie Zombies eben.

Ein Team um Professor Neil Ferguson von der „University of Ottawa" und „Carleton University" hat sich im Rahmen einer Studie der Zombie-Thematik angenommen und in einem Buch über Ausbreitungsmodelle von Infektionskrankheiten (Infectious Diseases Modelling Research Progress) veröffentlicht. Ein Angriff der Untoten könnte demnach schnell zum Kollaps unserer Zivilisation führen, wenn ihm nicht äußerst aggressiv und schnell begegnet wird. Interessant dabei ist, dass diese kurios anmutenden Überlegungen nicht etwa von Horror-Fans stammen, sondern von den kanadischen Mathematikern.

Grundlage der Berechnungen ist die Annahme, dass der Angriff eines Zombies auch das Opfer zu einem lebenden Toten werden lässt. Auch wenn die Grundlage der Berechnungen fiktiv erscheinen mag, so sehen die

Mathematiker dennoch einen durchaus realen Bezug zu sich schnell verbreitenden Infektionskrankheiten und möglicherweise noch unentdeckten Krankheitserregern, die ähnliche Symptome hervorrufen könnten, wie sie im Allgemeinen in der Zombiethematik bekannt sind.

In ihrem mathematischen Modell ließen die Forscher die postulierten Zombies gegen normale Menschen kämpfen, um mathematisch zu überprüfen, welche Seite gewinnen würde und wie schnell. Um uns Lebende jedoch zumindest eine reale Chance zu geben, gingen die Mathematiker von den stereotypen, sich schleppend bewegenden Zombies aus, wie sie aus Klassikern bekannt sind und nicht wie jene intelligenten und sportlichen Untoten neuerer Genre-Verfilmungen. Demnach ist davon auszugehen, dass sich die lebenden Toten sicher nicht so agil bewegen könnten wie ein Leichtathlet oder ein gesunder Mensch.

Nach Auffassung der Forscher sollten wir Nichtinfizierten bei einem derartigen Angriff in jedem Fall schnell, brutal und rigoros zurück schlagen und die Zombies bekämpfen, um eine reale Chance des Überlebens zu haben. Soziale Bedenken oder psychologische Faktoren wären in solchen Fällen fatal, beispielsweise die Frage, wie man mit Infizierten umgeht, die einem einmal persönlich nahe standen. Statistisch besteht hierbei die Gefahr, dass Zombies sich innerhalb von drei Tagen derart schnell vermehren, dass sie binnen kürzester Zeit eine größere Stadt übernehmen könnten.

Das US-Militär hat derweil vorsorglich ein skurriles Training mit der Bezeichnung Conplan 8888 für seinen Führungsnachwuchs entwickelt: Um Studenten einer Kommandoeinheit mit strategischem Denken vertraut zu machen, mussten sie einen Abwehrplan gegen eine Zombie-Apokalypse entwerfen. Dafür gingen sie nach eigenen Angaben vom schlimmsten Fall aus: Eine riesige Menge von Untoten wandelt über die Erde und infiziert dabei zahlreiche Menschen, ohne dass es ein Gegenmittel gibt. Ziel des Trainings ist es, das menschliche Leben zu bewahren und Operationen zum Schutz der gesamten menschlichen Bevölkerung durchzuführen. In Deutschland hatten die Piraten in Berlin bereits die Kampagne der US-Seuchenbehörde aufgegriffen: Mit einer Anfrage an den Senat wollten sie klären, ob die Stadt auf eine Zombie-Invasion vorbereitet sei. Die Regierung des Stadtstaates nahm die Sache ganz trocken und hatte daraufhin vorschriftsgemäß auf die Zuständigkeit des Katastrophenschutzes verwiesen ...

Wie wir anhand der Thematik sehen können, gehören lebende Tote und gruselige Zombies nicht vollends in das Reich der Fantasie und Fiktion. Das Phänomen der Wiedergänger ist Jahrtausende alt und auch die Wissenschaft kennt das Phänomen von lebenden Toten. In der Mainstream-Presse wird so ein Thema gern lächerlich gemacht oder tabuisiert. Die postapokalyptische Szenarien mit dem Schrecken des wandelnden Todes, ein Albtraum des Menschen seit Urzeiten, sind nicht selten sozialkritische und realitätsnahe Szenarien. Sie prognostizieren, wie das Ende einer Zivilisation herbeigeführt wird. Dabei müssen es keine lebenden Toten sein, die zur Gefahr werden, denn oft genügen neue Krankheitserreger, unbekannte Epidemien oder künstlich erzeugte Biowaffen mit einer nicht abzuschätzenden Wirkung auf den menschlichen Metabolismus.

Natürlich gibt es viele andere beängstigende Varianten, wie das Ende der Menschheit aussehen könnte. Naturkatastrophen, Kriege oder der Einschlag eines gewaltigen Meteoriten sind nur wenige Beispiele, wie zerbrechlich die menschliche Zivilisation sein kann. Und wer einige Arbeiten von mir aufmerksam gelesen hat, der weiß um die Hinweise in ferner Vergangenheit, als es möglicherweise eine Menschheit vor der Menschheit gab, als uralte Kulturen Initiator für alle uns bekannten Hochkulturen waren, die in grauer Vorzeit existierten und ebenfalls scheinbar spurlos verschwanden. Niemand weiß genau, warum.

Fakt oder Fake:

Bizarre Wesen und Formwandler

Unheimliche Wesen sind den Menschen seit Anbeginn der Zivilisation bekannt, ja, sie begleiten uns förmlich durch die Jahrhunderte und Jahrtausende. Moderner Technik scheint es nun gelungen zu sein, merkwürdige Wesen abzulichten, die nicht aus unserer Realität zu stammen scheinen. Was befindet sich außerhalb unserer Wahrnehmung?

Unlängst erschien auf dem Online-Videoportal „Youtube.com" ein Video, das angeblich bizarre und unbekannte Wesen zeigen soll. In diesem Fall zeigen die Aufnahmen „stockartige" Wesen, wie sie allerdings schon einmal von einer Überwachungskamera in Fresno, Kalifornien, aufgezeichnet wurden und seither Inhalt kontroverser Diskussionen sind.

Damals, 2007, wurde der Zeuge „Jose" des Nachts vom auffälligen Bellen der Hunde geweckt und ging nach draußen, um nach dem Rechten zu sehen. Als er vor dem Haus nichts Auffälliges entdecken konnte, ging er wieder hinein und will dann auf den Bildern der Überwachungskamera, die auf den Vorgarten des Hauses gerichtet ist, zwei merkwürdige Wesen bei Durchschreiten des Vorgarten aufgenommen haben. Diese „Wesen" scheinen relativ klein, sehr dünn und - wie dies besonders am Beispiel des zweiten Wesens deutlich wird - fast nur aus Beinen zu bestehen.

Auf der MUFON-Konferenz in San Jose 2008 stellte der MUFON-Untersucher Victor Camacho die Ergebnisse seiner Untersuchungen vor. Auf die Aufnahmen aufmerksam geworden, versuchte sich später auch das Team der Doku-Sendereihe „Fact-or-Faked" (Fakt oder Fälschung) des US-amerikanischen TV-Senders „SyFi-Channel" an Reproduktionen des Videos. Nach Einschätzung des Teams, das wie schon Camacho von der Ehrlichkeit des Zeugen überzeugt ist, mit nur mäßigem Erfolg.

Am 4. April 2011 veröffentlichte dann das YouTube-Mitglied „sierraparahunter" ein Video, welches offenbar die gleichen Wesen, die einige als „Stickmen" (Stockmenschen) bezeichnen, zeigen soll. Auch die neuen Aufnahmen stammen, so „sierraparahunter", von einer Überwachungskamera: *„Ein Rentnerehepaar hatte Probleme auf seinem Anwesen in der Nähe des Yosemite Nationalparks und richtete deshalb eine Überwachungskamera auf die Einfahrt, um Besucher zu filmen. Mit dieser Kamera filmten sie dann diese Dinger und riefen mich zu sich, da sie von meinem Interesse am Paranormalen wissen. Sie haben mir eine Kopie der Digitalaufnahmen überlassen, aber ich kann beim besten Willen nicht herausfinden, um was es sich da handelt! (Die Wesen) erinnern mich an die stockartigen Wesen von Fresno, aber diese hier scheinen (beim Gehen) mehr Gewicht aufzuwenden und es sind zwei. Ist eines davon ein Baby? Was sind diese Dinger!? Nightcrawlers? Stock-Menschen? Etwas völlig Neues? Was?"*

„Nightcrawlers", ist der Name, der vom „Fact-or-Faked"-Team vornehmlich für die Wesen auf dem Fresno-Video verwendet wurde und dadurch eine gewisse Popularität erlangte. Weitere Informationen über den genauen Ort der Aufnahmen gehen aus den Informationen von „sierraparahunter" nicht hervor. Lediglich die Datumsanzeige auf den Aufnahmen selbst legt nahe, dass die Aufnahme von 28. März 2011 stammt und nachts um 2:17-18 gemacht wurde.

Ein unheimliches Merkmal der YouTube-Aufnahmen ist der Umstand, dass die Aufnahmen hier und da digital erstarren - die Wesen sich in dieser Zeit jedoch weiterhin ungehindert fortbewegen zu scheinen, was eigentlich nicht der Fall sein dürfte.

Bizarre Meldungen über seltsame Wesen kommen auch aus Steytlerville/Südafrika: In der Kleinstadt im Distrikt Cacadu der Provinz Ostkap soll, so berichten dies zahlreiche Augenzeugen, eine mysteriöse Erscheinung ihr Unwesen treiben. Das Wesen soll die Fähigkeit zur Formwandlung haben, sich zunächst als Mensch zeigen und dann in verschiedene Tiergestalten schlüpfen. Während Kritiker Schwindel und Sinnestäuschungen unter Drogeneinfluss vermuten, sind die Berichte mittlerweile derart zahlreich, dass auch die lokale Polizei Untersuchungen aufgenommen hat und die Zeugen ernst nimmt.

Abb. 1: Darstellung der mysteriösen „Stickmen", Zeichnung nach den Videoaufnahmen. Video-Links zu den Formwandlern siehe im Anhang unter „Weitere Infos im Internet".

Wie der Polizeioffizier Zandisile Nelani gegenüber südafrikanischen Medien berichtete, sei der Formwandler zuletzt erneut an einem Osterwochenende gesehen worden: *„Zwei Männer sind des Nachts an einer Taverne vorbeigekommen und haben hier einen Mann mit schwarzer Jacke gesehen. Einer der Männer hat den Fremden provozierend angesprochen. Als dieser auf die Frage 'Was hast du für ein Problem?' nicht geantwortet habe, ist der Zeuge noch näher herangegangen und hat dabei bemerkt, dass der Fremde keinen Kopf hatte. Unmittelbar darauf habe er sich in einen sehr aggressiven Hund von der Größe einer Kuh verwandelt.“*

Schon zuvor hatten weitere Dorfbewohner den unheimlichen Fremden dabei beobachtet, wie er seine Form verändert haben soll. Hierbei unterschieden sich jedoch die Schilderungen darüber, welche Gestalt das Wesen jeweils angenommen habe. Während es in einigen Fällen ein Hund gewesen sein soll, beschrieben andere Zeugen, der Mann, der zunächst einen Anzug getragen haben soll, hätte sich in ein Schwein und dann in eine große Fledermaus verwandelt. Andere Berichte behaupten zudem, dass die Erscheinung auch fliegen könne. In den meisten Fällen, soll das Wesen in der Nähe der Kirche gesehen worden sein. Einmal habe es sogar durch deren Fenster geschaut - sei jedoch verschwunden, als die Gläubigen nach draußen kamen.

Vor Ort, so berichtet der Beamte, werde das Wesen mittlerweile „Bawokozi“, also Schwager, genannt. Zu ersten Sichtungen sei es vor etwa einem Monat während zweier Beerdigungen gekommen. Laut Nelani sei einigen Zeugen sogar ein Foto des Wesens gelungen, als dieses sich - noch in Menschengestalt – unter einem Baum ausgeruht habe. Auf dem Foto sei dann jedoch nur ein unbekanntes Tier zu sehen.

Haben die Zeugen einfach nur zu tief ins Glas geschaut? Kritiker sind mit solchen Erklärungen immer schnell dabei. Der Polizeibeamte unterstreicht allerdings, dass er die Berichte erst nehme und dass in keinen der Sichtungen Alkohol oder sonstige Drogen im Spiel gewesen waren: *„Das sind schon sehr merkwürdige Dinge die da in Steytlerville vor sich gehen, bislang wurde aber noch keiner der Zeugen verletzt.“*

Monster der Philippinen:

Der Aswang in der philippinischen Mythologie

In den Regionen der philippinischen Inseln sind nicht Geschichten über UFOs eines der häufigsten Themen in Sensationsblättern und Boulevardzeitungen aus den Grenzbereichen des Mysteriösen, sondern Schilderungen über Aswangs, Leichen fressende Wesen der philippinischen Mythologie.

Der Mythos des Aswang ist besonders in den Regionen der westlichen Visayas verbreitet, einer der drei Inselgruppen, die zusammen den Inselstaat Philippinen bilden. Noch heute erzählen Mütter ihren Kindern gern Schauergeschichten über diese Kreaturen, dass diese Wesen gerne kleine Kinder verspeisen sollen. Mag man an neuzeitliche Schauermärchen denken, liegt man falsch, denn diese Legenden um dieses Wesen sind bereits bei den einheimischen Insulanern seit Generationen bekannt. Oftmals wird der Aswang als eine vampirähnliche Kreatur beschrieben, die mit ihrer langen, dünnen und hohlen Zunge die Babys im Mutterleib einer schlafenden Schwangeren aussaugt. Andere lokale Bezeichnungen für eine solche Gestalt, speziell in Capiz - eine Provinz auf der Insel Panay und Hochburg der Geschichten über Aswangs - sind Tik-tik und Wak-wak.

Manananggals nennt man in der Mythologie alle Arten von Vampirwesen, Formwandler oder Werwölfe. So gehören auch Aswangs zu dieser Gruppe, die tagsüber angeblich ein menschliches Erscheinungsbild besitzen und dem männlichen oder dem weiblichen Geschlecht angehören können, wobei sie in den meisten Gebieten vornehmlich als Frauen auftreten.

Mit einem nachgesagten zeitlosen Erscheinungsbild zeigen Aswangs zumeist ein ruhiges und eigentümliches Verhalten, passen sich der menschlichen Umgebung an und streifen nachts umher, um in Häuser zu gelangen, in denen Leichname aufgebahrt sind, um diese toten Körper zu stehlen. Die Besonderheit dieser Kreaturen soll in der Vorliebe nach dem Blut ungeborener Kinder liegen.

Verräterische Zeichen für einen Aswang sollen blutunterlaufene Augen indes sein und interessanterweise die Bildreflexion in seinen Augen, die angeblich auf dem Kopf steht. Zudem sollen während ihrer nächtlichen

Aktivitäten ihre Füße nach hinten gerichtet sein und ihre Zehennägel abstehen.

Auch die Fähigkeit der Verwandlung von einem Menschen in ein Tier und zurück werden diesem Wesen nachgesagt, was nicht zuletzt auch bekannte Eigenarten bei Werwölfen und Vampiren aus dem westlichen Kulturkreis sind. Meist sind es dabei Verwandlungen in Hunde, Katzen, Fledermäuse oder Schlangen. Aber auch die Metamorphose in einen schwarzen Vogel wird erzählt. Solch eine Abwandlung des Aswang wird ebenfalls Tik-tik genannt. Auf der Insel Cebu ist für eine solche Kreatur der Begriff Wak-wak oder Wuk-wuk geläufig. Die Legenden über diese Kreaturen sind nahezu dieselben, nur dass man sich von dem Wak-wak erzählt, er würde bei seiner Verwandlung in eine Vogelform sein unteres Körperteil abwerfen. Der Schrei eines Nachtvogels, der sich nach „wuk-wuk-wuk“ anhört, wird als der Ruf dieses Monsters angesehen und löst bei abergläubigen Dorfbewohnern Angst und Schrecken aus.

Eine weitere Abart des Aswang wird in der philippinischen Stadtgemeinde Panitan, in der Provinz Capiz überliefert. Dort wird die Sage von dem Dangga oder Agitot erzählt. Wieder ein anderes, aber dem Aswang verwandtes Wesen wird Sigbin bzw. Zegben genannt, über den es heißt, er wäre eine andere Erscheinungsform des Aswang während andere Abergläubige behaupten, es würde sich bei ihm um einen Gefährten des Tik-tik handeln. Sein Aussehen scheint dem Chupacabra Mittelamerikas und dem Tasmanischen Teufel zu gleichen, mit Ausnahme des fleckigen Fells. Angeblich verfügt dieses Geschöpf über ein breites Maul mit langen Fangzähnen.

In Literatur und Film hat der Aswang ebenfalls bereits Einzug gehalten. In der kurzlebigen Fernsehserie *Freaky Links* bekommen es die Protagonisten in einer Episode mit einem Aswang zu tun. Unabsichtlich wird die Inkarnation dieser Kreatur aus einer mysteriösen Box befreit. Ohne eine Gestalt zu haben macht sie sich im Schatten verbleibend auf und wandert auf der Suche nach Opfern umher. Anstatt tote Körper zu entwenden, stiehlt diese Kreatur den Schatten der Menschen und damit deren Lebenskraft.

In Lynda Barrys Buch *One! Hundred! Demons*! (Ein! Hundert! Dämonen!) befasst sich ein Kapitel auch mit Aswangs. In ihrer Version ist der Aswang während des Tages ein Hund, dessen Hinterbeine länger sind als die Vorderbeine. Während der Nacht verwandelt es sich in eine Frau, die ihre Beine abwirft und auf der Suche nach Beute umherfliegt.

In dem amerikanischen Horrorfilm *Aswang* (anderer Titel: *The Unearthing*, USA 1992), geht es um eine junge ledige, schwangere Frau, der eine Offerte unterbreitet wird, die sie nicht ablehnen kann. Ihr wird von einem jungen reichen Mann, Mr. Peter Null, angeboten, gegen einen großen Geldbetrag seine Frau zu mimen, weil dies der Wunsch seiner sterbenden Mutter wäre. Was sie nicht weiß, ist, dass es sich bei dem Mann und seiner Familie um menschliche Fassaden von Aswangs handelt, die es auf ihr Baby abgesehen haben. Die Aswangs in diesem Film laben sich, wie in der Legende beschrieben, an ungeborenen Föten, deren Blut sie mit ihrer langen röhrenförmigen Zunge auflecken.

In dem relativ modernen Horror-Film *Surviving Evil* (USA 2008) bekommen es die Protagonisten ebenfalls mit dem Aswang zu tun. Ein Filmteam unter Leitung des fotogenen TV-Tierforschers Sebastian Beazley landet zu Aufnahmen auf einer philippinischen Insel und muss schon kurz darauf feststellen, dass dort nicht alles mit rechten Dingen zugeht. Dörfer wurden überstürzt verlassen, man stößt auf übel zugerichtete Leichen, und aus dem Busch dringen schaurige Laute. Hat es vielleicht etwas zu tun mit der Legende von den Aswangs, vampirähnlichen Dämonen, die es bevorzugt auf Ungeborene abgesehen haben? Da ein Crewmitglied schwanger ist, beginnt eine tödliche Jagd auf die Expedition.

Fazit: Die vielen Augenzeugenberichte und Geschichten über den Aswang sind sicherlich kaum in einer vernünftigen Chronologie zu setzen, dürften aber in der Kernaussage einen wahren Ursprung besitzen, der die Existenz eines mysteriösen Wesens auf den Philippinen wahrscheinlich werden lässt. Möglicherweise bietet sich hier ein Forschungsfeld mit einem wünschenswerten Konglomerat von Mythologen, Kryptozoologen und Grenzforschern an, welches die Fährte dieses mysteriösen Wesens aufnehmen sollte. Auf was wird man stoßen, wenn die Suche nach dem mysteriösen Wesen in fremde Welten führt?

Kontakt mit übernatürlichen Wesen: Aliens und Geistwesen

Woher stammen die seltsamen Kreaturen, die uns in vielen Sagen rund um die Welt begegnen, oder soll man besser sagen, erscheinen? Nehmen wir beispielsweise die Spuren der skandinavischen Sagenfigur „Huldra" auf. Die Huldra ist eine Figur der örtlichen Mythologie. Sie soll eine weibliche Form der Trolle sein, wird auch in einigen Regionen als Wächter des Waldes angesehen. Besonderes Merkmal sind die langen blonden bis goldenen Haare und ein wie bei Tieren üblicher Schwanz. Je nach Region ist auch das Aussehen etwas anders: in Norwegen hat sie einen Kuhschwanz, in Schweden vorwiegend einen Fuchsschwanz. Sie soll außerdem junge Männer verführen, ihr in den Wald zu folgen.

In der skandinavischen Mythologie ist die Huldra oft vertreten - erst mit dem Christentum verschwanden diese Geschichten aus dem Gedankengut. Auf Grund der Eigenschaften dieser Figur kann man Verbindungen zu den Meerjungfrauen und der germanischen Holda knüpfen.

Im Jahr 2002 gab es einen Zeitungsartikel, der von einer Sichtung einer Huldra berichtet. Zwei Frauen hätten demnach ein Wesen, welches dieser Beschreibung entspricht, vor ihrem Fenster beobachten können. Es gibt hiervon sogar ein Foto, auf welchem man aber - wieder mal - leider kaum etwas erkennt.

Basieren Begegnungen mit fremden Wesen möglicherweise auf Veränderungen unserer Wahrnehmung? Graham Hancock ist durch seine bereits ins Deutsche übersetzten Bücher auch hierzulande ein bekannter Autor im Bereich alternativer Geschichtsforschung. Sein Buch *Supernatural* ist 2003 auf Englisch erschienen. Der Einstieg war nicht gerade leicht, schon allein wegen des furchterregenden Umfangs seines Werkes. Außerdem wurde mir erst viel später klar, was die Schilderung seiner Drogenerfahrung mit der Pflanze Ayahuasca, die dem Menschen erlaubt, die Toten zu sehen, zu tun haben könnte.

Ich las zunächst eher skeptisch von schamanischen Portalen und Heilungen durch Geistwesen, die der Autor dem Leser gleich auf den ersten

Seiten präsentiert. Danach geht er auf archäologische Funde von Höhlenmalereien in aller Welt ein und man erfährt, dass lange Zeit das größte Rätsel der Archäologie darin bestand, die seltsamen Zeichnungen zu interpretieren, die rund um den Globus die frühesten Hinweise auf die aufkeimende Kultur der Menschen darstellen. Dass die dort gefundenen Bilder menschlicher Gestalten und auch von Tieren oftmals nicht wirklich akkurate Abbildungen der uns bekannten Formen darstellen, war lange Zeit schwer erklärbar. Konnten die Höhlenmenschen noch nicht so gut malen? Für mich schwer vorstellbar. Graham Hancock belegt durch eine beeindruckende Fülle graphischer Beispiele: An künstlerischer Begabung fehlte es keineswegs. Wenn man die Ähnlichkeit der Funde weltweit betrachtet, dann kann man eigentlich nur von Vorsatz sprechen. Irgendetwas veranlasste die Alten, menschliche Körper immer mit Tierköpfen darzustellen, oder mit merkwürdigen Linien, die wie Lanzen in ihre Körper eindringen. Oft sitzen oder stehen sie in menschlicher Haltung herum, haben seltsame Muster aus Punkten auf ihren Körpern und sind meist mit grotesk wirkenden Köpfen ausgestattet. Und die abgebildeten Menschen: Wenn sie überhaupt mal eine realistische Körperform aufweisen, dann nehmen sie die skurilsten Haltungen ein: viel zu weit nach vorne gebeugt, und mit den Armen grotesk nach hinten verrenkt. Überall auf der Welt finden sich derartige Darstellungen. Was - bei den Göttern des Alls - soll das?

Erst in jüngster Zeit, so Hancock, wurde klar, dass die Menschen der Vorzeit genau das auf die Höhlenwände malten, was sie in ihrer eigenen, täglichen Erfahrung am meisten beeindruckte: Und das waren die Erlebnisse bei ihren regelmäßigen Reisen in diese Geistwelten, bei denen entweder sie selbst sich in diese Figuren verwandelten, oder mit Wesen in derartiger Gestalt interagierten. Und das wirft die Frage auf, ob diese Erlebnisse denn wirklich so vollkommen irreal waren, wie die Forscher lange Zeit annahmen. Warum sollten die Menschen zehntausende von Jahren gerade diese Erfahrungen dokumentiert haben, wenn die Grundlagen dafür rein auf Einbildung basierten? Könnte es stattdessen sein, dass diese Fantasiewelten weit mehr sind als nur die Einbildung im Drogenrausch?

Das wird im weiteren Verlauf des Buches immer deutlicher. Unvermittelt wechselt der Autor das Thema und wendet sich den UFOs und insbesondere den vielen von Prof. John Mack dokumentierten Fällen angeblicher Entführungen durch Außerirdische zu. Man möchte die bizarren Schilderungen der Entführungsopfer zuerst als Einbildung abtun, denn wozu bitte, sollen Außerirdische ihren Entführungsopfern beispielsweise den Schädel öffnen, um eine Schlange darin unterzubringen? Oder die Eingeweide herausnehmen, um Steine darin zu deponieren? Oder andere seltsame Operationen vornehmen, wie zigfach in solchen Szenarien geschildert?

Dann erfahren wir in einem weiteren Kapitel, dass Ayahuasca-Schamanen ungefähr das selbe berichten. Ihre Erlebnisse in Geistwelten gleichen auf frappierende Weise den Entführungsberichten, die John Mack gesammelt hatte. Ein Verdacht keimt in mir auf: Das muss alles dieselben Welten, dieselben Wesen betreffen egal, ob die Berichte von Höhlenmenschen stammen, von UFO-Entführten, von Schamanen aus dem Urwald oder von Versuchspersonen, die in einer aufsehenerregenden, wissenschaftlichen Versuchsreihe mit der Droge DMT gewonnen wurden. Hierüber berichtet das Buch in einem weiteren Kapitel.

Es scheint sich etwas herauszukristallisieren: Sobald sich Menschen in einen, wie auch immer erzeugten, alternativen Bewusstseinszustand bringen, in dem sie andere Welten erleben können, dann treffen sie, vorhersehbar, auf Wesen anderer Realitätsebenen, die mit ihnen die merkwürdigsten Dinge anstellen. Oftmals sind sie wahrlich zum Fürchten, andere Male auch lustvoll, oder zum Lachen. Eins sind sie jedoch in den allermeisten Fällen: Auf eine existentiell ganz unmittelbare Art heilend und belehrend. Und nicht zu vergessen: Übernatürlich.

Hancock zieht eine weitere Parallele, indem er die reichhaltige Folklore, vor allem Englands und Irlands sichtet, und verschiedene Erzählungen heranzieht, in denen beispielsweise Menschen Zeugen von Elfentänzen wurden. In anderen Märchen sind Fälle überliefert, in denen Feen den Menschen statt des eigenen Kindes einen außerirdisch wirkenden Wechselbalg in die Wiege legten, den sie dann aufziehen mussten. Auch solche Mythen haben überraschende Parallelen mit den vorangegangenen Fallberichten von John Mack über UFO-Entführungen. Denn wieder berichten Menschen von seltsamen, außerirdischen Babys, es kommt öfters auch zu sexuellen Übergriffen oder gar zur Elternschaft über Realitätsgrenzen hinweg. Beispielsweise indem eine Frau gezwungen wurde, ein außerirdisches Baby zu versorgen, oder indem jemand regelmäßig von Aliens zur Erfüllung der ehelichen Pflichten in eine andere Welt abgeholt wurde. Bitte bedenken Sie: Das sind, wie Graham Hancock zeigt, keine Einzelfälle. Es geschieht auf diesem Planeten in Serie, quer durch die Jahrhunderte.

Aber was ist die fulminante Konsequenz hieraus? Sind diese Welten vielleicht genauso real wie unsere? Und ist die Kultur dieser Wesen, wenn man denn davon sprechen kann, vielleicht viel älter als die unsere? Und haben sie uns am Ende gar erschaffen oder verfolgen zumindest interessiert unsere Entwicklung? Das sind beunruhigende Aussichten, beschreiben doch die uralten Überlieferungen alter Völker überall auf der Welt den Kontakt mit fremden, hochintelligenten Wesen, die den Menschen schufen und einzelne Individuen immer wieder Kontakt mit diesen übernatürlichen „Göttern" hatten.

Sicherlich hat der ein oder andere Leser von Ihnen schon davon gehört, dass für mindestens 90 Prozent unserer DNS wissenschaftlich gar keine Funktion bestimmt werden kann, sondern dass lediglich den restlichen 3 - 10 Prozent unserer DNS bestimmte eiweiß-kodierenden Aufgaben zugeordnet werden. Arroganter Weise hat die Wissenschaft den restlichen, aber überwiegenden Teil unseres Erbmaterials lange Zeit als Müll-DNS abgetan. Mitnichten:

Es gibt in den Sprachwissenschaften ein merkwürdiges Gesetz. Es stammt vom Linguisten George Zipf (1902 - 1950) und es besagt in wenigen Worten ausgedrückt, folgendes: Nehmen Sie einen beliebigen Text in einer beliebigen Sprache in beliebiger Länge. Das kann ein Stammeslied afrikanischer Ureinwohner oder ein Fachartikel auf Deutsch sein, ganz egal. Bestimmen Sie in diesem Text eine Rangliste der vorkommenden Wörter, so dass Sie danach wissen, welches Wort am häufigsten vorkommt, welches am zweithäufigsten, und so weiter. Angenommen, Sie wählen die Textlänge so, dass Ihr häufigstes Wort genau 1.000 Mal vorkommt: Dann wissen Sie durch das Gesetz von Zipf, dass das zweithäufigste Wort genau 100 Mal vorkommen wird, das dritthäufigste 10 Mal, und so weiter. Es handelt sich hier anscheinend um einen präzisen Test, mit dem man eindeutig bestimmen kann, ob eine bestimmte Folge von Symbolen oder Zeichen die Eigenschaft von Sprache aufweist. Erstaunlich, aber wahr. Wenn es sich um Sprache handelt, dann muss das Zipf-Gesetz gelten. Zipf versuchte, die Linguistik zu einer Wissenschaft zu entwickeln, die sich an den Naturwissenschaften anlehnt. Er gilt durch diese grundlegenden Forschungen und die Entwicklung der Sprachgesetze als ein Pionier in der modernen Quantitativen Lingusitik.

Auf die Informationen in der sogenannten Müll-DNS lässt sich das Zipf-Gesetz nämlich ebenfalls anwenden.

Es handelt sich also um Sprache, die da in unsere DNS eingebettet ist. Das müssen eigentlich ganze Bibliotheken in einer Sprache sein, die wir nicht verstehen. Oder die nur der lesen darf, wer der Urheber ist. Vielleicht erklärt dies die Aussagen einiger Entführungsopfer oder auch von Versuchspersonen auf DMT, die erlebten, dass Wesen aus anderen Dimensionen ihnen gewisse Bücher zu lesen gaben, deren Inhalt plötzlich in sie einströmte und auf wundersame Weise Sinn machte. Sind das vielleicht genau diese Bücher, die wir schon immer in uns tragen, und die irgendjemand dort abgelegt hat, in der Hoffnung, dass wir uns endlich in einen Zustand entwickeln, um sie richtig lesen zu können?

Graham Hancock argumentiert übrigens, dass sich überall auf der Welt die menschliche Kultur genau dann entscheidend zu entwickeln begann, als die Menschen lernten, paranormale Bewusstseinszustände nicht nur für die Schamanen und Eingeweihten, sondern in größerem Stil auch für den Rest der Gemeinde zur Verfügung zu stellen. Liegt der Schlüssel also doch in der DNS und ist der Mensch eine künstliche, genetische Schöpfung, wie es in der sogenannten Paläo-SETI-Forschung bereits seit Jahren postuliert wird? Oder wie der Autor Erich von Däniken im Editorial der Zeitschrift *Sagenhafte Zeiten*, Ausgabe 3/2011, so treffend formulierte:

„Die Gesellschaft ist gezwungen, den Ball aus der tiefen Vergangenheit aufzugreifen. Die Hinterlassenschaften sind eindeutig und auch noch unzerstörbar. Zudem können wir Gegenwartsmenschen gar nicht anders, denn die Botschaft der ETs steckt unauslöschlich in unseren Genen."

Dem habe ich nichts hinzuzufügen.

Giganten der Vorzeit:
Relikte einer fernen Vergangenheit?

„In jenen Tagen gab es auf Erden die Riesen und auch später noch, nachdem sich die Göttersöhne mit den Menschentöchtern eingelassen hatten und diese ihnen Kinder geboren hatten. Das sind die Helden der Vorzeit, die berühmten Männer." (Genesis 6,4)

Riesen - überall auf der Welt finden wir Sagen und Überlieferungen von riesenhaften Wesen. Den Legenden nach waren Riesen aufgrund ihrer Größe und Stärke Meister der Steinbearbeitung. Viele Sagen berichten von Riesen, die noch heute existierende Steinmonumente geschaffen haben sollen.

Schon Alexander der Große sandte aus Indien Berichte von schwarzhäutigen Riesen an Aristoteles. Angeblich war dieser Riese vier Meter groß und über 300 Jahre alt.

Glaubt man den Sagen aus vielen Kulturkreisen, ist vieles, was heute unsere Landschaft ausmacht, das Werk dieser Riesen aus der Frühzeit der Erde, wie beispielsweise die kunstvoll geformten Berge, gerundete Hügel, hoch aufragende Felstürme wie die Teufelsmauer im Harz, das Felsenmeer bei Felsberg oder tiefe, gespaltene Täler. In Paul Hermanns *Deutscher Mythologie* finden sich beispielsweise einige Angaben, die Riesen als lokale Ausprägungen von Naturgewalten kennzeichnen. Ein Riese namens Tännchel soll so die Felsen gesprengt haben, die das Wasser des Rheins zwischen Schwarzwald und Vogesen aufstauten.

Im Eingang der Stiftskirche zu Hersfeld sah man noch in der ersten Hälfte des vorigen Jahrhunderts links an der Wand ein Gemälde, welches eine große Frau darstellte, unter deren Füßen ein sehr kleines Kind lag. Die Frau soll eine Riesin und die letzte ihres Geschlechts gewesen sein. Sie lebte mit einem Mann, der dem kleinen Menschengeschlecht angehörte und gebar ein Kind, das gegen sie so klein war, dass sie es verächtlich mit den Füßen zertrat.

Nach einer Sage aus dem Reinhardswald lebte vor sehr langer Zeit ein mächtiger König, der drei Riesinnen mit Namen Saba, Trenda und Bramba zu Töchtern hatte. Der Vater baute einer jeden ein Schloss, namentlich die

Sababurg, die Trendelburg und die Bramburg. Interessanterweise pflegten sich die Prinzessinnen die Tage zu verkürzen, indem sie durch mysteriöse Sprachrohre von ihren Schlössern aus miteinander plauderten.

Märchenerzählungen über Riesen sind zahlreich, viele Erzählungen basieren auf mythologische Begebenheiten mit möglicherweise wahrem Hintergrund. Schon der Kaiser Maximillian (1459-1519) soll in Worms den letzten Riesen aus dem Odenwald eigenhändig getötet haben.

In England, Irland und Schottland ist eine Unzahl an Geschichten über Riesen bekannt. Sogar die angeblichen Überreste von König Artus sollen von abnormer Größe gewesen sein. Der Legende von Finn MacCumhall (oder Fionn MacCumhail) nach war dieser so riesig, dass er Sterne vom Himmel pflücken konnte, um seiner Frau ein Haarband daraus zu machen. Die großen Basaltsteine von Giant´s Causeway sind angeblich sein Werk.

Die Berge und Hügel Schottlands sind der örtlichen Folklore nach das Werk der schottischen Winterhexe Cailleach Bheur, als sie in ihrer Schürze gesammelte Steine übers Land verstreute. Manche sagen auch, die Berge seien die Stufen zu ihrem Zuhause, dem Schneeberg Ben Nevis. Wenn die Hexe in der dunklen Jahreszeit übel gelaunt war, schlug sie mit einem Hammer auf die Erde und beschwor durch ihr Heulen Stürme herauf.

In vielen klassischen Sagen und Legenden Griechenlands tauchen Riesen auf. Durch die griechische Mythologie streifen sogar jede Menge Völker von Riesen, die in den Überlieferungen zufolge Titanen oder Giganten genannt wurden. Cineasten kennen in diesem Zusammenhang den Klassiker *Kampf der Titanen (Clash of the Titans)* mit Sir Laurence Olivier und beeindruckenden Trickszenen des Altmeisters Ray Harryhausen. Ein tricktechnisch aufgemotztes Remake kam 2010 in die Kinos.

Die Titanen, wie der riesenhafte Zyklop Polyphem, kommen in einer Vielzahl von Liedern und Erzählungen vor. Schon Homers Odysseus kämpfte auf der Insel der Zyklopen (auch Kyklopen) gegen einen einäugigen Riesen und brannte ihm sein einziges Auge aus.

Der große Orion war dereinst der riesenhafte Sohn von Poseidon, dem Gott des Meeres und Jagdgefährte der Göttin Artemis. Eines Tages prahlte Orion damit, jedes Lebewesen der Erde erlegen zu können, und erzürnte so Gaia, die Erdmutter, die einen riesigen Skorpion schickte. In einem brutalen Kampf starben beide und wurden an den Himmel zwischen die Sterne gesetzt.

In der griechischen Sage der ARGONAUTICA kommen die Riesen gleich mehrfach vor. Ein Beispiel: Auf der Halbinsel Kapidagi kam es, dass die Argonauten ahnungslos auf einen Berg kletterten, um sich einen Überblick zu verschaffen. Nur Herakles und wenige Männer blieben als Bewachung auf der Argo. Prompt wurden sie von Riesen angegriffen, aber die wussten nichts von Herakles, der die Ungeheuer kommen sah, und einige von ihnen auf Distanz mit seinen Pfeilen erschoss:

„Ihr Leib hatte drei Paar nerviger Hände, wie Pfoten. Das erste Paar hängt an den knorrigen Schultern, das zweite und das dritte Paar schmiegte sich an die scheußlichen Hüften".

Riesen des Nahen Ostens waren ebenfalls zahlreich. Wenige überlebten die biblische Sintflut. Bekannt sind dabei der sumerische Riese Chumbaba, der von Gilgamesch, König von Uruk, erschlagen wurde.

Jeder kennt wohl die Geschichte von David und Goliath (1. Samuel 17,4), in der über den drei Meter großen Goliath berichtet wird:

„Da trat aus den Reihen der Philister ein einzelner Krieger hervor. Er hieß Goliath und stammte aus Gat. Er war über drei Meter groß ..."

In Davids Philisterkämpfen wurde weiter von Riesen berichtet:

„... als er (David) vom Kampf erschöpft war, versuchte ein Riese, namens Jischbi-Benob, ihn zu töten."

Später, in Vers 20, wird von einem weiteren Riesen mit sechs Fingern an jeder Hand und sechs Zehen an jedem Fuß berichtet. Insgesamt wurde hier von vier Riesen gesprochen.

Goliath von Gat, der riesenhafte Kämpfer der Philister, wurde durch den jungen Israeliten David besiegt, der ihn lediglich mit seiner Steinschleuder zur Strecke brachte und den Riesen dann mit dessen eigenem Schwert enthauptete. Aber auch die „Gottessöhne", die sich nach dem Buch Henoch mit den Töchtern der Menschen gepaart haben sollen, zeugten nach einigen Bibelinterpretationen ein Volk der Riesen, die auch Nephilim genannt wurden.

Sogar die Kundschafter von Moses berichteten am Ende ihrer Wanderung durch die Wüste von Riesen im gelobten Land nördlich des Sinai:

„Und sie brachten über das Land, das sie erkundet hatten, ein böses Gerücht auf unter den Israeliten und sprachen: Das Land, durch das wir gegangen sind, um es zu erkunden, frisst seine Bewohner und alles Volk, das wir darin sahen, sind Leute von großer Länge. Wir sahen dort auch Riesen, Anaks Söhne aus dem Geschlecht der Riesen, und wir waren in unsern Augen wie Heuschrecken und waren es auch in ihren Augen" (Num 13, 32-33)

In der Folge rottete Josua, der Nachfolger Moses, die Anakiter dieser Region wohl weitestgehend aus. Auch in der Region des Landes Moab soll es in der Vorzeit Riesen gegeben haben. Dort wurden sie Emiter genannt:

„Emiter haben vorzeiten darin gewohnt; das war ein großes, starkes und hoch gewachsenes Volk wie die Anakiter. Man hielt sie auch für Riesen wie die Anakiter; und die Moabiter nennen sie Emiter" (5. Buch Mose, Kap. 2, 10-11)

Monströse Riesen finden sich auch im Gilgamesch Epos, das im Hügel von Kunjundschik (heutiger Irak), dem einstigen Ninive, ausgegraben wurde. Die uralten Tontafeln gehörten zur Bibliothek des assyrischen Königs Assurbanipal. Dort liest man die Geschichte von Gilgamesch und seinem Freund Enkidu, die den Götterberg besteigen:

Kurz vor dem Ziel tritt ihnen das furchteinflößende Wesen „Chumbaba" entgegen. Chumbaba hatte Pranken wie ein Löwe, sein Leib war mit ehernen Schuppen bedeckt, und die Füße waren mit Krallen bewehrt. Die beiden Kampfgefährten schossen Pfeile auf das Ungeheuer und warfen das Wurfholz, doch alle Geschosse prallten ab. Auch der „Park der Götter" wurde von gigantischen Skorpion Menschen bewacht.

Im Epos können diese Monstren keine gewöhnlichen Tiere gewesen sein, denn sie sprechen mit den beiden Freunden und warnen sie. Der Sumerologe Prof. Dr. Samuel Kramer übersetzte auf einer sumerischen Keilschrifttafel sogar eine Vergewaltigung, aus der später ein Riese heranwuchs. Enlil schwängerte Ninlil. Die weigerte sich, was Enlil nicht von dem erzwungenen Geschlechtsakt abhielt: *„... Meine Vagina ist zu klein, sie versteht den Beischlaf nicht. Meine Lippen sind zu klein ..."*

Im apokryphen Buche des Baruch wird sogar die Zahl der Riesen genannt, die vor der Sintflut gelebt haben sollen:

„Damals lebten die Riesen auf Erden. 4.090.000 an der Zahl".

Es bleibt im Dunkel der Zeit verborgen, woher der antike Autor seine Zahl hatte. Die Riesen waren den Überlieferungen zufolge also reale Lebewesen auf der Erde und sie standen wohl auch in Beziehung zu den Elohim (Götterwesen) und sind aus den Kreuzungen zwischen Menschen und Göttern hervorgegangen. Waren sie ein Produkt, eine Schöpfung der Götter?

Die afrikanische Variante der Riesen werden Chitaurih genannt. Credo Mutwa berichtet in seinen Überlieferungen, dass sie Mischwesen sind, die unseren Planeten besuchten, als der Mensch noch primitiv war:

„Sie kamen aus dem Himmel und brachten viel Lärm mit, schwarzen Rauch und Feuer. Aus diesen Objekten kamen die „Chitauri". Zu dieser Zeit konnten die Menschen noch nicht sprechen. Wir hatten diese Gabe zu dieser Zeit noch nicht. Jedoch hatten die Leute große mentale Kräfte. Ein Mann konnte in den Busch gehen und seine Willenskraft benutzen, um ein Tier zu rufen, das er jagen und töten wollte für seine Kinder. Das Tier erschien und der Mann tötete es und brachte es mit nach Hause."

Andere afrikanische Stämme wie die Tchizadu vom Volksstamm der Bantwana am Zambezi-Fluss berichten, diese Chitaurih seien bereits vor den Menschen auf der Erde erschaffen worden. Sie sind unsere älteren Brüder und seien sehr weise geworden. Die Bantwana behaupten, sie selbst stammen von Kreaturen ab, die vom roten Stern (Liito-lafisi) kamen und sich mit den Frauen der Erde paarten.

Der südafrikanische Zulu Credo Mutwa, ein Experte der okkulten Geschichte Afrikas, hat während seiner umfangreichen Reisen und Recherchen auf dem afrikanischen Kontinent über Jahrzehnte die Berichte unzähliger afrikanischer Stammesoberhäupter gesammelt. Er berichtet aber auch über verschiedene Erlebnisse und Begegnungen, die er persönlich mit den Chitaurih hatte.

„Es gibt mehr auf der Erde, als wir denken. Ich habe die Chitaurih gesehen. Ich habe sie gerochen, ich hatte persönliche Erfahrungen mit ihnen. Es gibt Leute die behaupten, diese Kreaturen seien Götter ... Die Chitaurih sind ein Stamm von Reptilien-Wesen. Es ist ca. elf Fuß hoch und ist ein sehr schlotteriges Wesen, das keine Knochensubstanz zu haben scheint. Die Finger haben keine Gelenke, sie sehen aus, als wären die Knochen dennoch beweglich. Einige Chitaurih haben drei Klauen mit

einem Daumen. Ihre Haut ist schuppig, ihre Augen sind groß und gelb mit geteilten Pupillen. Die geteilten Pupillen glühen in der Dunkelheit. Also wenn ein Chitaurih-Krieger, einer der unteren Klassen, sich in einer Höhle versteckt, kann man seine Augen glühen sehen. Aber ein königlicher Chitaurih hat drei Augen. Die zwei gelben Augen, die auf eine seltsame Art, fast eisgleich, wie Juwelen, wie bestimmte gelbe Juwelen glühen. In der Mitte ihrer Stirn haben sie ein Auge, das sich nicht von oben nach unten schließt und öffnet, sondern von der Seite. Dieses Auge der Chitaurih kann töten. Es ist der Schein, der aus ihnen kommt, der tötet. Ihre Schädel sind groß und rund und ihre Kiefer erinnern an die von Krokodilen. Ihre Zungen ragen zwischen ihren dünnen Lippen heraus. Sie sind wie Menschen geformt, aber viel größer als wir. Sie sind hoch intelligent und haben erstaunliche telepathische Fähigkeiten. Einige der Chitaurih haben Hörner, die aus ihrem Kopf wachsen. Einige haben einen Ring aus schmalen Horn um den Kopf, dies sind die untergeordneten Chitaurih. Aber die königlichen unter den Chitaurih haben einen Ring aus scharfen Horn um den ganzen Kopf. Diese höchsten Chitaurih, z. B. der König Mubaba Zamahongo, hatten zwei sehr lange Hörner, die vorne seitlich vom Kopf weggingen."

Auf dem ganzen Erdball finden sich Berichte und Legenden von Riesen. Auch Amerika und die arktischen Gegenden wissen von Riesen zu berichten. In den eisigen Ödländern lebten angeblich riesige Steinwerkzeugmacher, die mit ihren enormen Kräften Felsbrocken oder Walrösser umhertrugen und deren Stoßzähne mit Schnitzereien verzierten. Noch heute werden die Sagen um die Riesen mit dem geheimnisvollen Sasquatch oder Bigfoot in Verbindung gebracht, der in den Wäldern Nordamerikas hausen soll.

In den mesoamerikanischen Mythen und Überlieferungen, beispielsweise bei den Azteken, finden sich interessante Hinweise und Berichte über die Erschaffung von Himmel und Erde. Die Azteken berichten über vier Welten oder Sonnen. Tezcatlipoca, der Stammesgott der Azteken und Bruder des Quetzalcoatl, herrschte über die erste Erdsonne, die von Riesen bevölkert wurde. Die Riesen waren so stark, dass sie Bäume mit bloßen Händen ausreißen konnten.

Aber auch die Mayas kennen Geschichten über Riesen. Einst hatte der Riese Yeitzo vier tödliche Messer, schwarz, blau, gelb und weiß. Heldenhafte Maya-Zwillinge töteten den Giganten und seine Waffen aus Feuerstein wurden übers Land geschleudert. Aus den Splittern fertigten die Völker ihre Werkzeuge.

Abb. 2: Noch heute werden die Sagen um die Riesen mit dem geheimnisvollen Sasquatch oder Bigfoot in Verbindung gebracht, der in den Wäldern Nordamerikas hausen soll.

Von primitiven Riesengestalten liest man auch im Popol Vuh der Quiche-Maya. Sie wüteten unter den Menschen, bis der Gott „Ah Mucenab" ein gewaltiges Feuer entfachte, um sie auszurotten. Einige überlebten und irrten im trüben Dämmerlicht umher. Sowie die Menschen mit ihnen zusammentrafen, kam es zu verzweifelten Kämpfen.

In Indien soll es Kreaturen gegeben haben, Rakshasas genannt, die ebenfalls riesenhaft waren und einst Gebieter über die Wälder der Provinz Lanka gewesen sein sollen. Sie waren so hochmütig, dass sie sogar die Götter herausforderten. Ihr König wurde vom obersten Gott Vishnu getötet.

Auf den Fidschi-Inseln verbreitete einst ein Riese, Feuerzahn genannt, großen Schrecken unter den Bewohnern der Dörfer, bis einige mutige Dorfbewohner ihn mit Steinen erschlugen. Noch im Tode brannten des Riesen

Zähne, die man ihm mit Steinwerkzeugen ausbrach und somit das Feuer zu ihren Leuten brachte.

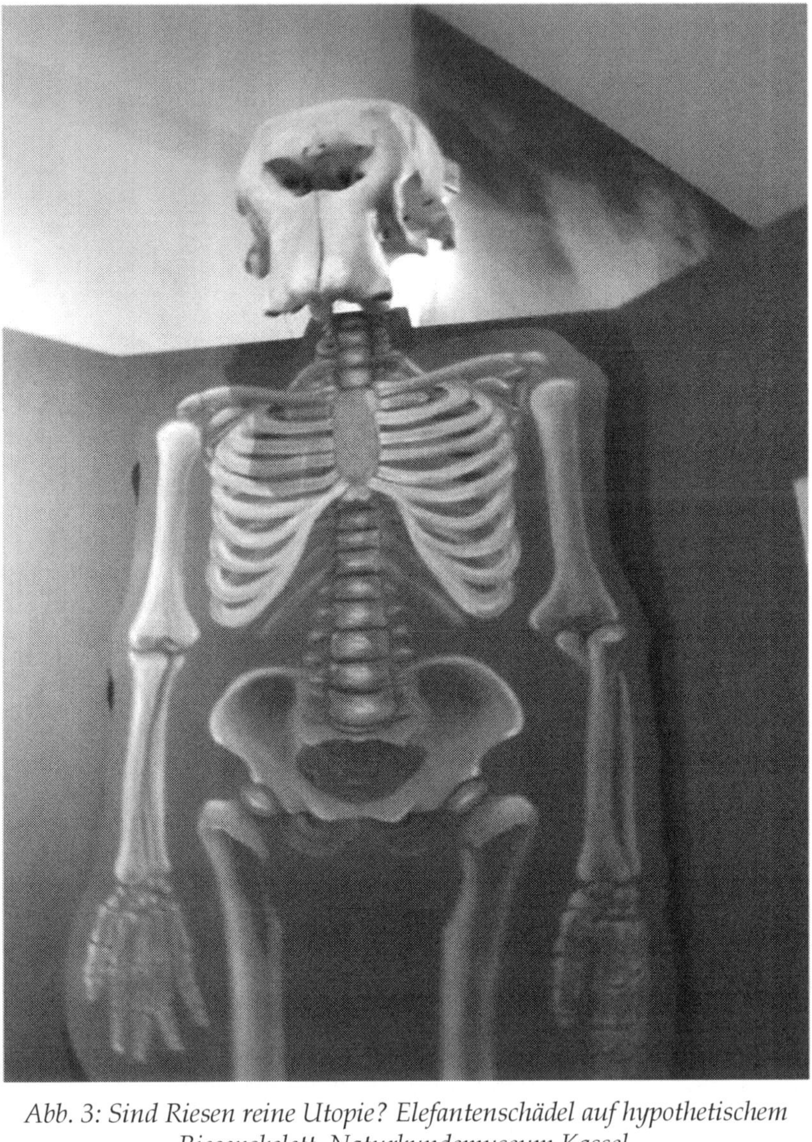

Abb. 3: Sind Riesen reine Utopie? Elefantenschädel auf hypothetischem Riesenskelett, Naturkundemuseum Kassel.

Marius Boirayon, ein ehemaliger australischer Pilot, der inzwischen auf den Salomon Inseln lebt, berichtet über seltsame Geschöpfe, welche auch heute noch den Archipel bevölkern sollen. Dabei handelt es sich um menschenähnliche Wesen von gigantischem Wuchs. Auch auf Guadalcanal, der größten Salomon Insel, sind sie in einem nahezu 1.000 Quadratkilometer großen Gebiet westlich des Mount Popomanaseu zu Hause. Hier sollen sie im Innern der von tropischen Regenwald bedeckten Berge hausen. Auf Malaita, der Nachbarinsel Guadalcanals, werden viele Geschichten über die „Ramo" erzählt. So nennt man die Riesen hier. Die Giganten bewohnen offenbar alle größeren Inseln des salomonischen Archipels, auf denen sie unter verschiedenen Namen bekannt sind. Eine allgemein verwendete Bezeichnung für die „großen Menschen" lautet Moo-Moo.

Riesen existierten allem Anschein nach aber auch in Australien, Japan, Russland und Skandinavien, also überall auf der Welt. Gab es in einer fernen Vergangenheit Riesen auf der Erde? Die Überlieferungen aus allen Teilen der Welt sprechen eine deutliche Sprache.

In den späten 50er Jahren wurden viele gigantische Knochenfossilien in der Gegend der Gebirgstäler der Türkei gefunden. Nach Untersuchung wurde bestätigt, dass die Knochenfossilien den Menschenkochen extrem ähnlich waren, mit dem einzigen Unterschied, dass die Größe der Knochen außergewöhlich war. Das Knochenfossil eines Hinterbeins einer Person maß 1,20 Meter Länge. Nach diesem Maß war die Person fünf Meter groß. Das Wort Riese ist passend für Personen, die solche Knochen hatten.

Knochenreste von großwüchsigen Frühmenschen wurden bereits 1936 von dem deutschen Anthropologen L. Kohn-Larsen am Eyasi-See in Zentralafrika gefunden. Sie erhielten sogar einen wissenschaftlichen Namen: *Meganthropus africanus.* Ähnliche Formen tauchten auch in Java auf *(Meganthropus palaeojavanicus).* Der ehemalige Delegierte der Französischen Prähistorischen Gesellschaft, Dr. Louis Burkhalter, stellte sich in einem Artiekl, der 1950 in der Revue du Musee de Beyrouth erschien, eindeutig hinter die Knochenfunde: *„ Wir wollen doch klarstellen, dass die Existenz von riesenhaften Menschnwesen in der Acheuleen-Epchoche als eine wissenschaftlich gesicherte Tatsache betrachtet werden muss".*

Mitte des letzten Jahrhunderts entdeckte der australische Archäologe Dr. Rex Gilroy, Direktor des Mount York Natural History Museums von

Bathurst (New South Wales), übergroße, vorgeschichtliche Werkzeuge, zusammen mit einem Skelett und einem Backenzahn von 5,8 cm Länge und 4,5 cm Breite. Selbst ein Fußabdruck von 60 x 18 cm tauchte im ausgetrockneten Lehm auf. Dr. Gilroy vermutet, die Gestalt, die zum Fußabdruck passte, müsse an die sechs Meter groß gewesen sein.

In den verschiedensten Gegenden Nordamerikas existieren Berichte über riesige menschliche Skelette und anderen Fossilien, die dort entdeckt wurden. Im November 1856 konnte man in einigen Lokalzeitungen von einem Fund lesen, welcher von einem verwesten Menschen stammen sollte, der über 3,28 Meter groß gewesen sei. Freigelegt wurde es von einigen Arbeitern, die einen Weingarten in West Virginia pflügten. Der Fund wurde als Fälschung betitelt, nachdem eine Zeitung über drei Kugeln berichtete, die im Schädel des Skeletts gefunden wurden. Leider wurden die Kugeln nicht näher beschrieben, so dass es sich auch um einfache Blei- oder Kupferkügelchen gehandelt haben könnte. Auch ist nicht bekannt, wo der angebliche Riese erneut begraben wurde, so dass es nicht möglich ist, die Wahrheit über diesen Fund herauszufinden.

Auch bereits im Jahre 1823 wurde das Skelett eines 3,60 Meter großen Riesen in Lompock Rancho, Kalifornien, entdeckt. Soldaten waren gerade dabei eine Grube, die als Pulvermagazin dienen sollte, auszuheben, als sie auf diese sterblichen Überreste stießen. Besonders auffällig an diesem Skelett war eine doppelte Zahnreihe. Außerdem wurde eine Vielzahl an großen Steinäxten, handgefertigten Patronen und Porphyrsteine mit merkwürdigen Symbolen freigelegt. Das Skelett wurde, nachdem die Anwohner der Gegend anfingen die Beigaben anzubeten, wieder vergraben. Der Ort an dem es nun liegen soll wurde, wie schon erwartet, vergessen oder verschwiegen.

Die mumifizierten Überreste von mysteriösen rothaarigen Menschen, die eine stattliche Größe von zwei bis zweieinhalb Metern aufwiesen, wurden im Jahre 1911 bei Lovelock Cave, 112 Kilometer nordöstlich von Rene, exhumiert. Entdeckt wurden die mumifizierten Leichname durch Arbeiter, die dort Guano abbauten. Dieser Fund untermauerte die Legenden der dortigen Piute-Indianer. Sie berichteten von Menschen mit eben diesen Merkmalen von Größe und Haarfarbe und wurden von ihnen als *Si-Te-Cahs* bezeichnet.

Die Wissenschaft riss sich nicht gerade um diesen Fund und somit wurden die Überreste nicht weitergehend untersucht. Das Humboldt Museum in Winnemucca, Nevada, ist heute glücklicherweise im Besitz von einigen Knochen, Artefakten und einer der großen Schädel, der knappe 30 cm misst. Andere Artefakte von Lovelock findet man in Reno, im Museum der Historical Society of Nevada.

Die jedoch auffälligsten Funde von Riesen, wurden jedoch in den 80er Jahren des 19. Jahrhunderts in Togia Point (Bradford County) Pennsylvania gemacht. Hier wurde von einem staatlichen Gesichtswissenschaftler, einem Priester, einem Museumsleiter sowie einem Professor der Phillips Andover Academy, ein alter indianischer Grabhügel entdeckt. Die Knochen von 68 Menschen konnten geborgen werden. Die Durchschnittsgröße der Männer betrug zwei Meter, wobei einige jedoch wesentlich größer waren. Besondere Aufmerksamkeit erregten einige Schädel; auf ihnen befanden sich, fünf cm über der perfekt geformten Stirn, Knochenauswüchse, die Hörnern glichen. Diese mussten laut Untersuchung, schon seit der Geburt vorhanden gewesen sein. Es wurde geschätzt, dass sie 1200 n. Chr. begraben wurden. Gemäß einigen Quellen wurden die Skelette zum „Amerikanischen Nachforschenden Museum" in Philadelphia gesandt, und verschwanden.

Aktuell haben britische Wissenschaftler durch eine Genanalyse belegt, dass es einen wahren Kern hinter den Legenden von Riesen gibt, zumindest in Irland. Nach zahlreichen Erzählungen auf der Grünen Insel sollen einst unzählige Riesen das Land bevölkert haben.

Eine Forschergruppe um Dr. Marta Korbonits von der „Barts and the London School of Medicine" berichteten Anfang 2011 im Fachmagazin „The New England Journal of Medicine", wie sie die Mitglieder von vier heute noch in Nordirland lebenden großwüchsigen Familien auf ihre Verwandtschaft zu Charles Byrne untersuchten. Charles Byrne erlangte Ende des 18. Jahrhunderts durch Schauauftritte als der „Irish Giant" (Irischer Riese) Berühmtheit. Seine Körpergröße betrug 2,31 Meter.

Nordirland war demnach ein regelrechter Hotspot für Hypophysen Adenome, gutartige Tumore aus den parenchymalen Zellen des Hypophysenvorderlappens oder des Hypophysenhinterlappens, in Folge derer es unter anderem zu einer bis zu 50 Prozent gesteigerten Ausschüttung von

Wachstumshormonen und entsprechenden Wachstumsschüben kommen kann.

Verantwortlich für die in Nordirland konzentrierten zahlreichen Fälle von Riesenwuchs ist demnach eine Genmutation, die sich bis auf die Vorfahren Byrnes und anderer „irischer Riesen“ 57 bis 66 Generationen zurückverfolgen lassen. Daher sind die Legenden um riesenhafte Wesen gar nicht mal so schnell in das Reich der Fabel zu verdrängen. Riesen muss es also tatsächlich einmal in größeren Population gegeben haben, als es die heutigen Einzelfälle von Riesenwuchs darlegen.

Die Wissenschaft sieht den Riesenwuchs als genetischen Defekt an, eine Mutation. Wodurch sie aber ausgelöst wurde und in der Frühzeit sogar vermehrt auftrat, ist bislang unklar und wissen wohl allein die Götter. Doch wenden wir uns nun ganz anderen Rätseln zu. Phänomene, die unseren Verstand zum Bersten bringen könnten ...

Mein Doppelgänger und ich: Unheimliche Begegnungen mit der Quantenwelt

Sind Sie auch schon einmal Ihrem Doppelgänger begegnet? Ich meine nicht einen Menschen, der Ihnen ähnlich sah, sondern exakt dieselbe Person die Sie sind? Oder sagten Ihnen einmal Freunde, Bekannte oder andere, dass man Sie erst kürzlich hier und da gesehen hätte, und Sie können Stein und Bein schwören, dass Sie niemals an diesem Tag oder überhaupt jemals an diesem Ort gewesen sind?

Werfen Sie diese als „Zufälligkeiten“ abgehakten Geschehnisse nicht einfach über Bord. Es könnte dramatischer sein, als Sie denken ...

Ich selbst hatte bereits mehrere „Begegnungen“ mit dem Phänomen des Doppelgängers, zumindest hielt ich die Erscheinung stets für mein eigenes Ich. Diese Begegnungen ließen mir einen kalten Schauer über den Rücken laufen. Zumeist handelt es sich um seltsame und relativ belanglose Ereignisse, für die mir im Moment des Augenblicks auch jedwede Beweiskraft fehlte. Einmal fuhr ich zu Recherchezwecken mit meinem Auto in einer beschaulichen Waldgegend umher, auf der Suche nach einem speziellen Ort.

Mein Navigationsgerät ist nicht mehr das Neueste, daher „verfranzte" ich mich heillos, da mein Kartenmaterial für diese Region ebenfalls zu alt war. Ich bog an einer Kreuzung nach rechts ab in Richtung einer Bundesstraße, während von links ein PKW in die Straße einbog, die ich just eben verlassen hatte. Mein kurzer Blick nach links schien mir einen Streich zu spielen, zumindest dachte ich das: Das Auto war dieselbe Marke wie meines, auch die Farbe, ich fahre ein schwarzes Auto, war dieselbe. Am Steuer saß ein Mann, der mich in diesem kurzen Augenblick eines nicht erfassbaren Moments ebenfalls ansah. Ich traute meinen Augen nicht und musste im gleichen Zeitpunkt schnell nach vorn blicken, um nicht ins Schleudern zu geraten oder dem Straßengraben einen unrühmlichen Besuch abzustatten: Am Steuer des anderen Wagens saß ... ich! Jedenfalls bildete ich mir ein, dass der Typ im anderen Wagen genau so aussah wie ich!

Ach was, noch so einen von deiner Sorte, das wäre zu viel des Guten, schoss es mir albern durch den Kopf. Das kann doch gar nicht sein, ich muss mich verguckt haben, war mein zweiter Gedanke. Das unwohle Gefühl blieb, so beschloss ich einen kurzen Augenblick danach zu wenden und wieder zurück in die Straße einzubiegen. Doch da war so weit ich sehen konnte kein anderes Auto, die nächste Biegung war Hunderte Meter entfernt. Konnte das Auto so schnell diese Strecke zurücklegen? Hatte es der Fahrer des mysteriösen PKW eventuell eilig und fuhr schneller als das Tempolimit auf dieser Straße? Ich drehte meinen Wagen und nahm etwas nachdenklich meine ursprüngliche Fahrt wieder auf. Lange grübelte ich noch, ob mir meine Augen einen Streich gespielt haben könnten, ob ich einfach zu lange am Steuer gesessen haben dürfte und ähnliche Dinge. Ich vergaß den Vorfall daraufhin auch schnell wieder.

Geraume Zeit später passierten mir seltsame Begegnungen mit Menschen, die mir fremd waren, mich aber erst am Vortag an diesem oder jenen Ort gesehen haben wollten. Im Sommer 2012 machte ich gemeinsam mit Freunden einen Flohmarkt und verkaufte an einem sonnigen Tag froh und munter einige persönliche Dinge. Ein Ehepaar mittleren Alters kam auf mich zu, sah mich eindringlich an und der Mann war sich sicher, mich gestern erst gesehen zu haben. Da ich dies prompt verneinen konnte und dem Herrn versicherte, dass ich ihn auch gar nicht kennen würde, war die Überraschung und Skepsis der Leute sehr groß und sie fühlten sich teilweise sogar ziemlich veräppelt. Ich habe Sie gestern erst in dem Baumarkt gesehen, tönte es siegessicher. Ich hatte ein Gefühl, als ob ich beim Äpfel klauen erwischt worden wäre, bekam sogar ein schlechtes Gewissen, da der Mann fast schon zornig darauf bestand, mich am vorherigen Tag gesehen zu haben. Ich erklärte mich wie ein Schulkind, dass ich schwören würde, nicht am gestrigen Tag und auch sonst noch niemals an jenem Ort gewesen zu sein. Der Herr schlurfte nachdenklich mit seiner Frau davon, vermutlich muss er sich gedacht haben, dass er sich wohl irren müsse, oder dass ich ein Hochstapler wäre, der ihm nicht verraten wolle, was ich wohl gestern an diesem Ort „Unrühmliches" getrieben hätte. Ich schüttelte zunächst den Kopf, war aber zu perplex, dieser Sache weiter nachzugehen und auch die Grübeleien über diese Begegnung verflogen an diesem sonnigen Tag sehr schnell.

Vorfälle dieser Art, dass mir fremde Leute versicherten, sie hätten mich erst kürzlich da und dort gesehen, häuften sich dermaßen, dass mir ein wenig unwohl wurde. Nun habe ich mit ziemlicher Sicherheit kein Allerweltsgesicht und bin auch sonst keine „übliche" Erscheinung. Verwechselten die Leute mich mit Anderen, die zufällig nur so ähnlich aussahen wie ich oder steckt mehr hinter diesen merkwürdigen Vorfällen?

Nach und nach ertappte ich mich dabei, wie ich mir mehr und mehr Gedanken zu diesem Thema machte und ob man es hier mit einem „klaren Fall" von „Fehler in der Matrix" zu tun haben könnte, wie ich es zunächst eher scherzhaft ausdrückte. Viele Schriftsteller beschäftigten sich schon mit dem Phänomen des Doppelgängers. Der Dichter E.T.A. Hoffmann verfasste mit *Die Elixiere des Teufels* einen Roman, in dem der Held von seinem Doppelgänger gerettet wird. Mit *Der Doppelgänger* lieferte der russische Autor Fjodor Dostojewski einen Roman, der sich im Schwerpunkt um dieses Phänomen drehte. Und wen wundert's: Auch Edgar Allan Poe und Franz Kafka beschäftigten sich bereits mit dem Motiv des Doppelgängers. In ihren Erzählungen stand meist der Identitätsverlust im Vordergrund.

Ich recherchierte nach und stellte fest, dass andere Leute ebenfalls einem Doppelgänger-Phänomen unterliegen oder seltsame Erfahrungen gemacht hatten. Auch der berühmte Johann Wolfgang von Goethe hatte Begegnungen mit seinem Ebenbild oder dem anderer Personen. Einmal erschien er sich selbst, als er seine Geliebte Friederike von Brion verließ und vom elsässischen Sesenheim zurück nach Hause ritt. Ein anderes Mal erlebte er einen ungewöhnlichen Vorfall in Weimar. Im strömenden Regen traf er seinen Leipziger Freund Hofrat Rochlitz, der kurioserweise Goethes

Schlafrock und seine Pantoffeln trug. Bevor Goethe ihn über diesen Fauxpas zur Rede stellen konnte, löste sich sein Freund in Luft auf. Sichtlich irritiert ging der Dichter in seine Wohnung, wo er just den vom Schlaf aufgeweckten Hofrat vorfand, der ihn in Goethes Schlafrock und seinen Pantoffeln begrüßte. Er erklärte sich dem Hausherrn in der Weise, dass er nach Weimar kam und bei einem Spaziergang, überrascht von einem Regen, völlig durchnässt wurde. Er habe dann Goethes Haus aufgesucht, um sich trockene Gewänder anzulegen.

Das Motiv des Doppelgängers ist ein altes Phänomen und begegnet uns auf verschiedene Art und Weise. In vielen Religionen, aber auch in etlichen nativen Kulturen werden Doppelgänger als mysteriöse Schatten des Menschen beschrieben. In der Wissenschaft werden diese Fälle als Halluzinationen (Heautoskopien) der eigenen Person bezeichnet. In der Fachliteratur findet man eine Reihe solcher Fälle, erklärbar sind sie allerdings noch nicht. Eine große Zahl von Schilderungen ähneln sich sogar: Reale und lebensechte Begegnungen mit sich selber, oft spiegelbildlich. Meist schaut das „Trugbild" den Betrachter stumm und unverwandt an. Greift man jedoch nach dem Doppelgänger, verschwindet er oder schaut man kurz weg und noch mal hin, scheint es so, als ob nie jemand da war.

Einen besonderen medizinischen Fall dokumentiert der Psychiater D. Arenz in einem Artikel von 2001. Die 47-jährige Frau M. kam zur ersten stationären Aufnahme in die Psychiatrie, da sie offensichtlich unter akut auftretenden Halluzinationen litt. Nach der Trennung von ihrem Lebenspartner ging es Frau M. nicht gut. Sie war verzweifelt, lustlos und litt an Schlaf- und Appetitlosigkeit. Auch starke Albträume plagten sie, aber Suizidgedanken hatte sie bis dahin keine. Einige Tage vor der stationären Aufnahme habe sie sich an ihrer Arbeit in einer Großküche sehr schlecht gefühlt und ängstigte sich ungemein. Als sie kurz an die frische Luft ging und sich auf eine Bank setzte, habe sie in diesem Moment eine erhängte Frau an einem naheliegenden, ca. zehn Meter entfernten Baum gesehen. Sie stellte erschrocken fest, dass es ihre eigene Gestalt war. Sie sah ihre Doppelgängerin ungefähr eine Minute intensiv an und kam zu dem Schluss, dass es sich doch nur um eine Trugwahrnehmung handeln könne. Nachdem sie kurz die Augen zusammengekniffen hatte, war die Erscheinung verschwunden. Noch nie vorher hatte Frau M. so ein Erlebnis gehabt. Die behandelnden Ärzte stellten bei Frau M. interessanterweise keinerlei psychischen Störungen irgendwelcher Art fest und ihr klares und inhaltliches

Denken wies ebenfalls keine Auffälligkeiten auf. Ebenso wenig befanden sie die Ärzte als schizophren und auch sonst hatte sie keine weiteren Wahrnehmungsstörungen dieser Art. Auch Drogen oder Alkoholmissbrauch wurde ausgeschlossen.

Es gibt solche Vorfälle zuhauf. Interessant auch die Geschichte einer alten Dame, die sich im Stuhl nebenan erblickte. Zuerst war ihr eher zum Schmunzeln zumute. Die Doppelgängerin bewegte sich nicht, lächelte ihr zu, trug ein Kleid, das sie kannte – und war ein knackiges junges Ding. Die 75-jährige betrachtete ihr Double amüsiert, als wäre sie in einem Album auf eine vergilbte Fotografie aus jungen Jahren gestoßen. Geschmeichelt registrierte sie, wie gut ihr der Flitter einst gestanden hatte und welch ein ansehnlicher Teenager sie gewesen war. Die Erscheinung dauerte Sekunden, vielleicht sogar Minuten. Sechs Stunden später lag die Seniorin mit einem schweren Schlaganfall in der Klinik.

Ein 35-jährige Schlosser fand die Begegnung mit seinem stummen Gast hingegen kein bisschen komisch. Als er ihn entdeckte, fingen seine Knie an zu schlottern. Sein Doppelgänger stand mitten am Arbeitsplatz vor ihm, schleppte einen schweren Werkzeugkasten und schaute ihn unverwandt an. Der Chef, dem er von der Halluzination erzählte, ließ ihn sofort mit dem Rettungswagen ins nächste Krankenhaus bringen. Doch die Untersuchungen der Ärzte blieben ohne Befund: Der junge Handwerker war kerngesund. Auch später war an seiner Patientengeschichte nur auffällig, dass er eines Tages seinem eigenen Trugbild gegenübergestanden hatte. Erst nach einer Weile, die ihm wie eine halbe Ewigkeit vorgekommen war, hatte er sein Trugbild abgeschüttelt.

Rund 70 Fälle solcher Doppelgänger-Wahrnehmungen sind in der psychiatrischen Literatur bis heute dokumentiert. Allerdings vermuten Experten wie der Schweriner Neurologe Bernd Frank eine „hohe Dunkelziffer", weil die Opfer heautoskopische Erlebnisse – aus Angst, von ihren Mitmenschen für verrückt gehalten zu werden – nicht gern an die große Glocke hängen. Neuerdings versuchen Forscher, mit modernen Diagnosemethoden eine hirnorganische Erklärung für den Spuk zu finden. Der US-Psychiater George Krizek vom St. Elizabeth's Hospital in Washington sucht die Ursachen für den Verdoppelungsspuk nach traumatischen Hirnschädigungen in der rechten Hirnrindenhälfte. Ihm ist auch ein Fall bekannt, wo ein Patient sich mit seinem Doppelgänger ganze 15 Minuten lang unterhalten hatte. Begegnungen mit dem eigenen Ich? Auch Migräneopfer untersuchte Krizek, wie auch eine 42-jährige ansonsten völlig gesunde Patientin, die ihren Körper im Liegen gelegentlich verdoppelt fühlte. Nach eigenen Angaben konnte sie ihren geisterhaften „zweiten Körper" deutlich spüren, denn er fühlte sich warm an und hatte dieselben Proportionen wie ihr „erster".

Spinnerei? Viele Betroffene registrieren oftmals die Gefühle ihrer Doppelgänger, als wären es ihre eigenen, sind mit den Geisterwesen bei der Begegnung auf rätselhafte Weise verbunden. Meist erscheinen sie nicht schemenhaft, sondern leibhaftig, vielfarbig und klar umrissen. Viele haben erst kurz vor der Begegnung das Gefühl, als stünde jemand hinter oder neben ihnen. Kennen Sie dieses Gefühl nicht auch? Na bitte. Wo, bitte schön, ist das noch Halluzination?

Und was hatte Frau M. nun erlebt? War es nur eine einfache Halluzination, als sie sich am Baum hängen sah, wie es ihr die Ärzte einredeten? Oder war es eine Begegnung mit dem eigenen Ich, womöglich aus einer anderen Zeit oder anderen Welt, die jenseits des Vorstellbaren existiert? Jemandem bei so intensiven und durchaus greifbaren Doppelgänger-Begegnungen psychische Störungen zu unterstellen, ist nicht nur einfallslos, sondern sehr kurzsichtig. Meine Begegnung kann man nicht einfach als pure Halluzination abtun, denn dieses Ereignis war so echt wie sie und ich. Und hatte Frau M. ebenfalls keine Halluzination, sondern in einem Ansturm von Gefühlschaos eine andere „Ebene" geöffnet, die ihr einen Blick in einen parallele Welt oder mögliche Zukunft gab?

Manche Menschen begegnen sich häufiger als andere, manche eher nur sporadisch, so wie es bei mir der Fall war. Anderen passiert das nur einmal in ihrem Leben. In alternativen Forschungen werden solche Verdopplungserlebnisse auch als spirituelle Verzückung bezeichnet. Auch das Wort Ekstase heißt interessanterweise wörtlich übersetzt eigentlich „Aus-sich-heraus-treten" und gerade in spiritueller Versenkung wird oft von solchen Erlebnissen berichtet. In der Quantenforschung wird auch von der Interwelt gesprochen, in dem unser gesamtes Sein, Geist und Seele sowie Informationen über unseren Körper abgespeichert sein sollen. Sind wir es am Ende also doch selbst, die durch unseren Willen eine Kopie unseres eigenen Ichs in der Alltagswelt schaffen und so ein „reales" Gegenüber formen? Sigmund Freud spricht vom „verdrängten Anteil im Ich", C. G. Jung sieht in dem „dunklen Doppelgänger" nichts anderes als den „Archetypus".

Eine besonders interessante Theorie erwähnen die Gebrüder Grimm in ihrem „Deutschen Wörterbuch". Hier definieren sie den Begriff Doppelgänger als jemanden, *„von dem man wähnt, er könne sich zu gleicher Zeit an zwei verschiedenen Orten zeigen"*. Dabei sehen sie den Doppelgänger nicht als Duplikat, sondern eher als jemand, der sich offenbar über Zeit und Raum in mehreren Leben parallel bewegt. Dies erinnert mich an das Phänomen der Träume, denn auch hier könnte man behaupten, man bewegt sich während eines Traumes in dieser Interwelt oder in einer Parallelwelt.

Ich leide weder an Schizophrenie, Depression oder Hysterie, noch hatte ich bei meinen Erlebnissen starken emotionalen Stress, Ängste oder Erschöpfungszustände, jedoch bin ich davon überzeugt: Das Universum besteht nicht nur aus dem uns bekannten Weltraum, sondern umfasst die Gesamtheit aller Dinge in unserer Welt. Was wäre, wenn dieses Universum doch nicht die uns bekannte Dimension darstellen würde? Wenn es zwei, drei, ja unendlich viele Universen gäbe? Dass die Idee des Multiversums, also mehrerer möglicher Universen, nicht nur Stoff für Science-Fiction-Romane ist? Ein wichtiges Forschungsfeld der Physik muss sein, unseren Blick auf die Welt und unser Verständnis der Wirklichkeit zu verändern. Letztendlich bin ich mir sicher: Unsere Welt und unsere Existenz hat keinen so linearen Ablauf, wie wir vielleicht glauben mögen. Können wir uns vielleicht sogar selbst neu erschaffen, ob bewusst oder unbewusst?

Begegnungen mit anderen Realitäten: Seltsame Fälle aus der Anderswelt

Prominente sehen Gespenster, titelten unlängst Boulevard-Magazine. In den Villen der Promis spukt es und es scheint, als ob es die Geister mehr und mehr auf die Stars und Starlets in der Welt der Lebenden abgesehen haben. Sehen wir an einigen Beispielen, was den bekannten Prominenten so widerfahren ist.

Der mit 28 Jahren recht früh verstorbene Schauspieler Heath Ledger besuchte anscheinend nach seinem Tod seine Ex-Freundin Michelle Williams. Nach Aussagen eines Freundes sah Michelle an einem nicht näher definierten Tag in ihrer Wohnung einen Schatten, dann verschoben sich die Möbel im Raum. Als sie erkannte, wer da vor ihr erschien, soll er sich dafür entschuldigt haben, dass er nicht mehr für seine Tochter Matilda sorgen kann. Heaths Geist erschien der Schauspielerin nach Zeugenaussagen sogar zwei Mal.

Hollywood-Womanizer Hugh Grant hatte ebenfalls Kontakt mit der Anderswelt. Der Schauspieler besitzt ein Luxus-Apartment im „Colonial Building“ in Los Angeles, wo auch die Film-Legende Bette Davis lebte, bis sie 1986 im Alter von 81 Jahren starb. Heute soll ihr Geist mit Jammern und Stöhnen dafür sorgen, dass Hugh Grant nicht mehr schlafen kann, wenn der weltberühmte Geist sich zeigt. Allein ist Grant mit seinem gruseligen Erlebnis aber keineswegs, denn auch andere Mieter in dem Haus haben Bettes Geist wimmern hören. Die Oscar-Gewinnerin Bette Davies spielte mit Vorliebe die Rolle des weiblichen Bösewichts. Kann sie unsere Welt noch nicht verlassen?

Hollywood-Star Salma Hayeck glaubt sogar, dass ihre Tochter Valentina mit Gespenstern sprechen kann. Die Schauspielerin ist sich sicher, dass das Kind in einer Nacht einen Geist gesehen hatte. Die kleine Valentina wachte auf und ihre Augen waren weit aufgerissen. Sie sah auf einen bestimmten Punkt und sagte dann: „No, no, no, no, au revoir.“ Sie schaute dabei jemanden an, aber da war nichts, wie die Mutter beteuert. Warum die kleine Valentina während des gruseligen Erlebnisses in einem wilden Englisch-Französisch-Mix sprach, bleibt wohl unbekannt. Vielleicht war nicht klar, welche Nationalität der Geist hatte ... Mami Salma findet das indes gar nicht lustig und hatte verständlicherweise echte Angst um ihre anscheinend medial begabte Tochter.

Neben den Hollywood-Stars „erwischt“ es aber auch Prominente jenseits des großen Teiches. In England, im Mekka für Geister, kaufte sich die britische TV-Moderatorin Denise van Houten für schlappe 1,25 Millionen Pfund ein mittelalterliches Gebäude in der englischen Grafschaft Kent und war total happy, als sie den Zuschlag für die Villa erhielt. Der Schrecken fuhr ihr aber anschließend in die Glieder, als sie erfuhr, dass es in ihrer Villa spuken soll. In diesem Anwesen lebten im 12. Jahrhundert die siamesischen Zwillinge Mary und Eliza Chulkhurst, die an Hüfte und Schulter zusammengewachsen waren und bis zum heutigen Tag ihr Unwesen in Denises Haus treiben sollen.

Hätten sich die Promis einmal träumen lassen, dass sie in Kontakt mit der unheimlichen Welt der Geister oder anderen Dimensionen kommen, die sie sonst nur aus Drehbüchern kennen? Es scheint wohl doch so, dass die besten Storys das wahre Leben schreibt und diese nicht nur aus Drehbüchern stammen, wie im Fall des zeitreisenden Mönches:

Gehen wir in die Vergangenheit. Ungewöhnliche Vorgänge über seltsame Zeitphänomene werden in alten Erzählungen beschrieben. Unzählige Legenden weisen auf Ereignisse hin, die man heute als Zeitverschiebung interpretieren kann. Es kann sogar möglich sein, dass sich hinter den Zeitverschiebungssagen *„ein weltweit auftretendes reales Phänomen verbirgt"*, referiert der Autor Nicolas Benzin in seiner Arbeit *Eine internationale Strategie der Götter*.

Viele Sagen haben demnach meist einen gemeinsamen Urkern und könnten im Zusammenhang mit ungewöhnlichen, nicht-irdischen Kräften stehen.

Die Buchautorin Gisela Ermel stellt in ihrer Arbeit „Zeitspringer" eine Reihe von Überlieferungen vor, in denen häufig in Verbindung mit Zeitverschiebungen mysteriöse Personen, Elfen oder Feen auftauchen. Jedoch wird die Möglichkeit, solche Überlieferungen nutzbringend auszuleuchten, als nicht sehr hoch eingestuft, denn zu stark sind viele Erzählungen durch Sagenwanderungen (Migration) verfälscht oder abgeändert worden. Man muss allerdings beachten, dass hinter solchen Überlieferungen ein großes Potential steckt, das vielleicht die eine oder andere Spur weist. Eine recht bekannte Zeitverschiebungssage soll hier deshalb ein wenig genauer in Augenschein genommen werden. Sie ist gleichzeitig ein prädestiniertes Beispiel für das Problem der Wandermotive. Über Jahrhunderte hinweg existiert eine Legende, in der ein Mönch eine Zeitverschiebung erlebte, wobei in allen Erzählvarianten auffällt, dass hier ein gemeinsamer Urkern zu suchen ist.

Diese Legende ist seit Wolfgang Müller von Königswinters Gedicht *Der Mönch von Heisterbach* von 1847 sehr bekannt geworden. Ein Mönch der Zisterzienser-Abtei Heisterbach geht morgens in den Wald und grübelt über das Psalmwort nach: Denn Tausend Jahre sind vor dir wie ein Tag. Als am Abend die Vesperglocke läutet, kehrt er in sein Monasterium zurück. Ein unbekannter Pförtner öffnet ihm, unbekannte Brüder umstehen ihm fragend. Als sie später in der Klosterchronik nachschlagen, stellen sie fest, dass vor mehreren Hundert Jahren ein Klosterbruder des gleichen Namens spurlos im Wald verschollen ist. Auf verblüffende Parallelen stößt man im Märchen *Der Mönch und das Vögelein* von Ludwig Bechstein. Es war in einem Kloster ein junger Mönch, des Namens Urbanus, gar fromm und fleißig, dem war der Schlüssel zur Bücherei des Klosters anvertraut. Er hütete sorglich diesen Schatz, schrieb selbst manches schöne Buch und studierte viel in anderen Büchern und in der Heiligen Schrift. Da fand er auch einen Spruch des Apostel Petrus, der lautet: Vor Gott sind tausend Jahre wie ein Tag und wie eine Nachtwache.

Das dünkte dem jungen Mönch schier unmöglich; er mochte und konnte es nicht glauben und quälte sich dar ob mit schweren Zweifel. Da geschah es eines Morgens, dass der Mönch aus dem dumpfen Bücherzimmer in den hellen schönen Klostergarten herunterging. Da saß ein kleines buntes Waldvögelein im Garten, das suchte Körnlein, flog auf einen Ast und sang schön wie eine Nachtigall. Es war auch dieses Vögelein gar nicht scheu, sondern ließ den Mönch nahe an sich herankommen. Er hätte es gern gehascht, doch entfloh es von einem Ast zum anderen, und der Mönch folgt ihm eine gute Weile nach. Dann sang es wieder mit lauter und heller Stimme, aber es ließ sich nicht fangen, obschon der junge Mönch das Vögelein aus dem Klostergarten heraus in den Wald noch eine gute Weile verfolgte. Endlich ließ er ab und kehrte zurück zum Kloster. Und als er an das Klostertor kam ... da trat ihm ein gänzlich unbekannter Pförtner entgegen, der wich bestürzt zurück vor ihm. Nun erkannte der Mönch gar nichts mehr und sie brachten ihn zum Abt. Dort gab er einem jungen Mönch die Schlüssel zu dem Büchersaal, der schloss auf und brachte ein Chronikbuch getragen. Darin stand zu lesen, dass vor dreihundert Jahren ein Mönch spurlos verschwunden. Niemand wisse, ob entflohen oder verunglückt.

„Oh, Waldvögelein, war das dein Lied?" fragte der Mönch mit einem Seufzer. *„Kaum drei Minuten lang folgte ich dir und horchte deinem Gesang, und drei Jahrhunderte vergingen seitdem! Du hast mir das Lied von der Ewigkeit gesungen, die ich nicht fassen konnte! Nun fasse ich sie und bete Gott an im Staube, selbst ein Staub!"* Nachdem er dies sagte, neigte er sein Haupt und sein Leib zerfiel in ein Häuflein Asche.

Neben der Version dieser Story in den Predigten des Pariser Bischofs Maurice de Sully aus dem 12. Jh. trug sich in den Niederlanden gegen Ende des 11. Jh. in der Abtei von Afflinghem angeblich folgende Geschichte zu, die wie die berühmte Faust aufs Auge passt: Man meldete eines Tages dem Abt Fulgentius, ein fremder Mönch sei am Tor und wolle eingelassen werden und behauptete, einer von den Brüdern zu sein. Fulgentius lässt ihn zu sich bringen und der Mönch sprach, er habe noch an diesem Morgen mit den anderen Brüdern in der Kirche gesungen. Als man zu dem Vers des 89. Psalms gekommen sei (tausend Jahre sind vor dem Herrn wie ein Tag ...) da habe er lange darüber nachgedacht und noch im Chor gesessen, als alle anderen schon heraus waren. Da sei ihm ein Vöglein erschienen, welches lieblich gesungen, und er sei ihm in den Wald gefolgt, von da käme er jetzt nach einer kleinen Weile zurück. Er finde das Kloster so verändert, dass er es nicht wiedererkenne. Als der Mönch den Namen seines Abtes und den des Königs nannte, da fand man zu Aller Erstaunen, dass die vor 300 Jahren gelebt hatten.

Weiterhin wird dieses Ereignis auch dem Abt Erpho vom Kloster Siegburg nachgesagt: Er soll im Jahre 1067 verschwunden und 1367 zurückgekommen sein. Auch er folgte einem Vogel. In der Ero-Legende kehrte ein Mönch der spanischen Zisterzienserabtei Armentaria wie Abt Erpho 1367 zurück und auch er folgte einem Vogel.

Dieselbe Story findet man in einem mittelhochdeutschen Gedicht vom Mönch Felix aus dem 13. Jh. Ähnliches liest man in einer Erzählung von Johannes Herolt aus dem Jahr 1484: Ein frommer Mönch bittet Gott, ihm etwas von der Süßigkeit der himmlischen Freuden zu enthüllen. Nachdem er einem singenden Vogel nachging kam er nach 1-2 Stündlein zurück und fand die Pforte am Kloster vermauert, sieht, dass eine neue Pforte an der anderen Klosterseite gemacht worden war. Die Chronik ergab, dass er 340 Jahre fort war.

Waren es in vielen Sagen, in denen es um Zeitverschiebungen geht, Zwerge und Wichtel, so war es in diesen Erzählungen ein mysteriöser Vogel. Dieser Vogel wird manchmal Wundervogel genannt und meist ist von auffallendem Gesang die Rede. Oft ist dieses ungewöhnliche Federvieh mit wunderbaren Attributen ausgestattet. An anderen Stellen ist es eine nie zuvor gesehene Vogelart. Um wen oder was es sich dabei tatsächlich handelt, ist wohl kaum noch nachzuvollziehen, doch kommt dieser Vogel in beinahe jeder Erzählung vor, was den Anschein erweckt, dass er eine nicht ganz unbedeutende Position in den Ereignissen einnimmt. Ob es sich bei diesem Wundervogel um etwas gänzlich anderes handelte, ist hier also nicht mehr zurückzuverfolgen.

Die Legende *Der Mönch im Wald* von Johannes Pauli Elsass aus dem Jahre 1522 ist eventuell Vorläufer der Heisterbach-Story und im 19. Jh. findet man eine ähnliche Legende in Henry Wadsworth Longfellows *Golden Legend*. In der Jülicher Gegend sagt man die Erzählung einem Mönch Theobald vom dortigen Karthäuserkloster nach.

Weiterhin hat man es mit dem Bestreben vieler Klöster am Mittel- und Niederrhein zu tun, diese Wundergeschichten jeweils ihrer eigenen Vergangenheit zuzusprechen, um ihren Klosterruhm zu mehren. 1847 schließt sich der Kreis der vermutlich ein und derselben Geschichte durch das Gedicht von Wolfgang Müller von Königswinter. Ein Mönch, der einen Zeitkollaps erlitt und erst nach Jahrhunderten wieder auftauchte. Eine ungewöhnliche Geschichte.

Man kann also annehmen, dass bei diesen Erzählungen eine gewisse Urerinnerung existiert, die durch Wanderlegenden ein jedes Mal durch den jeweiligen Verfasser passend an die lokalen Begebenheiten maßgeschneidert wurde. Womöglich wurde gar aus heidnischen Quellen geschöpft und mittels eines Mönchs christlich überprägt. Doch sieht man das ganze Material durch so scheint es, dass sich hinter all den Legenden ein ursprünglich wahrer Kern verbirgt, der jedoch auf Grund der vorliegenden „Verzerrung" nicht mehr ausgeleuchtet werden kann. Letztendlich heißt das: An einem unbestimmbaren Ort zu einer unbestimmbaren Zeit erlebte ein Mönch o.ä. eine Zeitverschiebung, doch wurde das Ereignis durch Migration dem jeweiligen Kulturkreis angepasst und ist nun nicht mehr verifizierbar. Eine vorschnelle Ablehnung dieser Sagen wäre jedoch unlogisch, denn *„Sagen beruhen auf anonymer, meist mündlicher Überlieferung, die an reale Gegebenheiten anknüpft"*, konstatiert der Autor Nicolas Benzin.

Unter dem Blickwinkel eines Mystery-Jägers stellt sich natürlich die Frage, wie solche Zeitverschiebungen zu erklären sind. Hatten wir es in den Sagen jeweils mit einem Riss im Raum-Zeit-Gefüge zu tun? Hatten hier überirdische Mächte ihre Finger im Spiel? Waren es unheimliche Ereignisse mit der Relativität der Zeit?

Wenn Dimensionen kollabieren: Menschen verloren in Raum und Zeit

Blicke in die Zukunft sind ebenfalls keine Seltenheit, da muss es noch nicht einmal gleich eine Zeitverschiebung sein, denn das geschieht auch heute noch vielen Menschen, so auch Gernot S. (Name geändert), der an sonnigen Tagen gern auf einem Gartenstuhl in seinem Garten sitzt und einen guten Blick auf das grün gestrichene Metalltor hat. Als er eines Tages wieder mal im Garten saß, sah er plötzlich seine Tochter und ihren Mann durch das Tor gehen, sie küssten sich sogar am Tor, es war kurz nach ihrer Hochzeit und als frisch Verliebte küssten sie sich ständig und überall. Gernot S. freute sich über den überraschenden Besuch und rannte zur Küche, um den Kaffee vorzubereiten. Aber sie kamen nicht. Nach ein paar Minuten schaute er rund um das Haus, wo sie bleiben würden, doch keine Spur von den beiden. Unruhig rief er seine Tochter an. Glücklicherweise ging es ihr gut. Sie sagte ihm, sie seien nicht bei ihm, doch um ihn zu beruhigen, würden sie sich jetzt auf den Weg machen. Sie kamen, und das Erstaunliche war, dass sie beide genauso gekleidet waren, wie er sie vorher gesehen hatte.

Beim ersten Mal dachte er noch an Zufall, doch später erlebte Gernot S. öfter solche Zwischenfälle, dass er am Gartentor Menschen beobachten konnte, die eigentlich erst etwas später zu ihm ins Haus kamen. Manchmal handelt es sich um eine Zeitdifferenz von zwei bis drei Tagen. Es geschieht bis heute, wenn auch nicht so oft, doch oft genug, um darüber nachzudenken, was eigentlich an dieser Stelle seines Gartens los ist. Warum sieht Gernot S. Besucher etwas früher am Tor, als es in der Realität geschieht? Ein Fall von Präkognition? Kann er in die Zukunft schauen? Oder herrscht an diesem Ort eine andere Realität der Zeit?

Besonders tragisch wird es allerdings, wenn sich Menschen in Luft auflösen. Berichte von Menschen die spurlos verschwinden sind hinlänglich bekannt. Viele von ihnen verschwanden aufgrund von Konfliktsituationen, andere wiederum fielen einem Verbrechen zum Opfer. Doch es gibt auch Fälle, in denen Menschen von einem Moment zum anderen urplötzlich verschwinden. Mitunter bekommt man den Eindruck, als ob diese Personen in ein unergründliches Nichts verschwanden, herausgerissen aus unserem

Raum-Zeitgefüge. Diese Thematik ist insofern brisant, da bis heute seitens der Wissenschaft keine befriedigenden Erklärungen für solche Vorfälle dargelegt wurden.

Ein markantes Beispiel für das Verschwinden von Menschen ist das viel zitierte, berühmt-berüchtigte Bermuda- Dreieck, dessen Eckpunkte die Bermudas, Florida und Puerto Rico bilden. Hier verschwanden im Laufe vieler Jahre unzählige Menschen mitsamt Schiff, Boot oder Flugzeug. Die Lösungsvorschläge für die ungewöhnlichen Vorkommnisse im Bermuda-Dreieck reichen von gefährlichen Strömungen über Wirbelstürme oder Methangasblasen bis hin zu UFOs, dessen Insassen die Besatzung der jeweiligen Schiffe und Flugzeuge entführt haben sollen. Darüber hinaus ist es nicht das einzige seiner Art, es findet sein Gegenstück u.a. südöstlich von Japan. Man nennt es dort „Ma-no Umi“, das „Dreieck des Drachens“. In dieser Region verschwanden ebenfalls Hunderte von Menschen spurlos.

Einige der seltsamen Fälle, in denen Menschen von einer Sekunde zur anderen im Nichts verschwanden, mögen als mysteriöses Beispiel dienen. Da ist beispielsweise die Geschichte eines Mannes, der abends wie gewohnt hinter seinem Haus den Rasen mähen wollte. Während er die Gartenarbeit beginnt, befindet sich seine Frau in der Küche und vernimmt unbewusst den lärmenden Motor des Rasenmähers. Urplötzlich ist es still. Nicht ein noch so kleines Geräusch vernimmt sie von ihrem Mann. Als sie mit unruhigem Gefühl nachsieht, findet sich von ihrem Mann nicht die geringste Spur und der Rasenmäher steht einsam am Wegesrand. Selbst nach einer offiziellen Suchaktion bleibt ihr Mann verschollen. Wie es zu solch einem Vorfall kommen konnte, ist schwer zu deuten, vor allem dann wenn nicht das Geringste auf ein inszeniertes Verschwinden hinweist. Wenn nur der Rasenmäher sprechen könnte ...

Ein weiterer Fall ist der des achtjährigen Tommy Bowman. Am 23 März 1957 verschwand der Junge spurlos, als er mit seinen Angehörigen - dem Vater und dem Onkel sowie zwei Vettern - im Angles National Park in Kalifornien im Gebiet des Devils Gates Reservoir spazieren ging. An einer Wegbiegung befand sich Tommy nur wenige Meter vor ihnen und war lediglich für Sekunden aus dem Blickwinkel seiner Angehörigen entschwunden, da hatte er sich buchstäblich ins Nichts aufgelöst. Tagelang wurde das gesamte Gelände mit einem Riesenaufgebot freiwilliger Helfer durchkämmt - ohne Erfolg. Wo immer der Junge nun sein mag, aufgetaucht ist er seitdem nicht mehr.

Ein ganz ungewöhnlicher Vorfall ereignete sich im Jahre 1878 auf einer Farm bei Quincy, Illinois/USA. Am 9. November des besagten Jahres verließ Charles, der Sohn der Familie Ashmore, das Haus, um einen Eimer Wasser aus dem Brunnen zu holen. Nach einer Weile schaute der besorgte Vater zusammen mit Charles Schwester Martha nach, wo er denn nun abblieb. Draußen war leichter Schnee gefallen und man sah deutlich die Fußspuren des 16jährigen Jungen. Doch auf der Hälfte des Weges endeten die Fußspuren von Charles ohne sich irgendwo fortzusetzen. Der Wasserspiegel des Brunnens war noch immer unversehrt mit einer dünnen Eisschicht bedeckt und der Junge blieb verschwunden ...

Ein Kuriosum ereignete sich vier Tage nach den Vorfall. Seine Mutter hörte am Brunnen die Stimme von Charles, der nach ihr rief. Zuerst schrieb man die Laute der seelischen Verzweiflung der Mutter zu, doch später hörten auch andere Familienmitglieder und Nachbarn die Stimme von Charles. Mit der Zeit wurden die Zeitabstände zwischen dem Erscheinen der Stimme immer größer und die zu hörenden Stimmen immer schwächer bis sie ein halbes Jahr später ganz verstummte. Man hörte nie wieder etwas von Charles Ashmore.

Was hier passiert ist, passt nicht in die normalen Denkschemata unserer Welt. Verschwanden diese Personen durch ein „Loch" in eine andere Dimension? Öffnete sich für einen kurzen Zeitraum das Raum-Zeit-Gefüge?

Ein weiterer Zwischenfall ereignete sich am 23. September 1880 auf der Farm von David Lang bei Gallatin, Tennessee/USA. David Lang befand sich mit seiner Frau und seinen zwei Kindern im Garten, als er sagte: *„Ich will noch rasch nach den Pferden sehen, ehe wir in die Stadt fahren. Ich bin in einigen Minuten zurück"*.

Als er sechs Schritte von seiner Frau entfernt war, verschwand er plötzlich vor den Augen der Familie. Auch der Richter Peck der gerade mit seiner Kutsche auf den Hof gefahren kam, war Zeuge des Vorfalls. Auch nach intensiver Suche fand sich keine Spur von dem Mann und wie im Fall Ashmore hörten die Kinder verschiedentlich die Stimme des Vaters, der um Hilfe rief. Doch auch hier verstummte das Rufen nach einiger Zeit.

Solche Ereignisse ließen sich beliebig fortsetzen und immer wieder fragt man sich, ob diese Menschen eine Art Sprung in eine fremde Dimension machten. In Fällen von Begegnungen mit anderen Realitäten ist die Konfrontation mit dem Unbekannten für die betroffenen Menschen zumeist ein katastrophaler Einschnitt in ihr wohlgeordnetes Leben. Das Verschwinden von Menschen, wie es bereits angeführt wurde, ist an sich nichts Ungewöhnliches, denn das Bundeskriminalamt hat tagtäglich mit Fällen von Vermissten zu tun, die von heute auf morgen von der Bildfläche verschwinden. Vielfach ist es ein gewolltes oder von langer Hand geplantes Verschwinden. So schätzen die Beamten des BKA, dass einige Deutsche das verheerende Tsunami-Unglück in Südasien am 26. Dezember 2004 als Anlass nahmen, dort für immer unterzutauchen und sich eine neue Identität zu verschaffen. Motive für das gewollte Absetzen gibt es zuhauf: Ärger mit Steuer, Polizei, Justiz, familiäre oder berufliche Schwierigkeiten. Ob solche Menschen dereinst wieder auftauchen, liegt wohl letztendlich am Spürsinn der BKA-Beamten oder an den Menschen selbst.

Besonderen Augenmerk aber sollten wir auf die bizarren Fälle des Verschwindens legen, die urplötzlich und ohne Vorwarnung aus der Realität verschwinden, und das meist auch noch vor den Augen ihrer entsetzten Freunde oder Angehörigen, als wären sie in eine fremde Dimension gestolpert.

Vielfach ist das Verschwinden von Personen völlig unfassbar und ereignet sich so plötzlich, als hätte sich für wenige Augenblicke ein Riss im Raum-Zeit-Kontinuum geöffnet und wieder geschlossen. Der Fall der Miss Danya ist ein besonders groteskes Beispiel. Sie verließ im August 1970 das Haus ihres Lebensgefährten Mark, um eine Party zu besuchen. Gegen 0:15 Uhr wurde sie von Partygästen heimgefahren und sie stieg genau vor dem Haus aus dem Auto. Nach wenigen Schritten verschwand sie urplötzlich und spurlos, obwohl sie von mehreren Zeugen, sowohl den Partygästen als auch von Nachbarn, deutlich gesehen wurde. Die in der Tat kurze Strecke erlaubte ein unbeobachtetes Verschwinden in keinem Fall, zumal das Grundstück gut ausgeleuchtet war. Miss Danya blieb verschwunden, verloren in den unbekannten Gefilden einer unfassbaren Realität.

Die als „Irlands Bermuda-Dreieck" bekannte Region, die ungefähr die Fläche der Provinz Leinster im Osten der Insel abdeckt und auch die Hauptstadt Dublin einschließt, ist ebenfalls berüchtigt, wenn es um das

Verschwinden von Menschen geht. Seit 1993 wird dort über das spurlose Verschwinden von mindestens neun Frauen gerätselt, die auch nach umfangreichsten Ermittlungen der Polizei nicht auffindbar waren. Zwar sind Morde und Sexualverbrechen heutzutage keine Seltenheit, doch eine derartige Häufung von Vermisstenfällen, bei denen nicht die geringste Spur auffindbar ist, erscheint schon sehr ungewöhnlich.

Eine von ihnen hieß Annie McCarrik. Die lebensfrohe junge New Yorkerin, die in Dublin studierte, wollte an einem Tag im Jahre 1993 eine Dinner-Party für ihre Freunde veranstalten, doch als ihre Gäste erschienen, war Annie nicht da. Nachforschungen ergaben, dass sie bereits einige Tage zuvor ihren Gehaltsscheck für ihren Studentenjob nicht abgeholt hatte und polizeiliche Ermittlungen ergaben, dass sie zuletzt im Johnny Fox Pub in Enniskerry in der Grafschaft Dublin gesehen wurde. War sie einem Serienkiller begegnet? Doch selbst in solchen Fällen finden sich irgendwann sterbliche Überreste oder irgendwelche anderen Indizien, doch die Polizei fand rein gar nichts.

Im gleichen Jahr verschwand auch die 40jährige Eva Brennan, nachdem sie eines Abends das elterliche Haus verließ. Seit 1994 wird Imelda Keenan vermisst, zuletzt gesehen entlang der Lomard Street in Waterford. Ein Jahr später verschwand die 21jährige Josephine Dollard. Sie wurde letztmals gesehen, als sie zwischen Dublin und Kilkenny ein Münztelefon benutzte. Seit 1998 werden die 18jährigen Ciara Breen und Deirdre Jacob vermisst. Der Fall der Letzteren ist besonders mysteriös, weil sie sich kurz vor ihrem Verschwinden in unmittelbarer Nähe ihres Elternhauses aufgehalten hatte und dabei sogar von Überwachungskameras aufgenommen wurde. Nachbarn sahen sie etwa 200 Meter vom Haus entfernt am Straßenrand stehen, um über den Fahrdamm nach Hause zu kommen. Im nächsten Moment war sie fort, und das am helllichten Tag.

In Anbetracht der reichen keltischen Sagentradition grübeln bereits manche Menschen in Irland über etwas „bizarre" Erklärungen nach. Der keltische Kulturkreis ist bekanntlich reich an Legenden über verborgene Völker, Elfen, Feen, Zwerge und Gnome, denen auch nachgesagt wird, dass sie zuweilen Menschen entführen und sie mit in ihr unsichtbares Reich nehmen.

Seit Menschengedenken haben auch die Bergregionen der Erde nicht nur einen faszinierenden, sondern auch einen zweifelhaften, unheimlichen

Ruf, dass immer wieder Menschen auf mysteriöse Weise verschwinden. So ist ein Fall vom 13. Juli 1889 belegt, in dem ein Mitglied der Londoner Verleger-Familie Macmillan das in mehrere Gipfel zerteilte Massiv des Olymp in Thessalien/Griechenland bestieg. Der höchste Gipfel, der in der altgriechischen Mythologie als Sitz der Götter galt, misst eine Höhe von 2.917 Metern.

Macmillan, ein Freund namens Harding, sowie ein einheimischer Führer ritten zu einer zwischen zwei Berggipfeln gelegene Hochebene. Es war ein klarer, sonniger Tag. Schließlich entschieden sich die beiden Männer, unterschiedliche Berge zu ersteigen. Macmillan nahm mit dem niedrigeren Gipfel vorlieb, während sein Kollege den höheren anvisierte und beide ließen den Bergführer mit den Pferden in der Hochebene, aber auf Rufweite, zurück. Als beide die Gipfel erklommen und sich gegenseitig zugewunken hatten, begannen beide wieder mit dem Abstieg, Macmillan stets voran, so dass Harding ihn ständig im Auge hatte. Nach der halben Strecke etwa war Macmillan plötzlich von einem Moment auf den anderen verschwunden! Den Augen nicht trauend hastete er nach unten, wo ihm der Führer mit Entsetzen mitteilte, dass er Macmillans Abstieg ebenfalls gut verfolgen konnte, bis er abrupt verschwand. Beide Männer suchten den Berghang ab, fanden aber keinen Hinweis auf einen Absturz, keine Spuren, keine Kleiderfetzen, keine abgebrochenen Äste et cetera. Eine kurz darauf groß angelegte Suche blieb erfolglos. Mysteriös blieb das Verschwinden in jedem Fall, denn an dem Berghang existierten keinerlei Felsspalten oder Erdhöhlen, in die er gefallen sein könnte. Macmillan war einfach vor den Augen beider Zeugen spurlos verschwunden, als wenn er nie dagewesen wäre.

Ebenfalls phantastisch klingt ein Bericht aus dem Jahr 1941. Die schweizerische Bergwacht wurde alarmiert, um nach einer Gruppe Bergsteiger zu suchen, die im Basislager vermisst wurden. Tagelang suchten die Retter die Gegend ab, als sie die Fußspuren der Vermissten entdeckten, die in der Mitte eines Gletschers abrupt aufhörten. Man fand keine Spur mehr von den Männern und der Fall wurde in Hinsicht auf ihren Verbleib als nicht klar bestimmbar zu den Akten gelegt.

Mit 2.592 Metern gehört der Mount Inyangani in Zimbabwe zu der höchsten Erhebung im südafrikanischen Land und ist zudem eine attraktive Region für Bergwanderer. Nicht zuletzt ist der Berg aber auch berüchtigt für das plötzliche und unerklärliche Verschwinden zahlreicher Menschen. Ein interessanter Fall vor einigen Jahren berichtet von dem Verschwinden eines amtierenden Ministers der Regierung von Zimbabwe und zwei weiteren Begleitern auf dem südöstlich von Harare gelegenen Berg.

Nach Aussage der verwirrten Männer stolperten sie ziellos umher, ohne Hunger oder Durst zu verspüren. Verzweifelt winkten sie nach den Rettungsmannschaften, die nach ihnen suchten, doch die Retter konnten sie offenbar nicht sehen und hören. Irgendwie müssen es die Verschollenen dann aber doch wieder in unser Raum-Zeit-Gefüge geschafft haben, konnten aber von näheren Einzelheiten des Vorfalls nichts berichten. Im Volksmund ist der Berg ein geheimnisvoller Ort der Götter und noch heute verschwinden am Mount Inyangani Menschen, wobei die meisten bis zum heutigen Tag nie wieder auftauchten.

Eine unbekannte, ja geradezu trostlose Gegend des Geheimnisvollen ist der 1.510 Meter hohe Vulkan Askja im Inneren von Island. Anfang des 20. Jahrhunderts beabsichtigten einige deutsche Geologen, die vulkanische Aktivität Islands zu studieren. 1905 engagierten sie im Fischerdorf Husavik einen einheimischen Führer. Die Isländer warnten vor dieser angeblich „bösen" Gegend, doch die Forscher schlugen dennoch ihr Lager nahe eines Kratersees auf, der in dieser verlassenen Gegend war. Zwei der Geologen fuhren mit einem Schlauchboot in Richtung Mitte des Sees, während ihr Kollege an Land blieb und plötzlich schockiert feststellen musste, dass seine beiden Kollegen mitsamt ihrem Boot spurlos verschwunden waren. Die zwei Forscher wurden trotz eingehender Suche nie mehr gefunden und es scheint, als ob sich das „Böse" dieser Region seine ihm aus unbegreiflichen Gründen zustehenden Opfer geholt hatte.

Noch schrecklicher muten die Ereignisse an, die sich um eine Region im nördlichen Ural-Gebirge ereigneten. Das so genannte „Unglück am Djatlow-Pass" gilt sowohl unter Bergwanderern als auch unter Freunden des Rätselhaften auch noch nach über 55 Jahren als reales Mysterium und bietet jede Menge Stoff für gruselige Gute-Nacht-Geschichten. Als in der Nacht vom 1. auf den 2. Februar 1959 neun skiwandernde Studenten des Polytechnischen Instituts des Ural am östlichen Hang des Berges Cholat Sjachl einen bis heute ungeklärten Tod fanden. Seitdem spekulieren Wissenschaftler, Forscher und Laien darüber, was sich damals im Lager der Wanderer am „Berg der Toten", so wird er von den Einheimischen dort genannt, ereignet hatte.

Nachdem die Bergwanderer noch bis zum 20. Februar 1959 von ihrer Tour nicht zurückgekehrt waren, organisierte eine Gruppe von freiwilligen Studenten, Lehrern sowie Armee und Miliz mit Flugzeugen und Hubschraubern eine Suche nach den Vermissten. Als die Retter am 26. Februar das verlassene Camp der Gruppe fanden, bot sich den Leuten ein mysteriöser, grausiger Anblick. Das Zelt der Skiwanderer war zerfetzt. Eine Spur von Fußabdrücken führte hangabwärts zur Grenze eines nahegelegenen Waldes, an dessen Rand der Suchtrupp die Überreste eines Feuers sowie die ersten beiden Leichen entdeckten. Die Toten waren barfuß und nur spärlich mit Unterwäsche bekleidet. In naher Entfernung zu diesem grausigen Fund entdeckten die Rettungstrupps drei weitere Leichen. Die Leichen der restlichen Mitglieder der Gruppe wurden erst nach zwei Monaten unter meterhohem Schnee entdeckt.

Die Untersuchungen der Todesfälle waren wie ein Kriminalfall, der aus den besten X-Akten hätte stammen können. Die Wanderer müssen ihr Zelt von innen aufgeschlitzt und dieses - offenbar in Panik - barfuß und nur leichtbekleidet verlassen haben. Offenbar fanden sich an den Leichen keine Anzeichen eines Kampfes, doch zwei Opfer wiesen heftige Schädelbrüche auf, zwei andere hatten gebrochene Rippen, und einem weiblichen Opfer fehlte sogar die Zunge. Weitere Untersuchungen zeigten, dass die Kleider radioaktiv verseucht waren, während eine Quelle dieser Strahlung vor Ort nicht ausgemacht werden konnte. Zudem berichteten Angehörige, allerdings erst nach den Beerdigungen, dass die Haut der Opfer tief gebräunt ausgesehen habe und die Haare komplett grau gewesen seien. Sowjetische Ermittler legten sich abschließend lediglich fest, dass „höhere Gewalt" zum Tod geführt hatte. Der Zugang zu dem Gebiet wurde für drei Jahre nach dem Unglück gesperrt.

Die schweren Schädelfrakturen und Rippenbrüche waren überdies dahingehend merkwürdig, als dass die Leichen keine äußerlichen Wunden aufwiesen und die Kraft, die bei den Verletzungen ausgeübt wurde, immens gewesen sein muss und nicht von Menschenhand erzeugt werden konnten. Man konnte nur die Fußabdrücke der Wanderer erkennen, andere Spuren waren nicht ersichtlich, so dass auch die Vermutung verworfen wurde, dass Angehörige des Volkes der Mansen die Gruppe angegriffen hätte.

Mysteriös wie die X-Akten war vor allem auch das fluchtartige Verlassen des Zeltes während der eisigen Nacht. Ein absolut irrationales Verhalten, das Lager zu Fuß zu verlassen. Immerhin lag die Temperatur bei etwa -25 °C bis -30 °C und es wehte ein starker Wind. Wieso die erfahrenen Wanderer also nur leicht bekleidet die Flucht antraten, ist unbegreiflich. So starben eben sechs der Gruppenmitglieder an Unterkühlung und drei an tödlichen Verletzungen. Die hohen Dosen an radioaktiver Strahlung an den Kleidungsstücken der Opfer bleiben bis heute völlig ungeklärt. Die Untersuchung wurde offiziell im Mai 1959 wegen der „Abwesenheit einer schuldigen Partei" eingestellt. Kopien der Akten tauchten erst in den 1990ern wieder auf, allerdings nicht ohne die bedenkliche Tatsache, dass einige Seiten fehlten. Fehlten diese nur aufgrund einer schlampigen Ordnung in einem Archiv oder wurden wesentliche Informationen zurück gehalten?

Im Laufe der Jahre tauchten die verschiedensten Theorien auf, was geschehen sein könnte. In erster Linie wurde das Militär dafür verantwortlich gemacht, manche mutmaßten, dass die Studenten Opfer einer Militäroperation oder gar eines geheimen Nukleartests wurden. Andere vermuten bis heute übernatürliche Ursachen, allen voran muss das UFO-Phänomen für die Ereignisse herhalten und dass die Wanderer Opfer außerirdischer Experimentatoren wurden. Begründet wird diese vage These nicht zuletzt durch Beobachtungen anderer Bergsteiger, die in der Nacht des Unglücks ca. 50 Kilometer südlich des Unglücksorts ungewöhnliche, orangefarbene Kugeln am Nordhimmel beobachtet haben wollen. Auch der sogenannte „Menk", eine russische Version des Yeti, wird für das Unglück verantwortlich gemacht. Seltsamerweise fand man in den Reiseberichten der Expedition einen nicht näher erläuterten Satz: *„Von jetzt an wissen wir, dass der Yeti existiert."* Handelte es sich um einen Scherz, oder hatten die Expeditionsteilnehmer tatsächlich etwas beobachtet, was sie nun keinem mehr erzählen können?

2012 nahm sich ein Filmteam dem Unglück am Djatlow-Pass an, um ihre ganz „eigene" Erklärungsvariante zu den damaligen Geschehnissen darzustellen. Der Streifen wurde im „Found Footage"-Stil gedreht (deutsch: Gefundenes Filmmaterial), ein Filmgenre, welches vermehrt bei Horrorfilmen verbreitet ist. Es umschreibt gefundenes Aufnahmematerial, welches erst im Nachhinein verstorbenen oder vermissten Personen zugeordnet werden konnte. *Devil´s Pass* ist ein solcher Film, der mich aufgrund seiner Verschmelzung von realen Vorkommnissen und erfundenen Elementen fasziniert. Herausgekommen ist ein intensiver und effektreicher Horrorthriller mit SciFi-Elementen, wovor man den Hut ziehen kann. Wer keine Spoiler mag und den Film „unbeeinflusst" sehen mag, sollte die folgenden Zeilen überspringen.

Abb. 4: Originalaufnahme des Suchtrupps am stark beschädigten und verlassenen Zelt der Gruppe.

Übernatürlich und fantastisch wird über die Ereignisse am Djatlow-Pass berichtet. Alles begann mit der wahren Geschichte um die neun Bergsteiger, die 1959 im Ural-Gebirge am sogenannten „Berg der Toten" verschwanden und später tot aufgefunden wurden. Damals schon vermutete man mysteriöse Ereignisse und Hintergründe, von militärischen Experimenten über Aliens bis zum Yeti. In *Devil´s Pass* werden die damaligen Vorkommnisse gekonnt verwoben mit erschreckenden und furchterregenden Erlebnissen einer modernen Expedition aus dem Jahr 2012, die einen Dokumentarfilm über die Ereignisse von 1959 drehen wollen. Als sie an der gleichen Stelle wie die damalige Expedition ihr Lager aufschlagen, beginnen Kompass und GPS verrückt zu spielen, orangefarbene Lichter am Himmel und rätselhafte Geschehnisse aus Raum und Zeit lassen nichts Gutes vermuten.

Einige Mitglieder des Teams entdecken nachts eine Tür im Fels, noch bevor sie ihr Vorhaben, diese am Folgetag zu öffnen, durchführen können, wird die Gruppe von Explosionen hochgeschreckt und nur einige können einer darauffolgenden Lawine entkommen. Vermeintliche Retter nähern sich der Gruppe, schießen aber auf sie. Die Überlebenden flüchten zur vorher entdeckten Tür in ein unterirdisches Bunkersystem und begegnen dort furchtbaren Dingen, die ihr Vorstellungsvermögen überschreiten. Sie finden rätselhafte Aufzeichnungen von Experimenten und Dokumente des berüchtigten Philadelphia-Experiments, eine auch in der Grenzwissenschaft durchaus bekannte und kontroverse Legende um ein Experiment mit einer Tarntechnologie, das in den Vereinigten Staaten während des Zweiten Weltkriegs durchgeführt worden sein soll. Das Kriegsschiff USS Eldridge wurde bei einem Test im Oktober 1943 vollkommen unsichtbar und erschien kurzzeitig plötzlich im 500 Kilometer entfernten Hafen von Norfolk, Virginia, bevor es sich in Philadelphia, Pennsylvania rematerialisierte.

Erschreckend für die Flüchtigen sind auch merkwürdig deformierte Skelette und gruselige Wesen, die sie plötzlich attackieren. Auf ihrer ziellosen Flucht durch das Tunnelsystem verbarrikadieren sie sich in einem Raum, in dem sich auch eine Art waberndes Portal befindet, das anscheinend ein Übergang in eine andere Welt oder andere Dimension darstellt. Noch rätselnd, was hier für Experimente durchgeführt wurden und wohin dieses Portal oder Wurmloch führen mag, müssen sie sich entscheiden, sich den rätselhaften Kreaturen zu stellen oder durch das Portal zu gehen ... Der aufmerksame Leser merkt schon, dass der Film hier gekonnt durchaus „reale“ und kontroverse Mysterien im Drehbuch verwoben hat. Die Vermischung von realen Ereignissen mit erfundenen Elementen macht den besonderen Reiz des Films aus und man fragt sich spätestens zum Schluss des fabelhaften Werkes, ob es nicht vielleicht so oder ähnlich stattgefunden haben könnte. Natürlich nur rein spekulativ ...

Einige Forscher sehen in den Vorfällen am Djatlow-Pass eine Kombination aller zuvor genannten Faktoren als des Rätsels Lösung an. Der Umstand, dass die offiziellen Untersuchungsakten umgehend unter Verschluss gerieten und selbst in den später aufgetauchten Akten bis heute einige Seiten fehlen, sorgte in der Folge für die Mythenbildung und jede Menge Spekulationen rund um das Ereignis am Djatlow-Pass.

In seinem Buch *Dead Mountain: The Untold True Story of the Dyatlov Pass Incident* beschreibt der US-Autor Donnie Eichar, bekannt durch die TV-Dokuserie *The Buried Life*, seine Theorie zu den mysteriösen Vorgängen. Eichar recherchierte die Ereignisse am Djatlow-Pass vier Jahre lang und rekonstruierte zudem die Vorgänge in einer winterlichen Expedition vor Ort. Eichar hält eine besondere Art von wiederkehrenden Höhenwinden für möglich, wie sie durch die spezielle Topografie des „Todesberges" hervorgerufen werden können, und damit einhergehende Infraschall-Phänomene für den Auslöser des Panikverhaltens der neun Bergwanderer. Eine durchaus gewagte Hypothese, obschon bekannt ist, dass Infraschall (Frequenzen niedriger als 20 Hz), der vom menschlichen Ohr in der Regel nicht bewusst wahrgenommen wird, tatsächlich aber zu panikartigen Zuständen führen kann. Auch der etwa in den Alpen bekannte Föhnwind ist eine starke Infraschallquelle im Bereich von 0,01 bis 0,1 Hz, was zu dem von Anwohnern oft beschriebenen Unwohlsein führen soll. Könnte man sogar eine Vielzahl von Phänomenen und Erfahrungen mit diesen Infraschall-Phänomene erklären, die wie etwa Spuk, Erscheinungen und außerkörperlicher Erfahrungen, allgemein in den Bereich des Paranormalen verlegt werden? Wäre so das irrationale Verhalten der Wanderer zu erklären? Eine Mutmaßung, mehr nicht, zumal sie nicht die schweren Verletzungen an den Leichen erklärt. Oder sind die fiktiven „Spinnereien" aus dem Film *Devil´s Pass* vielleicht näher an der Realität, als wir wahr haben wollen? Wurde mit Mächten experimentiert, die man nicht beherrschen kann? Kam es zu Experimenten mit der Zeit oder mit fremden Dimensionen? *„55 Jahre nach dem Djatlow-Unglück sind weiterhin viele Fragen offen und der Fall ungeklärt. Lernen kann man aus ihm, wie die Zeit Mythen schafft und Geschichte verändert"*, konstatiert der Militärhistoriker Marius Kettmann. Bis zur endgültigen Klärung der Vorfälle um den Djatlow-Pass bleibt also alles nur Spekulation.

Mythos des Schreckens:

Die Hexe von Blair

„... Was ich dann entdeckte war so entsetzlich, dass mir der Atem stockte. Dieser Anblick, zusammen mit dem unerträglichen Verwesungsgeruch, ließ meine Begleiter in den Wald zurückweichen, um ihre rebellierenden Mägen zu erleichtern ...“

(aus dem Tagebuch von Frederick Peterson)

Welche Ereignisse führten zu dem sogenannten „Blair-Witch-Kult“, der mittlerweile für etliche Furore im Internet sorgte und seit der Ausstrahlung des ähnlich einem Dokumentarfilm aufgebauten Streifens *The Blair-Witch-Project* Gemüter auf der ganzen Welt erhitzte? Der Film beruht zumindest in Einzelheiten auf wahren Begebenheiten aus dieser Region. Doch bevor wir uns die wahren Begebenheiten um die mysteriösen Wälder in Neuengland ansehen, soll der kuriose Film näher vorgestellt werden, um die Story in Erinnerung zu rufen.

Die Gemeinde von Blair lag in North Central Maryland, zwei Stunden von Washington, D.C., entfernt. Auf dem ehemaligen Gelände der Stadt wurde später Burkittsville gegründet, ein Städtchen in typisch amerikanischer Hinterhof-Romantik. Vier Jugendliche gingen 1994 den Gerüchten um die Hexe von Blair nach, die im Wald nahe des Ortes ihr Unwesen treiben soll. Von jedem einzelnen der Gruppe fehlt seither jede Spur. Einzelheiten ihrer Suche und Recherchen konnten nur anhand von Filmmaterial rekonstruiert werden, das ein Jahr später gefunden wurde. Dem angeblich auf reale Geschehnisse beruhenden ersten Teil folgte ein mehr der Spielfilm-Unterhaltung zugewandter zweiter Teil. Eine Chronik schildert die wichtigsten Ereignisse um die Hexe von Blair, die identisch sein soll mit einer gewisser Elly Kedward, die 1785 der Hexerei für schuldig befunden und während des besonders harten Winters aus dem Dorf verbannt wurde. Man nimmt an, dass sie einen elendigen Tod gefunden hat. Anfang des Winters 1786 verschwinden all jene, die die „Hexe“ Elly angeklagt haben, und die Hälfte aller Kinder unter mysteriösen Umständen aus der Stadt. Aus Angst, einen Fluch auf sich geladen zu haben, verlassen die Bewohner Blair und schwören, niemals wieder Elly Kedwards Namen auszusprechen.

Im Jahre 1809 wird das Buch *The Blair Witch Cult* von einem anonymen Autor veröffentlicht und gilt als Auslöser des Kultes. 1824 wird die Stadt Burkittsville auf dem ehemaligen Gebiet von Blair gegründet, doch bereits im August 1825 geben elf Zeugen mit fester Überzeugung an, die Hand einer bleichen Frau gesehen zu haben, die die zehnjährige Eileen Tracle in den Tappy East Creek gezogen hat. Die Leiche des Kindes bleibt unauffindbar. Daraufhin verschwanden im Verlauf zahlreiche weitere Kinder auf mysteriöse Weise.

Das Grauen war perfekt, als am 25. Mai 1941 ein alter Einsiedler namens Rustin Parr auf einem Marktplatz auftaucht und verkündet, dass er „endlich fertig sei“. Nachdem die Polizei nach stundenlanger Wanderung endlich sein abgeschiedenes Haus in den Wäldern erreicht, findet sie die grausam verstümmelten Leichen vermisster Kinder. Jedes war einem Ritualmord zum Opfer gefallen und alle waren ausgeweidet. Parr gab alles bis ins Detail zu, als habe er nur darauf gewartet, es loszuwerden. Er erklärt, dass er es für den „Geist einer alten Frau“ getan habe, der vom Wald in der Nähe seines Hauses Besitz ergriffen habe. „Die Stimme befahl es mir“, gibt er zu Protokoll. Er wird schnell verurteilt und am 22.11.1941 gehängt.

Am 20. Oktober 1994 treffen die Collegestudenten Heather Donahue, Joshua Leonard und Michael Williams in Burkittsville ein, um Ortsansässige zur Legende um die Hexe von Blair für eine Semesterarbeit zu befragen. Heather interviewt Mary Brown, eine alte und geistig etwas verwirrte Frau, die ihr ganzes Leben in der Gegend verbracht hat. Mary behauptet, die Hexe von Blair eines Tages in der Nähe von Tappy East Creek gesehen zu haben: In Gestalt einer haarigen Bestie - halb Mensch, halb Tier. Die Filmemacher brechen wenig später auf und werden nie wieder gesehen. Am 16. Oktober 1995 fanden Studenten vom Anthropology-Department der University of Maryland einen Seesack mit Filmmaterial: DAT-Bänder, Videokassetten, eine Hi-8-Videokamera, Heathers Tagebuch und eine CP-16 Filmkamera vergraben unter den Grundmauern einer 100 Jahre alten Hütte. Nach der eingehenden Untersuchung der Fundstücke gibt Ron Cravens, der Sheriff von Burkittsville bekannt, dass die 11 Rollen Schwarzweißfilm und die 10 Hi-8-Videotapes aus dem Besitz von Heather Donahue und ihrer Crew stammen.

Wer waren die Personen, die sich auf diese anfangs durchaus harmlose Aktion eingelassen haben und später dem anscheinend nackten Grauen zum Opfer fielen? Die Schauspieler, die in *The Blair Witch Project* auftreten, behielten ihre echten Namen bei und auch ein jeweiliger „Werdegang" wurde konzipiert:

Heather Donahue war der Antrieb der Gruppe. Film-Experte Joshua Leonard und Michael Williams als der eher besonnene, aber nervende Typ komplettierten das Trio.

Der Einsiedler Rustin Parr war ein ganz normaler Kerl, bevor er in den Strudel um die Hexe von Blair gezogen wurde, von der er angeblich besessen gewesen sein soll, als er die schrecklichen Morde begann. Parr fühlte sich sehr wohl in Burkittsville. Er beschloss mit Anfang 20, in den Bergen sein eigenes Haus zu bauen. Seine Besuche in Burkittsville wurden immer seltener. Als dann seine Tante starb und sein Onkel kurz darauf nach Baltimore zog, gab es für Rustin Parr nur noch selten einen Grund, in die Stadt zu kommen. Er liebte die Natur und die Tiere im Wald und begab sich daher nur noch zwei Mal im Jahr nach Burkittsville, um Vorräte zu kaufen. Also offensichtlich ein ganz normaler Mensch, der durch gewisse Umstände zum Einzelgänger wurde.

Auf den ersten Blick wirkt die Story um den Einsiedler wie eine reale Berichterstattung. Wie es genau zu den Morden kam, kann man sicher nicht genau rekonstruieren, aber es muss ein erschreckender Trieb in Rustin Par gewesen sein, Gräueltaten unermesslicher Tragweite zu begehen. Besonders deutlich wird das, wenn wir aus dem Tagebuch von Frederick Peterson, Reporter der Baltimore Sun, zitieren:

„... Der Boden der Höhle war sorgfältig von Gesteinsbrocken befreit worden, so dass sich aus der ebenen, dunklen Erde ein perfekter Kreis ergab. Die Arme über die Köpfe erhoben waren die Männer zusammengebunden, ähnlich den verdrehten Wurzeln eines Baumes in schweren Lehmboden. Ihre Körper waren in der Form eines Dreiecks zusammengelegt, wobei die Hände eines Mannes jeweils die Füße eines anderen berührten. Die Seile an den Extremitäten waren fest im Boden verankert. Wer auch immer das getan haben mochte, seine Absicht, die Opfer in ihrer Bewegung einzuschränken, schien offensichtlich. Was ich dann entdeckte war so entsetzlich, dass mir der Atem stockte. Dieser Anblick, zusammen mit dem unerträglichen Verwesungsgeruch, ließ meine Begleiter in den Wald zurückweichen, um ihre rebellierenden Mägen zu erleichtern. Ich fürchte, mich hätte das gleiche Schicksal ereilt, wenn ich nicht zuvor Zeuge der Gräuel in Mexiko gewesen wäre. Aber trotzdem ließ dieser Anblick mich erstarren. Ihre Bäuche waren aufgerissen;

ein dunkles Loch in den Eingeweiden, dort wo früher einmal der Platz für die Innereien gewesen war. Aus den klaffenden Wunden hingen die Gedärme wie eine Nabelschnur heraus und verbanden jeden der Männer mit dem Klumpen ihrer gesammelten Eingeweide in der Mitte des Dreiecks. Die Innereien waren in Form eines komplizierten Musters zusammengeschnürt: Eine makabre Zurschaustellung von Webkunst. Im Moment des Todes eingefroren, erzählte das Gesicht jedes Einzelnen das letzte Kapitel der grausigsten aller Geschichten. Die Todesangst in ihren Augen, ihre zusammengepressten Lippen; die Männer mussten offensichtlich während dieser sadistischen Zeremonie noch am Leben gewesen sein. Gott sei ihren Seelen gnädig."

Nun ist der Blair-Witch-Kult weiterhin im vollen Gange. Haben diese im Film beschriebenen Ereignisse ihren wahren Kern in tatsächlichen Geschehnissen? Wer letztendlich die grundsätzliche Wahrheit über diese Vorfälle sagen kann, ist unklar. Fest steht, dass die Medien, ein Konglomerat von Produzenten und einer Filmfirma, aus den angeblichen Geschehnissen und deren Rekonstruktion in 16mm-Stil eine durchaus effektive Einnahmequelle gemacht haben, was für sich allein Anerkennung abringt.

Die Darsteller des ersten Teils wurden ganz allein mit den Kameras in die Wälder geschickt. Die dabei auftretenden psychischen und physischen Strapazen bestärkten den dokumentarischen Charakter des Films, da die Darsteller zum Schluss der Dreharbeiten völlig am Ende waren. Die Namen der Personen im Film sind dann natürlich auch die richtigen Namen der drei Darsteller, was den Realismus hervorheben sollte. In dieser Hinsicht wird klargestellt, dass es sich faktisch um eine grundlegend erfundene Story handelt.

Es steht aber auch mit ziemlicher Sicherheit fest, dass der Mythos Blair Witch einen wahren Urkern enthalten soll, der ungewöhnliche Ereignisse in den Wäldern rund um die Wälder in Neuengland beschreibt, denn es gibt in den „Green Mountains" von Vermont unheimliche Vorfälle, die deutliche Parallelen mit dem Blair-Witch-Kult zeigen. Wenn man parapsychologische Aspekte mit einbezieht, dann ergibt das eine sehr interessante Grundlage, die es zu erforschen gilt. Die Macher des Blair-Witch-Films sprechen allerdings in einigen Interviews deutlich davon, sogar den Kult, die Historie, die Vorgänge in einer Stadt um 1785 in Amerika und gar das „zerfledderte" Buch „The Blair Witch Cult" ausgedacht zu haben, womit eindeutig klar belegt sein mag, dass die ganze Hintergrundstory um den

Film definitiv frei erfunden wurde. Dennoch wird der Stoff weiter gesponnen, es werden zweideutige Aussagen und Reportagen publiziert, die die Echtheit des Films untermauern sollen. Sogenannte „Blair-Witch-Hunts" werden im Internet organisiert, die es Fans, Verrückten und Interessierten ermöglicht, eine Expedition in die Wälder am „Coffin Rock" durchzuführen. Vielleicht ist es mehr als interessant, die Sache einmal vor Ort zu untersuchen, um dem Phänomen intensiver auf den Grund zu gehen, wie eine frei erfundene Geschichte einen solchen mysteriösen Stellenwert bekommen kann. Für den Fall, die Hexe von Blair treibt tatsächlich noch ihr Unwesen, zaubert es ihr ob der gewinnbringenden Materialschlacht rund um den Film sicher die Schamesröte ins Gesicht und ihr modriger Körper würde wohl unmittelbar zu Staub zerfallen.

Verschollen in der Gegenwelt:
Bizarre Ereignisse in Neuengland

In dem nervenaufreibenden Thriller *The Blair Witch Project* waren unheimliche Ereignisse in den Wäldern von Neuengland Hauptthema der Handlung. Ähnliche Dinge aber geschahen in diesen Regionen tatsächlich.

Die Region um Neuengland und die Green Mountains versetzt ihre Bewohner seit den ersten Einwanderern in Angst und Schrecken. Interessant sind vor allen Dingen die rätselhaften und innerhalb von fünf aufeinanderfolgenden Jahren dokumentierten Fälle des Verschwindens von insgesamt neun Menschen in der Gegend nördlich der Stadt Bennington und in der Wildnis der Glastenbury Mountains. Schon die Ureinwohner des Landes mieden diese Regionen, wo sie lediglich ihre Toten bestatteten, denn für sie war das Land verflucht, weil sich dort „alle vier Winde treffen". In ihren Überlieferungen wissen sie auch von einem merkwürdigen Felsblock zu berichten, der jeden verschluckt, der auf ihn tritt.

Im Jahr 1892 kam es zu dem bizarren Fall des Mühlenarbeiters Henry MacDowell, der seinen Kollegen Jim Crowley anscheinend im Rausch tötete. Nachdem er zu einer lebenslänglichen Haft in einer Irrenanstalt verurteilt wurde, gelang ihm aber kurz darauf die Flucht und er wurde nie wieder gesehen.

Mit der Zeit bekam die Region nach seinem unheimlichen Vorbild des „Bermuda-Dreiecks" den unheimlichen Namen „Das Bennington-Dreieck". Kurz nach Ende des Zweiten Weltkrieges leitete am 12. November 1945 der 75-jährige Middie Rivers eine Gruppe von vier Jägern durch das Gelände. Als die Gruppe mit ihrem durchaus ortskundigen Führer zum Lager unweit der Long Trail Road und der Route 9 zurückkehrte, verschwand Rivers plötzlich vor den Augen der anderen Gruppenmitglieder wie im Nichts, obwohl er nur wenige Meter vor den Jägern herlief. Die kurz darauf angelegte Suche der Polizei kam zu keinem Ergebnis.

Am 1. Dezember 1946 verschwand die 18-jährige Paula Welden spurlos in der Region. Die junge Studentin des Bennington-College hatte eine Wandertour am Long Trail unternommen, doch kehrte sie nicht mehr zu ihrer Schule zurück. Trotz der abermals großangelegten Suche von Polizei und FBI fand sich keine Spur von Paula Welden.

Drei Jahre danach am selben Datum verschwand der Soldat James E. Tetford sogar kurioserweise aus einem Bus, in dem er sich nach einem Verwandtenbesuch in St. Albans nach mehreren Zeugenaussagen aufhielt. Seine Anwesenheit wurde noch bis zum letzten Halt vor Bennington bezeugt, wo er im Wohnheim für Angehörige der Streitkräfte lebte. In Bennington angekommen, war Tetford nicht mehr im Bus. Weder der Busfahrer noch die Gäste konnten sich erklären, was mit ihm geschehen war.

Besonders tragisch war das Verschwinden des achtjährigen Paul Jepson, der am 12. Oktober 1950 plötzlich in unmittelbarer Nähe zu seinen Eltern verschwand. Eine sofort eingeleitete Suche mit Spürhunden blieb erfolglos. Die Hunde konnten Pauls Witterung bis nahe einer Hauptstraße verfolgen, danach verlor sich seine Spur, als ob sich der Junge dort einfach in Luft aufgelöst hätte.

Bereits am 28.Oktober 1950 verlangte das „Bennington-Dreieck" sein nächstes Opfer. Die aus Deutschland stammende Freida Langer war mit ihrem Cousin Herbert Elsner auf einer Wanderung durch die Green Mountains, bei der sie aus Versehen in einen Bach gefallen war. Sie bat ihren Cousin an jener Stelle zu warten, da sie sich im nur wenige hundert Meter entfernte Lager umziehen wollte. Elsner wartete vergeblich. Freida war in dem Camp nie angekommen. Es war schon merkwürdig, bei hellem Tag einfach zu verschwinden, obwohl sich die Frau in der Gegend sehr gut auskannte. Eine gewaltige Suchaktion zu Fuß, mit Flugzeugen und Helikoptern und über 300 Soldaten, Polizisten, Feuerwehrleuten und freiwilligen Helfern ergab kein Ergebnis. Am 12.Mai 1951 aber, also gut ein halbes Jahr später, wurde Freidas Leiche überraschenderweise an einer sehr gut einsehbaren Stelle nahe des Suchgebietes gefunden. Die Todesursache wurde nie geklärt.

Ebenfalls in dieser Gegend um die Green Mountains verschollen waren drei Jäger sowie ein 13-jähriger Junge namens Melvin Hills, die am Mount Glastenbury in ihr mögliches Verderben liefen. Das Merkwürdige an der Sache ist, das seit 1950 offenbar niemand mehr in dieser Region verschwand. Bis heute ist es rätselhaft und unklar, was diesen Leuten zugestoßen ist. Man konnte zwar festhalten, dass diese Fälle alle in den Monaten Oktober bis Dezember geschehen sind, aber das war auch schon alles.

Haben alle diese Leute unbewusst eine Pforte in unbekannte Dimensionen geöffnet? Heute sehen es sogar anerkannte Wissenschaftler nicht mehr als unmöglich an, dass es Welten jenseits der Unseren geben kann. Oft sind es markante Plätze und Orte unserer Welt, die mit solchen seltsamen Phänomenen im Zusammenhang stehen, so beispielsweise bestimmte Landschaften und Regionen oder uralte Bauten vergangener Zivilisationen wie die Megalithbauten.

Viele haben nach so Kinoerfolgen wie *Matrix* und ähnlichen Filmen postuliert, dass unsere Realität nur eine scheinbare Welt ist. Diese Vorstellung ist nicht neu, obwohl sie durch solche Filmwerke neuen Nährboden erhalten hatte.

Annahmen zur merkwürdigen Natur der Antimaterie zeigen, dass es zu jedem der uns bekannten Elementarteilchen ein Gegenstück, ein Antiteilchen gibt und dass Teilchen und Antiteilchen bei ihrem Aufeinandertreffen zerfallen. Gibt es deshalb auch eine Antiwelt, also ein Kosmos, der dem Unseren in allem exakt gleicht, außer dass er eben aus Antimaterie besteht? Die bisherigen Forschungsergebnisse sind mehr als weitreichend. Wie spekulativ ist die Frage, dass sich an solchen Schnittpunkten der Dimensionen, an denen Menschen spurlos verschwinden, eine Antiwelt mit der unseren in einen unerklärlichen Kontakt kam und diese Verschwundenen aus unserer Realitätsebene herauskatapultiert wurden? Was würde passieren, wenn sich zwei identische Individuen aus der unseren Welt und der Antiwelt just in einem Augenblick an derselben Stelle im Raum-Zeit-Gefüge befinden würden? Würden sie sich im Augenblick des interdimensionalen Kontaktes gegenseitig aufheben?

Wir Menschen wissen heute noch längst nicht genug, um die Geheimnisse des Kosmos auch nur im Ansatz vollständig zu erklären. Vielfach wird vermutet und geraten, dass so manche wissenschaftliche Theorie nicht minder phantastisch klingt, als es die wildeste Spekulation bereits vor ihr tat.

Der britische Gelehrte Frederic William Henry Myers (1843 - 1901) wurde als Gründungsmitglied der renommierten Londoner „Society for Psychical Research" (S.P.R.) oft mit Vorfällen konfrontiert, in denen sich sogenannte Risse im Raum-Zeit-Gefüge aufgetan hatten, in denen Menschen spurlos verschwanden. Myers vertrat die Ansicht, dass manche Opfer möglicherweise über eine besondere Voraussetzung oder ein verborgenes Talent verfügten. Diese Voraussetzung würde dann zu einem Zerreißen der uns bekannten Raumstrukturen führen und schließlich zum Verschwinden des jeweiligen Mediums. Dies ist aber aufgrund der großen Zahl und Verschiedenartigkeit der Opfer nicht unbedingt nachvollziehbar. Eine weitere Möglichkeit wird in der Durchdringung von fester Materie gesehen, die Hyloklastie bezeichnet wird. Hier würde Materie entsprechend in eine andere Dimension oder durch einen Hyperraum wechseln. Hier hatte bereits der deutsche Astrophysiker Johann Friedrich Zöllner (1834 - 1882) in Richtung Hyperraum und vierte Dimension experimentiert. Die Versetzung in andere Zeitebenen wird in der Tat als allgemeinhin bevorzugte Lösungsmöglichkeit angesehen. Insbesondere in Hinsicht auf die in zahlreichen Publikationen dargestellten Fälle von Menschen, die sich plötzlich in vergangenen Zeitebenen wiederfanden und in der Parapsychologie als nicht gerade seltene Fälle erscheinen.

Wenn aber Menschen in andere Raum- oder Zeitebenen verschwinden, könnte es dann nicht auch umgekehrt sein, wenn Individuen durch einen solchen Riss im Universum auch in unsere Realität „sliden"? Im Winter 1904/05 tauchten in England mehrere unbekleidete Männer auf, die völlig verwirrt waren und offenbar ihr Gedächtnis verloren hatten. Darüber hinaus sprachen sie in einer fremden Sprache, die niemand verstand. In einem anderen Fall hatte ein Unbekannter ein Buch mit Zeichnungen und Texten in einer unbekannten Sprache bei sich. So berichtete es jedenfalls die „East

Anglian Daily Times" am 12. Januar 1905. Waren dies Menschen aus anderen Realitätsebenen?

Fremde Besucher sind wohl keine Seltenheit, wie es der bekannte Fall des geheimnisvollen Unbekannten in Detroit 1936 schildert. In einem Hotel namens „Uncle Sam" war ein gut gekleideter Herr aufgrund eines angeblichen Autounfalls eingecheckt und wollte auf einen Freund warten, der ihm weiterhelfen sollte. Als der Mann später aus seinem Zimmer nach mehrmaligem Läuten nach der Bedienung im Hotelgang erschien, wurde es stockdunkel und der Mann begann in der Finsternis intensiv in einem blauen Licht zu leuchten. Daraufhin rannte der mysteriöse Gast überstürzt aus dem Hotel. Der Besitzer des Gasthauses wollte ihn noch zurückhalten, erhielt aber einen starken elektrischen Schlag. Im Zimmer des unbekannten Besuchers fand man in seinem Mantel einen unfertigen Brief, in dem stand: *„Lieber Harry, ich bin gestern hier angekommen in der Hoffnung, Dich anzutreffen. Es tut mir Leid, Dich zu belästigen, aber ich bitte Dich, sofort hierher zu kommen, sobald Du wieder zurück bist. Möglicherweise kannst Du mir helfen. Sonst muss ich für immer in einer Zeit leben, die nicht die meine ist. Ich bin ..."*

Einen weiteren bemerkenswerten Fall schildert einen Fremden, der 1954 in Japan festgenommen wurde, weil er nach eigenen Angaben „Waffen für sein Land" kaufen wollte. Das Problem aber war, dass die Regierung, die seinen Pass ausgestellt hatte, nicht existierte! Das Dokument zeigte keinerlei Anzeichen einer Manipulation, nur das Herkunftsland des Fremden mit dem Namen „Republik Tuared" konnte keiner der Beamten im Atlas finden. Der Mann beschwor, dass sein Heimatland sich über den größten Teil der Sahara, von Mauretanien im Westen bis zum Sudan im Osten, erstrecken würde. Der ominöse Fremdling wurde zu seinem Leidwesen in eine psychiatrische Klinik eingewiesen ...

Teil 2: Rätselhaftes Österreich

Die Luft roch abgestanden, als ich die schwere, mit Eisen beschlagene Tür mit einem großen, alten Schlüssel öffnete. Sie führte mich in das Innere eines heiligen Ortes mit mysteriösen, heidnischen Symbolen. Es ist offensichtlich: Mysteriöse Orte gibt es überall auf der Welt, man muss nur nach ihnen suchen. So auch in Österreich, wo ein Urlaub der Auslöser war für einige interessante Entdeckungen, denen ich u.a. im österreichischen Kärnten nachgehen konnte. Doch der Reihe nach ...

Österreich:

Ein Land mit dem besonderen Reiz

Österreich ist ein besonderes Land, mit zahlreichen Nationalheiligtümern, Schauplätzen und viel Kunst und Musik. Als Touristenland ist es weltoffen und genießt eine bewährte Gastfreundschaft. Österreich war im längsten Teil seiner Vorgeschichte vom Meer bedeckt und besteht deshalb zum größten Teil aus Gebirgen - die Alpen. Hier kann man auch wunderbar sehen, wie sich aus Aber Milliarden von Korallen, Muscheln und Schwämmen unterschiedliche Gebirgsformationen gebildet haben. Die ältesten Riffe stammen aus dem Paläozoikum und liegen im Süden des Landes, dem Grazer Bergland und den karnischen Alpen. Die Ur-Riffe sind über 400 Millionen Jahre alt. Erste Spuren menschlicher Anwesenheit in den Alpen lassen sich anhand von Funden wie Werkzeug und Faustkeile bis 180.000 Jahre vor Christus nachweisen. Berühmt ist auch die „Venus von Willendorf", eine üppige Frauenfigur, die als bedeutender Kunstfund der Steinzeit in der Wachau entdeckt wurde und auf 25.000 Jahre vor Christus datiert wird. Archäologische Funde belegen auch, dass 12.000 Jahre vor Christus während und nach der Eiszeit einige Teile Österreichs besiedelt waren. Berühmt ist auch „Ötzi", der Fund einer mumifizierten Leiche im Tiroler Hochgebirge.

Die Österreicher sind bekannt für ihre tiefsitzende Gemütlichkeit und einem starken Nationalbewusstsein. Sie sind stolz auf ihr Land mit den über 900 weißen Gipfeln, dunkelblauen, kristallklaren Seen, wie der Faaker See, der als der sauberste Badesee im Alpenraum gilt, oder der vielen bekannte Wörthersee, schönen Orten wie Villach oder Klagenfurt und erholsamen ländlichen Gegenden. Beeindruckend ist der Stephansdom, das Wahrzeichen von Wien oder Schloss Schönbrunn, die Basilika Mariazell, der Großglockner oder die Festung Hohen Salzburg über Salzburg.

Von den Scharfberggipfeln aus hat man einen tollen Blick auf den Mondsee, der Heimat der sogenannten Mondsee-Kultur war, eine archäologische Kultur der späten Jungsteinzeit, die von etwa 3.800 bis 3.300 v. Chr. im Salzkammergut und angrenzenden Gebieten existierte und auf Pfahlbauten über dem See lebten.

Ein besonderer Ort für Mythen und Sagen darf nicht unerwähnt bleiben. Der im Wesentlichen aus Kalkstein bestehende Untersberg in Gröding-St. Leonhard wird als der Ort bezeichnet, in dem Karl der Große auf seine Auferstehung wartet. Alle hundert Jahre wacht er auf und wenn er Raben um den Berg fliegen sieht, ist er zufrieden und schläft ein weiteres Jahrhundert. Der gemütliche Kaiser soll nicht allein sein, denn einer anderen Sage zufolge soll auch Friedrich Barbarossa im Berg ruhen. Sein Bart wächst dabei dreimal um einen runden Tisch. Zweimal reicht er schon herum, beim dritten Mal beginnt das Ende der Welt.

Österreich ist also ein wahrhaft sagenhafter Ort. Nicht zuletzt wegen so bedeutsame Erzählungen wie die Sage um das junge Mädchen, das sich bei Heidenreichstein in Niederösterreich von den weisen Gestalten des Moores die Zukunft deuten lassen wollte, was heute als klassischer Abuctee-Fall, eine UFO-Entführung, gedeutet werden könnte:

„... das Mädchen fürchtete sich zwar, schritt aber dennoch alleine voran, weil es unbedingt einen Blick auf ihre Zukunft erhaschen wollte.

Plötzlich teilte sich der Himmel und „etwas" fuhr aus den Wolken, woraufhin die junge Dirn laut um Hilfe rief. Da ertönte ein Knall und das Mädel wurde von einer unheimlichen Gestalt nach oben gezogen ... Das Mädel ward nie wieder gesehen."

Mein Herz eines Mystery-Jägers schlägt höher bei solchen Berichten aus der Anderswelt, doch umso interessanter ist es, die Region zu erkunden, um ein paar interessante, ausgewählte Plätze und Legenden auszukundschaften. Also machte ich mich mit einigen im Vorfeld gesammelten Informationen im Gepäck auf den Weg, die geheimnisvollen Plätze aufzuspüren.

Spuren im Fels:

Cart Ruts gibt es nicht nur auf Malta!

Bei Villach, im österreichischen Kärnten, trifft man in einem Waldgebiet auf steinerne Spuren, die der klassischen Archäologie zufolge den „Römerstraßen" zugeordnet werden. Bei näherer Betrachtung fallen jedoch merkwürdige Gemeinsamkeiten mit den bekannten Cart Ruts auf, die man überall in der Mittelmeerregion vorfindet. Wer waren wirklich die Urheber dieser „Spuren in Stein"?

Jedem sind die sogenannten „Karrenspuren" auf den Mittelmeerinseln Malta und Gozo bekannt, die als bekannteste Vertreter eines bislang unbekannten und von der Wissenschaft eher vernachlässigten Phänomens nicht nur auf Malta, Sizilien etc. vorkommen, sondern auch in Deutschland, Griechenland, Italien, Frankreich und in der Türkei.

Die Entdeckung von Cart Ruts auf den Azoren im Atlantik durch die Feldforscher Hans-Dieter Gau und Michael Kran zeigte in der Folge mehr als deutlich, dass die Existenz von den mysteriösen Karrenspuren wesentlich verbreiteter ist, als es bisher bekannt war.

Doch soweit muss man gar nicht reisen, um auf diese interessanten Spuren im Gestein zu stoßen. Eine Leserin meiner Zeitschrift Q´PHAZE, Ursula Bartolot aus Österreich, erinnerte sich im Zuge der diskutierten Thematik der Cart Ruts daran, dass sich ähnliche Spuren in der Nähe ihres Wohnortes am sogenannten „Römerweg", welche sich oberhalb von Warmbad bei Villach nahe der sogenannten Napoleonswiese nach Süden gegen Oberfederaun hin befinden, die dort wie an den anderen Fundstellen vorschnell als „Römerstraßen" bezeichnet werden. Die engagierte Leserin wies mich im Zuge meiner Recherchen in der Alpenregion um Kärnten auf diese hochinteressanten Spuren hin und ging persönlich auf Feldforschung.

Abb. 5 und 6 zum Vergleich:
Cart Ruts auf den Azoren, Insel Pico und Cart Ruts in Kärnten.

Die Gleisstraßen im Kalkfels, die mitten durch den Wald verlaufen, präsentieren sich stets doppelt, nebeneinander angeordnet, wie ein Schienenpaar und immer in einem gleichmäßigen Abstand zueinander. Sie sind noch heute über eine Länge von etwa 5 Kilometer gut zu verfolgen und werden offiziell als Teil der Römerstraße „Via Julia Augusta" ausgewiesen. Paarweise angeordnet verlaufen sie so von einem nicht zu bestimmenden Anfangspunkt quer durch den Wald bis sie sich im Dickicht verlieren. Sie erinnern sofort an die bekannten Spuren auf der Mittelmeerinsel Malta, die auch wegen ihren monolithischen Felsentempeln berühmt ist. Diese sind ein erstaunliches und leider immer noch ungelöstes Rätsel, aber es gibt ja bereits viele Theorien über die Entstehung und den Zweck der „Karrenspuren". Leider war keine der bisherigen Erklärungsmöglichkeiten zufriedenstellend. Diese „Cart Ruts" gleichen eben auch den Spuren in Villach.

Interessanterweise führen die Spuren in Villach an den Grabhügeln der Hallstattkultur vorbei, ein Hinweis darauf, dass die Römer im Wesentlichen einer bereits bestehenden Wegtrasse folgten. Die Hallstattkultur wird der älteren Eisenzeit zugeordnet, so dass dieser Weg mitsamt seinen Cart Ruts bereits mindestens 1.000 – 1.500 Jahre älter sein könnte.

Die Hallstattkultur war in der Region des heutigen Österreich weit verbreitet. Diese Kultur dehnte sich anhand belegter Funde von Nordostfrankreich bis zum Nordwesten der Balkanhalbinsel aus. Auch eine Verbindung zu den Kelten wird in archäologischen Kreisen nicht ausgeschlossen. Aber ob sie die Urheber der Spuren sind oder diese Gleise gar noch weitaus älter sind, vermag niemand mit Sicherheit zu sagen.

Cart Ruts, also „Karrenspuren", sind in der Gesamtheit und der Komplexität der Anlagen und Spuren in jeder Hinsicht ein denkbar ungeeigneter Ausdruck für die Spuren in den Felsen. Welcher „Karren" hätte hier fahren können und zu welchem Zweck? Ursula Bartolot stellt beim genaueren Betrachten der Cart Ruts in Villach ebenso ironisch wie treffend fest:

„... Im Römischen Reich hatten wohl alle Fahrzeuge – vom Handkarren über die leichte Einspänner-Kutsche bis zum schweren Ochsenkarren – exakt dieselbe Spurweite (?) ..."

Auch ein ganz besonderer, fast schon trivialer Aspekt, der von der örtlichen Archäologie bei den „Karrenspuren" stets gern außer Acht gelassen wird, macht Ursula Bartolot nachdenklich, denn was passierte eigentlich bei dem „Straßenverkehr auf den Cart Ruts", wenn nun „Gegenverkehr" kam:

„... Einbahnstraße – Ausweichen unmöglich, wenn der Karren in diesen „Gleisen" steckt ..."

Als Fahrzeuge sollen im Wesentlichen eine zweirädrige römische Reisekutsche sowie ein einheimischer, von Ochsen gezogenen Karren verwendet worden sein. Doch hier stellt sich die Frage, ob die Spuren nicht zuerst da waren, die Beförderungsmittel dann später den Cart Ruts angeglichen wurden.

Also waren Umkehren, sowie Ausweichen bei Gegenverkehr unmöglich. Sämtliche Fahrzeuge müssten darüber hinaus eine einheitliche Spurweite gehabt haben, was praktisch gar nicht realisierbar war, wenn ein „Verkehrsweg" zwingend von unterschiedlichen Beförderungsmitteln von unterschiedlicher Bauweise und Spurbreite genutzt wurde. Die Entstehung durch reine Abnutzung scheidet hier ebenso aus wie bei den Gleisen auf Malta und andernorts, denn dazu hätte ein steter und gleichmäßiger Abrieb über einen längeren Zeitraum vonnöten sein müssen.

Hans-Dieter Gau, der die Cart Ruts auf den Azoren-Inseln Pico und Terceira in Augenschein nahm, wies in seinem Artikel in Q´PHAZE, Ausgabe 26, bereits auf diesen Umstand hin, dass spätere Siedler in einem Gebiet die bereits vorhandenen und entsprechend vorgefundenen Spuren einfach für ihre Zwecke nutzten und dementsprechend ihre Beförderungsvehikel wie Karren etc. danach ausrichteten:

„Die Siedler, die sich seinerzeit die Inseln erschlossen und urbar gemacht haben, haben vielleicht schon damals die seltsamen Spuren in der Lava angetroffen. Sie werden sich ebenfalls bereits gefragt haben, wie diese Rillen entstanden sein können. Das Umland jedoch war noch unbearbeitet und wild und es war schwer, sich hier zu bewegen, bzw. etwas zu transportieren ...“

Dieselbe Überlegung werden die Römer angestellt haben, als sie diese Spuren im heutigen Kärnten vorfanden und diese dann in ihr Straßennetz integrierten. Da die Wälder und die Region insgesamt verkehrstechnisch schwer zu nutzen war, kamen ihnen diese Rillen und Spuren sicher sehr gelegen, durch die sie Ihre Transporte durch die schwer zugänglichen Wälder bewerkstelligen konnten.

Die Römer waren Meister im Straßenbau und legten hervorragende befestigte Straßen an. Bemerkenswert ist dabei, dass übliche Römerstraßen gänzlich anders aussehen und sich in Aufbau und Struktur von den Cart Ruts bei Villach unterscheiden. Auch andernorts finden sich Trassen, die eher den Cart Ruts auf Malta ähneln als den „üblichen“ Römerstraßen, so beispielsweise die „Römerstraße“ bei Klais im Kreis Garmisch Partenkirchen, die ebenfalls diese „Karrenspuren“ aufweist. Übliche Römerstraßen hingegen sind normale, befestigte Wege bzw. mit Steinfundamenten angelegte Straßen, wie die Römerstraße in der Eifel.

Hans-Dieter Gau stellt dies bereits treffend in Bezug auf die Spuren der Azoren fest:

„... Geradezu genial muss ihnen (den Siedlern, Anm. Autor) dann die Idee vorgekommen sein, Karren zu bauen, deren Räder genau in die Spuren hineinpassten. So mussten sie nicht durch das Geröll, sondern konnten leicht die Karren führen und auch für die ziehenden Ochsen war ein harter Untergrund leichter zu begehen ...“

Die Erkenntnis daraus ist ebenso logisch wie simpel, denn der engagierte Forscher stellt in bester Tradition, was zuerst da war, Huhn oder Ei, fest:

„... So erklären sich die übereinstimmende Spurbreiten und auch die Bilder und Fotos von den Ochsenkarren in den Cart Ruts. Die Spuren wurden also von den Karren genutzt, sie sind aber nicht durch die Karren entstanden ...“

Ist bei der weit verbreiteten Existenz dieser „Karrenspuren“ kein regionales Ende in Sicht? Wie weit verbreitet war die Kultur, die diese Spuren anlegte und wofür? Die Hinweise deuten darauf hin, dass die Urheber der Cart Ruts über Kontinente hinweg aktiv waren. In welchem Zusammenhang stehen diese Spuren mit der weltumspannenden Megalithkultur, die lange vor den Römern und anderen Kulturen aktiv war?

Bildnis aus Stein:

Der Christus aus der Mauer

Eine interessante Anlaufstelle ist für jeden Interessierten das Museum der Stadt Villach in der Widmanngasse. Dort findet man eine spannende Dokumentation der Durezanhöhle, wo ungewöhnliche Skelettfunde gemacht wurden, etliche Zahngebisse etc. Es wird vermutet, dass es einst eine Opferstätte war. Die Höhle selbst kann auch über einen Wanderweg besucht werden. Zudem gibt es im Museum einen großen Pranger-Steinklotz mit seltsamen Bildmotiven, der einst am Hauptplatz stand.

Besondere Aufmerksamkeit schenkte ich der katholischen Stadtpfarrkirche Heiligenkreuz in Villach, die zwischen 1726 bis 1744 als barocke Wallfahrtskirche erbaut wurde. Die seit 1203 bezeugte Peterskirche an diesem Standort wurde 1809 abgetragen. In der Kirche befindet sich ein „aus der Mauer gewachsener Christus“. Die Geschichte und Bedeutung dazu sind nicht ganz geklärt. Hinter einem durch Stahlgitter gesicherten Bereich begegnet man in der heiligen Atmosphäre dem Christusbildnis, das in der Tat wie aus dem Fels gewachsen erscheint. Umrahmt von einem Altar und hinter Glas bekommt die Szenerie den durchaus gewollten wundersamen Effekt.

Einen weiteren Christus, der wie bei der Stadtpfarrkirche Heiligenkreuz in Villach aus der Mauer wächst, finden wir etwa 20 Kilometer westlich von Villach an der Kreuzkapelle von Arnoldstein. Gewachsen ist das Bild wohl eher nicht, allerdings hat wohl um 1500 ein Steinmetz eine Christusstatue aus dem Fels gemeißelt, bald darauf wurde um die Figur eine Kapelle gebaut. Die Kapelle ist als zweigeteiltes Kirchlein ein architektonisch seltenes Bauwerk aus dem Jahr 1529. Der Betraum ist vom Presbyterium durch die Ortsstraße getrennt, so dass die Gläubigen einer Messe über die Straße beiwohnten. Den Altaraufsatz bildet ein Fels, aus welchem robust der Leib Christi am Kreuz aus dem Gestein gemeißelt ist. Unter dem Altar rauscht der Seltschacher Bach hindurch. Umgebung und Örtlichkeit der Kapelle deutet wie so oft darauf hin, dass es sich ursprünglich um eine heidnische Stätte gehandelt haben dürfte.

Geheimnis im Dreiländereck:
Das Sakrileg von Arnoldstein

Schauen wir noch einmal nach Kärnten. Selbst für die Österreicher ist Kärnten eines der Lieblingsferienländer. Das südlichste Bundesland Österreichs ist von Bergen eingeschlossen: von den über 3.000 m Hohen Tauern mit dem höchsten Berg Österreichs, dem Großglockner (3.798 m), den Gurktaler Alpen und den Nockbergen. Die Saualpe und die Koralpe – bei Wanderern und Skifahrern beliebt – bilden die Ostgrenze, dazwischen liegt das Lavanttal. Die mächtigen Karawanken im Südosten grenzen Kärnten gegen Slowenien ab, die Karnischen Alpen längs der Grenze zu Italien, und die Lienzer Dolomiten schließen den Kreis. Diese Lage lässt ein angenehmes Klima entstehen: Der Alpenkamm schützt Kärnten vor den Kaltfronten des Nordens. Die warmen Fronten aus dem Süden dagegen greifen auch auf Kärnten über. Schon im Frühsommer erwärmen sich die Badeseen Kärntens auf Temperaturen über 20 Grad.

Auch wenn der Bergbau in Kärnten seine ursprüngliche Bedeutung verloren hat, so zeugen noch viele Ortsnamen von der Bergbauvergangenheit des Landes: Knappenberg, Hüttenberg, Bleiburg, Bad Eisenkappel. Durch den Niedergang des Edelmetallbergbaus im 16. und 17. Jh. wurde das Land arm. Eine besondere Auswirkung zeigt sich jedoch in den Kirchen: Während in anderen österreichischen Bundesländern viele Kirchen mit großem Aufwand barockisiert wurden, hielt sich in Kärnten die wunderschöne romanische und gotische Bausubstanz. Deshalb kann man in vielen Kärntner Kirchen auch noch gotische Flügelaltäre finden.

Abb. 7: Heiligenkreuz-Kirche in Villach.

Abb. 8: Der Christus aus der Mauer in der Heiligenkreuz-Kirche in Villach.

Abb. 9: Kreuzkapelle von Arnoldstein.

Aus der Barockzeit stammt die malerische Filialkirche Maria Siebenbrünn, bereits viel früher als die Kapelle wurde dieser Ort vor allem im Zusammenhang mit seinen heilkräftigen Quellen erwähnt. Wie der Name schon sagt, sind es sieben Quellen, die direkt unter der Kirche entspringen. Das Quellwasser, das inzwischen gefasst wurde und einen Teil der Ortschaft Radendorf versorgt, tritt heute einige Meter nördlich der Kirche zum Vorschein.

Der Ort ist eine Marktgemeinde mit 6.996 Einwohnern im Gailtal in Kärnten, Österreich. Die Gemeinde, erreichbar über die A2 oder Südbahn, liegt in unmittelbarer Nähe des Dreiländerecks zwischen Italien, Slowenien und Österreich. Das Zusammentreffen der drei Völkerfamilien und Kulturkreise - Romanen, Slawen, Germanen - prägte die Lebenseinstellung der Kärntner.

Kommen wir noch einmal zu dem schönen Ort Arnoldstein, der weit mehr zu bieten hat, als nur eine Kreuzkapelle. Das einst mächtige Benediktinerkloster in Arnoldstein ist ein ebenso interessantes Besuchsziel, blieb jedoch in seiner 800-jährigen Geschichte nicht von mehreren Bränden und Überfällen verschont, wodurch es allmählich zerfiel. Erst seit dem Jahre 1993 wird die Klosterburg restauriert und hat sich in den letzten Jahren aufgrund der zahlreichen Veranstaltungen zum kulturellen Mittelpunkt Arnoldsteins entwickelt. Schon bevor Bischof Otto 1. 1106 in Arnoldstein das Benediktinerkloster gründete, hat auf dem Felsen eine Burg gestanden, die auf seinen Stifter und Erbauer Arnold zurückgehen soll. Otto 1. ließ die Burg schleifen und auf deren Grundfeste das Kloster zu Arnoldstein errichten. Nicht zuletzt durch Erdbeben, den Türkeneinfällen und mehreren Bränden wurde das Kloster im Laufe seiner Geschichte arg in Mitleidenschaft gezogen, doch nachdem die Revitalisierungsarbeiten begannen, findet man das Benediktinerkloster in einem ansehnlichen Zustand.

Abb. 10: Ruine des Benediktinerklosters in Arnoldstein.

Arnoldstein hat aber auch eine schöne Kirche, genauer gesagt die Andreaskirche von Thörl-Maglern. 1169 wird erstmals eine Kapelle in Thörl-Maglern erwähnt. Die heutige Kirche wurde 1489 geweiht. Die gotischen Fresken im Inneren der 800-jährigen Kirche wurden von der Künstlerpersönlichkeit Thomas von Villach im 15. Jahrhundert geschaffen. Dominant ist eine einmalig schöne und vom Symbolgehalt hoch interessante Kreuzigungsszene. Lange Zeit waren die Fresken von Thörl unter einer Kalktünche versteckt. Die Fresken wurden 1886/89 aufgedeckt und 1939/40 restauriert. Den Grund zur Übermalung gab wahrscheinlich ein besonderes Sakrileg, denn der Anblick der nackten Eva war den damaligen Kirchenvätern ein erheblicher Dorn im Auge.

Im westlichen Joch der Chornordwand ist ein lebendes Kreuz dargestellt. Von den Enden des Kreuzes gehen vier Arme aus. Der Untere bricht mit einem Hammer das Höllentor auf, dahinter dringt Christus in die Vorhölle ein. Links unter dem Kreuz ist der Kampf der Engel gegen die Mächte des Bösen und in der Ecke die drei christlichen Tugenden dargestellt. Der Arm am linken Kreuzbalken bekrönt das Haupt der Ecclesia, die ein Kirchenmodell und die Auferstehungsfahne hält und von einem Tetramorph getragen wird. Links daneben pflückt Maria eine Frucht vom Lebensbaum und reicht einer vom Papst angeführten Menschengruppe die Hostie. Der Arm am rechten Kreuzbalken durchbohrt mit einem Schwert die auf einem Esel reitende Gestalt der Synagoga. Die Augen der Synagoga sind verbunden, die Krone fällt zu Boden und ihre Fahne zerbricht. Rechts daneben bekommt die nackte Eva von der Schlange den Apfel der Versuchung gereicht und reicht ihrerseits drei verzweifelten Menschen einen Totenkopf.

Das Fresko zeigt auch über dem Triumphbogen das Jüngste Gericht. In den Gewölbefeldern des Westjochs sind je ein Kirchenvater, ein Evangelistensymbol und ein Symbol eines Elements abgebildet. In dem Chorschlussfenster sind Maria mit Kind und Veronika mit dem Schweiß-tuch umgeben und von musizierenden Engeln umgeben. Was den Künstler dazu bewogen hat, eine nackte, völlig entblößte Eva darzustellen, mag für immer sein Geheimnis bleiben.

Gold im Mittagskogel:

Der seltsame Pfarrer von Latschach

Wenn man über Finkenstein (Nähe Faaker See) in Richtung Burgruine Finkenstein fährt, kommt man zunächst am Kanzianiberg vorbei, ein imposanter Berg mit einer kleinen Wohnsiedlung am Nordrand der Karawankenvorberge in Kärnten. Eine Besiedlung des Berges ist ab der Jungsteinzeit belegt. Heute ist er beliebtes Kletterziel für engagierte Bergsteiger. Am Kanzianiberg steht ebenfalls eine alte Kirche, die Filialkirche Heiliger Kanzian.

Ein Muss für jeden Mystery-Jäger ist allerdings die Burgruine Finkenstein. Schon ab dem 12. Jahrhundert hatte das Geschlecht der Finkensteiner als Ministeriale der Kärntner Herzöge Burg Finkenstein zum Lehen. In den erhaltenen und restaurierten Überresten des ehemaligen Prachtbaues befindet sich eine rund 1250 Personen fassende Arena. Inmitten prachtvoller Landschaft und oberhalb des Faaker Sees gelegen bietet die Burgarena Finkenstein jedes Jahr im Juli und August einen Konzertreigen mit nationalen und internationalen Größen. Die auf der Burg gelegene Burgschenke präsentiert einen wahrlichen Gaumenschmaus an regionalen Gerichten.

Unweit von Finkenstein liegt die Filialkirche Latschach, eine schöne Kirche mit einem prachtvollen Hochaltar. Um den Bau der Kirche rankt sich eine alte Sage. Sie weiß davon zu berichten, dass der Pfarrer Johann Laitschacher einst einen Goldschatz im Bereich des nahen Bergs Mittagskogel gefunden hatte. Der Pfarrer und andere Anwohner hörten von der Erzählung einer Sennerin, dass ein fremder Mann aus Italien in ihrer Hütte genächtigt und mit drei Golddukaten bezahlt habe. Schwer mit Gold bepackt sei er dann gen Süden gezogen. Kurzerhand schmiedete er den Plan, sich zu informieren, sobald dieser Mann wiederkommen würde und als es tatsächlich so weit war, zwangen sie den Italiener, den Fundort des Goldes zu verraten. Von dort schleppten sie nun so viel Gold ins Tal, wie sie nur konnten. Mit dem Fremden vereinbarten sie, den Schatz untereinander gleich aufzuteilen. Der Pfarrer Laitschacher ließ das Gold zu Münzen prägen und bezahlte so den Bau der neuen Kirche, einem Pfarrhaus und einer Schule.

Schnell fingen neidische Gesellen an, dem Pfarrer zu unterstellen, er habe das viele Geld gestohlen und so kam er auch vor Gericht. Weil er auch dort nicht den Ort den Goldschatzes verriet, wurde er zum Tode verurteilt, in dem man ihn lebendig einmauern würde. Der Pfarrer bat Gott, ihn eines natürlichen Todes sterben zu lassen. Und seltsamerweise geschah es an dem Tag, an dem der Strafvollzug bevorstand, als er den Gläubigen von der Kanzel zurief: *„Ihr wisst, wozu ich mein Geld verwendet habe! Waren es schlechte Taten, soll mein Leichnam verwesen wie jeder andere. Wurde mein Geld* *für gute Zwecke verwendet, so werde ich auch nach hundert Jahren unverwest im Grab liegen."*

Abb. 11: Das wahre Sakrileg: Die nackte Eva (großes Bild oben, rechte Bildseite) im Fresko Lebendes Kreuz in der Andreaskirche.

Abb. 12: Detailaufnahme mit der entblößten Eva

Abb. 13: Kletterkünstler am Kanzianiberg.

Nach dieser Predigt fiel er vor dem Altar tot zu Boden. Seither gab der Mittagskogel kein Gold mehr frei. Pfarrer Laitschacher wurde im Mittelgang der von ihm erbauten Kirche in einer Gruft beigesetzt. Als man 1870 diese Gruft öffnete, war sein Leichnam noch immer unverwest. In der Pfarrkirsche Latschach wurde dem „Goldpfarrer" an der rechten Seite des Torbogens ein kleines Denkmal gesetzt.

Abb. 14: Denkmal des Pfarrers Laitschacher in der Kirche.

Abb. 15: Blick von Finkenstein auf den Mittagskogel

Erinnerungen an ein Monster: Der Lindwurm von Klagenfurt

Man nennt sie die Rose vom Wörthersee. Klagenfurt ist eine selbstbewusste, fast schon südländische Stadt. Die Altstadt ist in der Struktur eines Schachbretts angelegt. Selbstredend weist Klagenfurt eine Vielzahl von Sehenswürdigkeiten auf, darunter der dreistöckige Laubenhof des Alten Rathauses aus dem 17. Jahrhundert oder die Domkirche und das Kärntner Landesmuseum mit umfangreichen Sammlungen zur Natur und Kultur des Landes. Eine besondere Attraktion ist auch der Minimundus-Park, ein Miniatur-Park der Sonderklasse. Man kann schon sagen, Klagenfurt beherbergt die beeindruckendsten Bauwerke der Welt, zumindest im Miniatur-Format. Chichén Itzá, Mesa Verde, Borobudur, Felsenstadt Petra, Abu Simbel und viele andere Bauwerke zeugen von einer unglaublichen Schaffenskraft menschlicher Zivilisationen. In Klagenfurt kann man die interessantesten Bauwerke der Geschichte an einem Tag bestaunen. Der Minimundus-Miniaturen-Park in Klagenfurt am weltberühmten Wörthersee ist ein unglaublich faszinierender Park mit über 150 Modellen aus über 40 Ländern der Erde, die man vor Ort hautnah und kompakt erleben kann. Die Parklandschaft mit Modellen aus allen Kontinenten erstreckt sich auf über 26.000 m^2 und präsentiert im durchaus respektablen Maßstab 1:25 die interessantesten Bauwerke der Welt, die zudem nach Originalplänen und mit Originalmaterialien wie Marmor, Sandstein oder Lavabasalt bis ins kleinste Detail rekonstruiert wurden. Schaut man sich die Modelle im Detail an, so erkennt man, wie viel Arbeit in einem einzigen Werk steckt. So zeigen sich weltbekannte Bauten wie der Schiefe Turm von Pisa, Schloss Neuschwanstein oder der Eiffelturm in einem beeindruckenden Detailreichtum. Viele Modelle sind zudem mit Effekten ausgestattet, Bewegungsfunktionen oder Lichttechnik. Auch so effektreiche Momente wie einen Space Shuttle-Start bekommt man geboten.

Auf dem Neuen Platz in Klagenfurt begegnet man dem Lindwurmbrunnen. Seit dem Mittelalter planscht der Lindwurm in seinem Brunnen, 7,55 Meter lang und 1,70 Meter hoch. Als Wappentier ist er den Klagenfurtern sehr wichtig, sie sind stolz auf das Monster. Die Sage um den Lindwurm von Klagenfurt mag von uralten Erinnerungen an urzeitliche Wesen her stammen, vielerorts finden sich solche Überlieferungen fremder, monströser Wesen, die einst die Menschen tyrannisierten, so auch oft in Städten, die Limb- oder Lind- im Namen tragen. Genaugenommen soll es sich um einen um 1590 gefundenen Schädel eines eiszeitlichen Wollhaarnashorns handeln, der heute noch in einer Vitrine des Landesmuseums liegt.

Abb. 16 u. 17: Bauwerke im Minimundus-Park: Petersdom in Rom (oben) und der Borobudur-Tempel in Magellan, Indonesien (unten).

Abb. 18: Der Lindwurm von Klagenfurt. Das Herkules-Denkmal kam später hinzu.

Abb. 19: Detailansicht vom Lindwurm

Die Entstehung der Stadt wird auf den Lindwurm zurückgeführt. Der Lindwurm, ein schlangen- und drachenartiges Fabelwesen, ist meist zweibeinig mit dem Hinterteil eines Löwen, aber auch vier oder mehr Beine sind möglich. Der Lindwurm ähnelt einem Drachen und wird manchmal als Unterart bezeichnet, hat keine oder nur sehr kurze, stets fluguntaugliche Flügel und wird vor allem in alten germanischen Sagen erwähnt. Gewöhnlich hat ein Lindwurm einen sehr langen Schwanz und kurze Beine, teilweise wird er als menschenfressend beschrieben, so auch in den Sagen um Klagenfurt: Der Lindwurm hauste einst gemeinsam mit unheimlichen Wasserdämonen im Sumpf und wurde den Überlieferungen nach im Gebiet des heutigen Klagenfurt von mutigen Männern erschlagen.

„... Ein fetter Stier wurde von den Knechten an eine Kette gebunden und an ihr ein Widerhaken befestigt. Das Gebrüll des geängstigten Tieres erfüllte weit umher die Lüfte. Nicht lange, und es brauste auf im Sumpfe und himmelan spritzte der Gischt. Wie ein Pfeil schoss ein scheußlicher Wurm hervor, geflügelt und panzerbedeckt. Seine Krallen packten das Tier, und sein Zähne erfüllter Rachen öffnete sich, um es zu verschlingen. Da fasst den weichen Gaumen das gekrümmte Eisen. In furchtbaren Reifen schlägt das Ungeheuer nun den Schweif, und wütend gräbt es die spitzigen Krallen in des Rindes Bauch. Jetzt springen die Knechte rasch hervor, und mit eisernen, spitzbesetzten Keulen gelingt es ihnen, das Untier zu erlegen. Noch einmal krümmte und wand sich der lange Schlangenleib, dann war es vorüber und das Land von der Plage des Lindwurms befreit ...“

Mit dessen Tod wird die Gründung der Stadt in Verbindung gebracht. Das Wappentier der Stadt wurde um 1600 von Ulrich Vogelsang aus einem Block geschlagen, der Herkules kam 1636 hinzu und vervollständigte die prachtvolle Darstellung. Der große Platz wird interessanterweise von einem Ring steinerner „Eier“ umrahmt, die wie die Dracheneier des Lindwurms wirken und mich unvermittelt an den Gruselschocker *Alien* von Ridley Scott aus dem Jahr 1979 erinnern. Das imposante Denkmal aus Chlorit Schiefer ist heute von einem ornamentreichen schmiedeeisernen Zaun umgeben, da frühere Besteigungen des Ungeheuers dazu führten, dass sie dem Fabelwesen den Schwanz abbrachen. Nun aber hat das Ungeheuer weitgehend seinen Frieden und darf an eine mystische Vergangenheit erinnern.

Strafe für die Frevler:

Das Wörthersee-Manndl

In Klagenfurt kursiert auch die interessante Sage um das Wörthersee-Manndl, einem mysteriösen Zwergenwesen, das eine Stadt ihrer Sünden wegen überflutete, woraus sodann der Wörthersee entstand. Wenn die Fischer an stillen Sommerabenden auf dem Wörthersee an der Schwarzen Wand vorüberfahren, kann es geschehen, dass sie ein Klingen und Läuten vernehmen, das aus der Tiefe des Sees zu kommen scheint. Erzählt wird eine alte Sage von einer Stadt mit prächtigen Häusern, die vor vielen hundert Jahren da gestanden haben soll, wo heute der Wörthersee liegt. Aber ihre Bewohner waren durch ihren Reichtum übermütig und üppig geworden.

Franz Pehr schreibt in seinen „Kärntner Sagen": *„So kam es, dass sie sich einst am Vorabend des Osterfestes zu Tanz und Gelage versammelten. Schon zeigte Glockengeläute die späte Stunde an, doch niemand kümmerte sich darum. Da öffnete sich die Türe des Festsaales und herein schritt ein kleines eisgraues Männchen und blickte verwundert auf die lärmende Gesellschaft. Grollend erhob es seine Stimme: „O, ihr Schwelger, wisst ihr nicht, welche Feier wir morgen begehen? Kehret heim, ehe die Stunde der Buße verrinnt und die Strafe euch erreicht!" Aber nur höhnisches Lachen antwortete ihm, und nur noch wilder wirbelten die Paare im Tanz.*

Wenige Minuten vor Mitternacht betrat der Alte zum zweiten Mal den Saal, aus dem das wüste Geschrei der Trunkenen tönte. In seinem Arm hielt er ein Fässchen. Noch einmal mahnte er zu Umkehr und Buße: „Sonst öffne ich den Hahn des Fässchens, und Tod und Verderben kommt über euch!". Wieder antwortet ihm nur rohes Gelächter. Da schlägt es Mitternacht, alle Lichter erlöschen, die Mauern erzittern, Regen stürzt hernieder und ein furchtbares Gewitter bricht los.

Mit offenem Hahn liegt das Fässchen des verschwundenen Zwerges und endlose Fluten entströmen ihm. Sie dringen in alle Räume und strömen fort, bis sie die ganze Stadt und die ganze Gegend überschwemmt und ihre frevelnden Bewohner ertränkt haben. So entstand der Wörthersee. Städte, Kirchen und Dörfer liegen in seiner unergründlichen Tiefe begraben, riesige Fische und Wasserschlangen hausen in den alten Palästen."

Abb. 20: Das Wörthersee-Manndl im Stadtzentrum von Klagenfurt.

Die Sage weckt Analogien zu anderen Überlieferungen verschiedener Orte, als das Manndl in einer anderen Version der Sage spricht: *„... und so ihr nit ablazst von Frasz und Völlerey und ander Sünd, trifft Euch Gottes Zorn ...“*

Es ist sehr spannend, da es den Zwerg als eisgraues Wesen beschreibt, die man aus modernen Alien-Berichten kennt:

„... Da öffnete sich die Türe des Festsaales und herein schritt ein kleines eisgraues Männchen und blickte verwundert auf die lärmende Gesellschaft. Grollend erhob es seine Stimme: „O, ihr Schwelger, wisst ihr nicht, welche Feier wir morgen begehen? ...“

Die Leute hießen den Zwerg einen Narren, woraufhin er sein Fass öffnete und die Stadt in den Fluten versinken ließ an der Stelle, wo sich heute der Wörthersee befindet. Städte, Kirchen und Dörfer sollen in seiner unergründlichen Tiefe begraben liegen. Es lässt sich heute kaum noch nachvollziehen, weshalb das Männchen eine „grollende“ Stimme besaß und um was es sich bei dem ominösen „Fass“ handelte, das sogleich eine Flut auslöste. Wieder mal zeigt sich jedoch, dass seltsame Wesen in vielen alten Sagen und Erzählungen auftauchen und darüber hinaus noch verantwortlich für Tod und Zerstörung sind. Gab es diese ominösen Zwerge wie das Wörthersee-Manndl und woher kamen sie?

Seltsame Botschaften:
Mysterien in der Filialkirche St. Margaretha

In dem Ort Finkenstein am Faaker See ist eine ganz besondere Kuriosität zu bewundern, die die kleine Filialkirche St. Margaretha beherbergt. Sie ist der heilige Ort, den ich eingangs von „Rätselhaftes Österreich“ erwähnte. Im südlichen Ortsteil Mallestig der beschaulichen Marktgemeinde befindet sich die kleine Kirche, von außen eher dezent unscheinbar, mit einem großen Fresko des hl. Christophorus von 1520 an der südlichen Außenmauer, das eine Szene von der Kreuzigung Christi und die heilige Margaretha zeigt. Daneben befindet sich noch das Friedhofskreuz aus dem Jahr 1846, da der kleine Bereich um die Kirche zwischen 1794 und 1896 als Begräbnisstätte diente.

Nun standen meine Reisebegleitung und ich vor der Kirche und mussten uns erst einmal kundig machen, woher wir den Schlüssel bekommen, um die wirklich interessanten Details der Kirche in Augenschein zu nehmen. Schnell waren Einheimische mit einem Fragenkatalog „bedeckt“, die uns zum „Schlüsselmeister“ führten. Die Adresse nunmehr ausfindig gemacht, mussten wir feststellen, dass der Inhaber des „Pfortenöffners“ nicht vor Ort war, er aber am morgigen Tag wiederkommen würde. Mit dieser Hoffnung im Gepäck zogen wir fürs Erste ab und kamen am Folgetag wieder. Erleichterung machte sich breit, denn diesmal war der doch recht betagte „Schlüsselmeister" anwesend. Dieser überaus freundliche und gemütliche Mann überreichte uns einen großen, alten Schlüssel, der uns die Tore öffnen sollten. Nun konnten wir voller Tatendrang zur Kirche pilgern.

Abb. 21: Filialkirche St. Margaretha.

Nach der Öffnung der schweren Eingangstür, die offensichtlich nicht mehr so oft in Gebrauch war, erwarteten uns zwei sagenhafte Altäre im Inneren. Beide stammen aus der Barockzeit und sind reich verziert. Die Kirche ähnelt vielen anderen Kärntner Dorfkirchen und wäre auch kaum erwähnenswert, wenn nicht das Kircheninnere eine besondere Kostbarkeit beherbergen würde.

Abb. 22: Rätselhafte Symbole und Ornamente an der Decke der Kirche.

Es handelt sich dabei um eine etwa 500 Jahre alte Holzdecke, zeitlich wohl zwischen 1485 und 1525 entstanden, die viele rätselhafte Symbole und Darstellungen zeigt. Zum Teil wurden sie offensichtlich mit Schablonen bemalt, manche Partien wurden freihändig mit Öl und Temperafarben aufgebracht. Der Altarraum ist regelrecht durch eine Barriere von Sonnenscheiben und gotischen Monstranzen abgegrenzt. Diese Darstellungen sollen aus Furcht vor Dämonen geschaffen worden sein, als auch noch die Angst vor den immer wieder in Kärnten einfallenden Türken und Ungarn präsent war. Manche Symbole kamen von weit her und verschmolzen wohl in die christliche Ornamentik. Jedoch sind die vielen floralen Motive und die merkwürdigen Flechtbänder bis heute nicht eindeutig erklärbar.

Gleich zweimal begegnet uns eine originelle Darstellung von einem merkwürdigen „Männlein ohne Leib“ an verschiedenen Stellen der Holzdecke. Wieder haben wir es mit zwergenhaften Wesen zu tun. Das Männlein hat in der Tat keinen Leib, denn vom Kopf geht der Torso direkt in die

Beine über. Eine der beiden Figuren hat eine merkwürdige, schlangenartige Darstellung vor dem Mund, als ob etwas aus ihm heraus kommt oder es dieses Gewürm frisst. Dabei sind die beiden Männchen jeweils von einem Kreis eingeschlossen.

Das zweite Männlein kann man sehr gut aus der Nähe betrachten, da man über eine alte, morsche Holzleiter auf einen kleinen „Balkon“ kommt, der zum kleinen Kirchturm führt. Dort entdeckte ich auch noch eine weitere Figur, die allerdings mit normalen Gliedmaßen dargestellt ist.

Abb. 23: Eine der Darstellungen von einem merkwürdigen „Männlein ohne Leib“.

Die flache Decke ist fast vollständig mit der seltsamen Ornamentik übersät und fast über die ganze Decke ist auf den Leisten ein mysteriöser Spruch gegenübergestellt, der sich wie auf einem Tonband ständig nur mit der Aufschrift wiederholt „... GEIT NIMT UND GEIT NIMT UND GEIT NIMT ...“. Mal links herum, mal rechts herum, so dass man den Spruch immer abwechselnd von der einen oder anderen Seite lesen kann. Niemand weiß so recht, was das bedeuten soll. Man nimmt es und geht? Nimmt und geht? Christlich deutet man den Spruch so, dass man das Wort Gottes und das Brot des Lebens nimmt und dann geht, so dass man gegen das Böse gewappnet ist.

Sind diese Darstellungen Zeugnisse einfachen mittelalterlichen Glaubens oder Beispiele für eine Gedankenwelt, die sich uns heute nicht mehr vollständig erschließen lässt? Was diese Symbole und Zeichen genau zu bedeuten haben, entzieht sich unserer Kenntnis.

Abb. 24: Die seltsame Aufschrift in der Filialkirche St. Margaretha.

Es gibt jede Menge Kurioses und Seltsames, das man oft nur durch Zufall entdeckt oder durch Hörensagen vermittelt bekommt. Kärnten ist auf jeden Fall immer eine Reise wert, und wer die Augen offenhält, entdeckt auch quasi vor unserer Haustür so manche spannenden Details, die in unserer Welt von heute nur zu oft übersehen werden.

Felsengänge in der Steiermark: Spurensuche in der Steinzeit

Gehen wir noch weiter in die Vergangenheit zurück, denn da hat vor allem Österreich etwas Besonderes zu bieten. Vor mehr als 10.000 Jahren wurden in Europa künstliche unterirdische Gangnetze geschaffen, die seit dem 16. Jahrhundert aus bisher ungeklärten Gründen wieder verschlossen und versiegelt wurden. Nur wenige Überreste, heute meist als „Erdställe" benannt, blieben zugänglich. Erst vor wenigen Jahren konnten in der Steiermark die Zugänge zu den unterirdischen Anlagen aus der Vorzeit offengelegt werden. Mehrere Hundert unterirdische Anlagen wurden in der Oststeiermark bereits erforscht und teilweise wissenschaftlich bearbeitet. Untersuchungen der Karl-Franzens-Universität in Graz und der PURDUE-Universität in den USA errechneten durch TCN-Datierungen tatsächlich ein Richtalter von über 10.000 Jahren für diese Anlagen. Dabei handelt es sich nicht um ein regional begrenztes Phänomen.

In Niederösterreich haben Privatpersonen unter der Altstadt von Klosterneuburg beispielsweise mehrere unterirdische Anlagen in der Größe von hunderten Quadratmetern freigelegt, die teilweise auf ein Mindestalter von 8.500 Jahren datiert werden konnten. Diese unterirdischen Räume wurden, wie archäologische Funde belegen, vom Neolithikum bis zur Römerzeit von Menschen regelmäßig genutzt und im 16. Jahrhundert vom Augustiner Chorherrenstift Klosterneuburg - wie auch die unterirdischen Anlagen rund um das Augustiner Chorherrenstift Vorau in der Oststeiermark - systematisch verschlossen und mit tausenden Tonnen Gestein verfüllt. Aus welchen Gründen ist das geschehen? Warum ist das Wissen um ihre Existenz verloren gegangen und sind wichtige Handschriften aus dem Mittelalter und der Neuzeit vor der Öffentlichkeit bewahrt worden? Wer hat diese gewaltigen Anlagen in der ausgehenden Eiszeit errichtet und welche Technik kam dabei zum Einsatz? Welchen Zwecken dienten sie? Was hat es mit den nacheiszeitlichen unterirdischen Bergsiedlungen auf sich, die von den Autoren in rund tausend Metern Seehöhe wiederentdeckt wurden? Und in welchem Zusammenhang stehen die über vierhundert in der Oststeiermark noch vorhandenen, prähistorischen Steinsetzungen, die

Lochsteine und Menhire, mit diesen geheimnisvollen unterirdischen Gängen, Schächten, Kammern und Kreisgängen? Doch schauen wir uns diese Phänomene der Vorzeit einmal genauer an.

Bei ihren zahlreichen Forschungsreisen haben das Archäologen-/Paläontologen-Ehepaar Heinrich und Ingrid Kusch unzählige prähistorische Kultplätze wiederentdeckt. Seit 1992 befassen sich die engagierten Forscher mit dem Phänomen der Erdställe, jenen mysteriösen in Europa weit verbreiteten unterirdischen Anlagen. Was die beiden Forscher in der Unterwelt der Steiermark entdeckten, veränderte ihr Leben grundlegend. In über 900 Forschungseinsätzen wurden unzählige Relikte ferner Vergangenheit zum Vorschein gebracht.

Vor allem die unterirdischen Anlagen um Vorau und Pöllau in der Steiermark sind auffällig häufig vorhanden. Dabei handelt es sich um Felsgänge, Bergwerke und Stollen sowie aus Trockenmauern errichtete unterirdische Räume und Schächte. Prof. Kusch schätzt die Anzahl auf weit über 1.000 künstlich geschaffene unterirdische Anlagen allein in der Steiermark. Leider sind die Funde in diesen Anlagen eher spärlich, da Plünderungen in frühzeitlichen Hohlräumen ebenso an der Tagesordnung waren wie die Plünderungen der frühen Grabanlagen bei alten Hochkulturen. Mittelalter- und neuzeitliche Keramikfunde werden zunehmend ignoriert, da sie sekundär eingebracht wurden. Bei diversen Freilegungen wurde dahingehend archäologisches Material aus allen Zeiträumen gefunden. Darunter waren auch viele Steinwerkzeuge aus prähistorischer Zeit. Archäologische Datierungen von Funden und organischem Material gehen vorschnell von einer mittelalterlichen oder neuzeitlichen Entstehung aus, allerdings haben die Funde offensichtlich mit der Entstehung der Anlagen generell nichts zu tun.

Es war längste Zeit, diese alten Anlagen mit echter wissenschaftlicher Methodik und bestmöglicher Präzision zu untersuchen und zu beurteilen, selbst dann, wenn wir unser Denken ändern und die Geschichte der Menschheit neu schreiben müssen. Die hierbei angewendete TCN-Datierung (*) durch Spezialisten in den USA gibt unwiderruflich Aufschluss über das tatsächliche Alter dieser Anlagen von über 10.000 Jahren. Diese Datierung bedeutet, dass die Entstehung der Anlagen in das Mesolithikum, also in die mittlere Steinzeit vor ca. 11.600 bis 8.000 Jahre vor heute, verlegt werden muss. Das bedeutet, dass die ursprünglichen Erdställe möglicherweise über 11.000 Jahre alt sein könnten. Dadurch ist nachgewiesen, dass die wenigen Funde aus Erdställen die bisher mit Hilfe der C14 Methode (Altersdatierungen von organischen Substanzen z.B. Holzkohle) auf ca. 1.400 Jahren datiert wurden, tatsächlich nur Sekundärfunde sind und nichts mit der weit älteren Entstehung zu tun haben können.

Eingänge, Löcher und Schächte zu diesen Anlagen wurden im Laufe der Jahrhunderte nicht nur durch natürliche Einflüsse verschlossen, sondern zumeist wurde die Zugänglichkeit auch durch Menschenhand unmöglich gemacht. Auf Anweisung der Kirche wurden die Hohlräume mit Schwemmsand und tonnenweise mit Steinen und Müll verfüllt. Im Jahre 1859 schrieb Theodor Vernaleken in seinem Buch *Mythen und Bräuche des Volkes in Österreich* u.a.: *„Jetzt wird das Fenesloch nur noch benützt um die Steine der nahe gelegenen Äcker hineinzuwerfen, aber im Munde des Volkes leben die Sagen von den Fenesleuten fort."*

Wieder begegnen uns ominöse Wesen. Wer waren diese „Fenesleute", nach denen die Höhle benannt ist? Vernaleken beschreibt in seinem Buch diese Wesen, die dem Menschen zwar nichts zuleide taten. Laut den Erzählungen stießen sie durch das Austauschen ihrer eigenen Kinder mit den Kleinstkindern der Menschen bei der Bevölkerung auf verständlichen Unmut und wurden letztlich vertrieben wurden:

„Im nördlichen Schlesien, bei dem Dorfe Heinzendorf, ist ein Berg, auf dessen Gipfel sich das s.g. Fenesloch befindet. Dort im Inneren des Berges wohnten vor langer Zeit die Fenesleute; sie waren nicht größer als ein fünf oder sechsjähriges Kind, aber ihr Kopf, den sie mit einem großen, breitkrempigen Hut bedeckten, war von unförmlicher Größe und ihre Züge waren unschön."

Potzblitz, möchte da der Mystery-Jäger rufen. Diese ominösen Fenesleute waren also klein vom Wuchs und hatten große, unförmige Schädel, die im Auge des Betrachters auch noch „unschön" waren? Die vielfältigen Zwergensagen und die Erzählungen vom Wechselbalg kommen da ins Gedächtnis, sowie die Berichte von den seltsamen „kleinen Grauen", Wesen, die klein vom Wuchs sind, mit einem schmächtigen Körper und überdimensionalen Köpfen ausgestattet noch heute Menschen nachts aus ihren Betten entführen, um sie mit offensichtlichen Experimenten zu drangsalieren.

Interessanterweise haben Untersuchungen zwischen heutigen Siedlungsgebieten und dem nicht verbauten Freiland ergeben, dass lediglich 20,5% der unterirdischen Anlagen bei Häusern bzw. in einem Umkreis von 100 Meter um diese herum befinden, während sich der Großteil in Wäldern auf Berggipfeln oder Wiesenhängen befinden und somit auf heute noch unbewohntem Gebiet, oft Hunderte von Metern vom nächsten Gehöft entfernt. Zudem waren die meisten Erdstallanlagen im Mittelalter bereits vorhanden und auch nur durch Zufall entdeckt, wenn Gehöfte oder Burgen gebaut wurden. Viele dieser entdeckten Hohlräume wurden dann in den Bau integriert und als Lagerräume oder Abfalldepots verwendet. Heute werden solche Erdställe beim Straßen- und Hausbau wiederentdeckt, wie auch zum Beispiel durch Erdfälle oder Einbrüche von schweren landwirtschaftlichen Maschinen.

Abb. 25: Erdställe: Vergessene Unterwelt in Europa.

Altersdatierungen der alten unterirdischen Anlagen ergaben eine Entstehungszeit, die weit in die prähistorische Zeit verlegt werden muss. Arbeitsspuren an den Stollenwänden ergaben verblüffende Hinweise auf eine Werkzeugnutzung unbekannter Herkunft.

Prof. Kusch und sein Team forschen nun schon seit Jahren nach dem wahren Alter der alten Gänge, die für die aus Trockenmauerwerk errichteten Stein- und Felsgänge durch die aktuellen Richtwerte ein Mindestalter von über 10.000 Jahren vermuten lassen, also eher dem prähistorischen Zeitraum zuzuordnen sind. Vor allem auch die Werkzeugnutzung verblüfft dabei, vor allem die so genannten Schrämspuren, also das Abziehen von zumeist weichem Gesteinsmaterial, die an den Wänden zu finden sind. Allerdings findet man solche Bearbeitungsspuren auch an Konglomerat ähnlichen Gesteinsverbindungen und vor allem auch auf quarzhaltigem Felsgestein, was das Abziehen, also Schrämen, per Hand schier unmöglich macht. Hammer und Meißel scheiden ebenfalls aus, da diese sogleich größere oder kleinere Gesteinsbrocken herausbrechen würden. Überraschungen brachte die Entnahme von mikroskopisch kleinen Metallresten an den Arbeitsspuren, die mittels einem starken Industriemagneten entnommen wurden. Diese zeigten anhand von Rasterlelektronenmikroskop-Aufnahmen durch das Institut für Erdwissenschaften an der Karl-Franzens-Universität in Graz, dass die Innenseite der Werkzeugspuren an den Stollenwänden einst verglast (versintert) gewesen sind, das bedeutet, das Gestein (Augengneis) wies eine verglaste Oberfläche auf. Eine solche Verglasung kann nur bei relativ hohen Temperaturen von über 1.200 bis 1.400 Grad Celsius während des Arbeitsprozesses entstehen. Das bedeutet, dass an der Werkzeugspitze während des Arbeitsprozesses Temperaturen von weit über 1.200 Grad vorhanden gewesen sein müssen, die das Gestein verflüssigt haben. Selbst an Quarzkristallen fanden sich diese Verglasungen.

Was für ein Werkzeug kann eine so hohe Temperatur an seiner Spitze erzeugen? Handelt es sich um maschinelle Arbeitsspuren von einem stark rotierenden Gesteinsfräskopf? Die Spuren verlaufen an einigen Stellen der Felswände bis zu 3 cm tief und etwa 40 cm lang. Erkennbar an den Arbeitsspuren ist, dass die Werkzeugspitzen stumpf und dreieckig waren. Ein normaler Eisenmeißel scheidet für die Herstellung des Ganges daher aus. Ungeachtet der Tatsache, dass es Eisen, respektive Stahl, schon Tausende Jahre früher als bislang angenommen gegeben haben müsste. Laser-Präzisionsmessungen (**) in einem Gangabschnitt zeigten auch gleichmäßig durchgezogene Schrämspuren mit vielen abrupten Enden, die auf Wand- und Deckenbereichen lediglich eine Abweichung von 14 mm aufweisen. Eine solche Präzision ist von Hand aus unmöglich zu erreichen, vor allem durch die bemerkenswert einheitliche Arbeitsrichtung des Vortriebes. Darüber hinaus zeigte sich anhand von Mikrosondenanalysen, dass es sich bei den Eisenspuren nicht um natürliche im Gestein vorkommende Eisenreste (Eisenoxid) handelt, sondern um Eisen, das technisch hergestellt worden ist. (***) Wer oder was diese hergestellt hat, bleibt völlig unklar. Wohlgemerkt handelt es sich um jene Proben eines Felsenganges, der vor über 10.000 Jahren aus dem Gestein geschrämt worden ist. Hier stimmt also etwas nicht mit unserem Wissensstand vom frühen Vorkommen von Eisen in den vergangenen Kulturräumen. Hatte es schon vor der Eisenzeit Eisenwerkzeuge in der Steinzeit gegeben? Es stellt sich zudem die Frage nach dem pragmatischen Sinn für den Bau solcher Anlagen und in welcher Epoche das geschah. Bis heute gibt es darauf keine zufriedenstellenden Antworten, denn dazu müssen diese unterirdischen Gänge erst einmal genauer untersucht werden. Die alleinige Nutzungsform als Versteck oder Zufluchtsort scheidet aus, da solche Anlagen nur Schutz für ganz wenige Personen boten und es belegte Zeugnisse von Todesfällen in diesen Erdställen gibt, da die Menschen in den unterirdischen Anlagen schlicht und ergreifend erstickt sind. Viele Zeitzeugen aus dem Zweiten Weltkrieg bezeugen, dass man sich nur kurzfristig in diesen Hohlräumen aufhalten konnte, weil es einfach nicht genug Atemluft für tagelange Aufenthalte gab.

Auch die Menhire und Lochsteine, also bearbeitete Hinkelsteine, könnten in einem direkten Zusammenhang mit den Felsengängen und Erdställen stehen. Man vermutet, dass diese vor Jahrtausenden errichteten Steine die Ahnen repräsentierten und die Seelen der Toten beherbergten. Man sagt, sie wurden einst durch magische Riten zum Sprechen gebracht, weshalb sie heute noch als sprechende Steine bekannt sind. Die Verehrung dieser Megalithen muss bis in historische Zeit durchgeführt worden sein. Menhire und Lochsteine könnten also auch als Wegweiser zu Eingängen in die Unterwelten gedient haben, so auch die erwähnten Erdställe. Laut aktuellem Forschungsstand konnten weit über 400 solcher Steinsetzungen allein in der Steiermark registriert werden. Hinzu kommen die vielen Menhire in anderen Ländern, vor allem auch in Deutschland, denen ich selbst seit Jahren auf der Spur bin. Hier ist allerdings noch ein erheblicher Forschungsbedarf nötig.

Das Konzil von Ture im Jahre 567 verbot in seinen Beschlüssen jenen das Betreten von Kirchen, die immer noch der heidnischen Sitte nach Gebete und Riten bei den Menhiren verrichteten. Die Kirchenversammlung von Toledo 681 verurteilte die immer noch gebräuchlichen heidnischen und kultischen Handlungen an den Steinen aufs Schärfste. Es nützte aber nicht viel. Wenig Auswirkungen hatte auch ein cleverer Satz, den Jahrhunderte zuvor der Heilige Aurelius Augustinus, der von 354 bis 430 lebte, seiner Kirche empfahl: *„Man zerstört nicht die Tempel, man zerbricht nicht die Götzenbilder, man haut nicht nieder die heiligen Haine, man macht es besser. Man widmet und weihet sie Jesus Christus."*

Das Volk verehrte die heiligen Ahnensteine heimlich weiter. Der Kult war lange Zeit nicht auszurotten. Das Konzil zu Nantes im Jahre 687 griff nun zu radikalen Mitteln. Die Zeugnisse alter Riten und Bräuche wurden umgeworfen, oft auch zerschlagen. An den Kultplätzen wurden zudem christliche Kapellen errichtet. 56 Jahre später, im Jahre 743, befasste sich die Synode von Liftinae, da der Steinkult immer noch ausgeübt wurde, ebenfalls mit der Abschaffung dieser heidnischen Sitte. Sie stellte ein Verzeichnis der von der Kirche verbotenen und als heidnisch bezeichneten Gebräuche auf. Dieser *Indiculus superstitionum et paganiarum* enthält leider nur noch die Überschriften von 30 verloren gegangenen Kapiteln, welche die verbotenen heidnischen Gebräuche behandelten. Das 7. Kapitel handelt von den Gebräuchen, welche man an Steinen oder Felsen beobachtete. Bonifatius, der als päpstlicher Legat den Vorsitz dieser Versammlung innehatte, duldete nicht einmal Kreuze an Brunnen und auf den Feldern, weil man dort die Darbringung heidnischer Opfer beobachtete.

Zahllose uralte Spuren aus längst vergangener Zeit wurden so mit christlichen Bauwerken überprägt und entsprechend umgestaltet. Kaiser Karl der Große führte gar grausame Feldzüge gegen die heidnischen Stämme, um den alten Glauben auszumerzen. In seinen auf dem Landtag zu Aachen 789 erlassenen Kapitularien wurde unter anderem auch bestimmt, dass die vor Gott verwerfliche Sitte, an Bäumen, Quellen und Steinen Andachten zu verrichten, zu verbieten, und die dabei ertappten Personen zu bestrafen seien. Das zähe Festhalten des Volkes an seinen alten und vererbten religiösen Gepflogenheiten veranlasste schließlich die Kirche, ihre bisherigen Christianisierungsmethoden, entsprechend den Ratschlägen, die Papst Gregor der Große dem Abt Millitus bereits im Jahre 601 brieflich übermittelte, zu ändern. Man ging dazu über, die heiligen Stätten der zu bekehrenden Völker nicht mehr zu zerstören, sondern die für diese Plätze überlieferte Ehrfurcht zu benützen, um dem an solchen Stellen bestehenden Gottesdienst ein christliches Gepräge zu geben. Dennoch hat sich vielerorts die Jahrtausende alte Macht der Steine erhalten und man findet noch heute einzelne Menhire und alte Kultplätze aus fernen Tagen, viele sogar noch in situ (lateinisch für „am Ort"), also noch an der ursprünglichen Stelle und wurden demnach nicht ortsversetzt.

Auch das von Abt Odilo von Clugny im Jahre 998 eingeführte Allerseelen- und Allerheiligen-Fest stammt noch aus Ursprüngen heidnischer Zeit. Mit dieser Einführung versuchte Odilo die zeitlich verschieden gefeierten Totenfeste auf einen gemeinsamen Nenner zu bringen und dem Volk ein Fest zurückzugeben, das im Totenkult unserer Vorfahren eine große, wenn auch ganz anders geartete Rolle spielte. Auch die Sitte der Grabsteine wurde aus der heidnischen Zeit übernommen, auf den Friedhöfen sind bei vielen Gräbern diese Steinsetzungen vorzufinden.

Die Art und Weise, mit welcher jedoch das unter dem Zwang der Verhältnisse zum Christentum übergetretene Volk die von der Kirche verachteten Gebräuche seiner Väter fortsetzte, nötigte im 11. Jahrhundert den Bischof Burkhard von Worms eine Bußordnung zu erlassen. Diese sollte zur Feststellung, aber auch zur endgültigen Beseitigung der noch vorhandenen heidnischen Gebräuche dienen. Nach diesen Vorschriften hatten die Priester die Pflicht, in Beichtangelegenheiten nur dann Absolution zu erteilen, wenn der Beichtende das Glaubensbekenntnis abgelegt und verschiedene vorgehaltene Fragen beantwortet hatte. Die für unsere Forschung in Betracht kommende Frage lautete: *„Bist Du zum Beten an einen anderen Ort gegangen als in die Kirche? Etwa an Quellen, Bäume, Steine oder Kreuzwege und hast Du dort irgendein Heil für Deinen Leib und Seele gesucht?"*

Das Forscherehepaar Kusch hatte herausgefunden, dass die Steine, die heute noch in situ an ihren ursprünglichen Plätzen stehen, vielerorts auf die unterirdischen Felsengänge hinweisen. Menhire und Lochsteine könnten also tatsächlich auch als Wegweiser zu Eingängen in die Unterwelten gedient haben. Sie entnahmen einem Lochstein, der in Sommersgut noch immer an seinem ursprünglichen Platz steht, einige Proben für eine TCN-Altersdatierung. Überraschenderweise wies der ausgewählte Lochstein ein ermitteltes Alter von knapp 14.000 Jahren auf. Demnach haben Menschen des Jungpaläolithikums (Jüngere Altsteinzeit) diesen Stein aus einen noch unbekannten Steinbruch gebrochen, in seine heutige Form gebracht und aufgestellt. Interessanterweise ist dieser Stein kein Findling, der ständig an der Oberfläche herumgelegen und erst später von Menschen bearbeitet worden ist, wie kritische Stimmen verlauten lassen könnten. Bei einer zusätzlichen Vergleichsmessung an einem über 60 Tonnen schweren und 7,60 Meter langen Menhir namens „Schiff" war das ermittelte Alter erwartungsgemäß wesentlich höher und belief sich auf über 55.000 Jahre vor heute. Dies kann man als Bestätigung dafür sehen, dass der Lochstein tatsächlich erst vor 14.000 Jahren aus dem Fels geschlagen wurde, denn wäre dies nicht so und hätte er ständig als Findling an der Oberfläche gelegen, müsste sein Alter mindestens jenem des „Schiff"-Menhirs entsprechen. Auch Eisüberdeckungen während der letzten großen Eiszeit und damit einhergehende Beeinträchtigungen der Messungen waren auszuschließen, da es nach geologischen Untersuchungen in dieser Region keine Eisüberdeckungen in einem Zeitraum bis vor 12.000 Jahren gab.

Abb. 26: Menhire wie der Wotanstein bei Maden in Hessen sind in ganz Europa verbreitet.

Abb. 27: Der hl. Augustinus überreicht Norbert von Xanten seine Ordensregel (um 1140). Abschrift der Norbertsvita Bay.

Festzustellen bleibt, dass vor 14.000 Jahren vermutlich Menschen diesen und damit womöglich auch andere Menhire und Lochsteine bearbeitet sowie aufgestellt haben. Im Dunkeln bleibt, wer sie waren oder warum sie das taten. Möglicherweise kann man davon ausgehen, dass es in diesen frühen Zeiträumen bereits eine „megalithische Kultur" in unseren Breiten gab, was aber noch Gegenstand zahlreicher Untersuchungen sein muss. Dass die Steinbauten und Steinsetzungen überwiegend prähistorischen Ursprungs sind, steht heute in der seriösen Wissenschaft außer Zweifel. Lediglich der genaue Zeitabschnitt muss noch geklärt werden. Dazu sind grenzüberschreitende Datierungsmaßnahmen an megalithischen Zeugnissen erforderlich, die über Österreich, Norditalien und der Schweiz bis in den voralpinen Raum und weit in den Norden Deutschlands reichen. Wichtig ist es jedoch, diese Kulturdenkmale menschlichen Wirkens aus grauer Vorzeit entsprechend zu untersuchen und zu würdigen, auch wenn wir den eigentlichen Sinn ihrer Errichtung heute nicht mehr nachvollziehen können, weil ganz einfach die wesentlichen Informationen über diesen langen Zeitraum verloren gegangen sind und nur noch regionale Überlieferungen der einheimischen Bevölkerung existieren.

Welche heute noch unbekannte Megalithkultur war für die ersten Großsteinbauten (Menhire und Lochsteine) verantwortlich? Diese Frage sollte bei der Untersuchung dieser europaweiten Bautechnik im Vordergrund stehen. Nach meiner Auffassung hat Dr. Kusch und sein Team das Geheimnis durch die gute Recherche bereits weitgehend gelüftet. Nur leider ist die heutige Zeit noch nicht reif für alle Wahrheiten.

Anmerkungen:

(*) TCN (=terrestrial cosmogenic nuclids), dabei werden in Gesteinsschichten durch kosmische Strahlung Kernreaktionen ausgelöst, wobei langlebige radioaktive Isotope und stabile Isotope entstehen.

(**) Die Lasermessungen wurden durchgeführt von der Firma Surphaser - 3D Laser Scanners (England) in Zusammenarbeit mit den Firmen GEOs3D - Geoddetic and Industrial Surveying in Oberhofen (Tirol) und Energie Burgenland Geoservice.

(***) Mit dem Rasterelektronenmikroskop durchgeführte Mikrosondenanalyse ergab eine Legierung aus Fe (Eisen), O (Sauerstoff), Mn (Mangan), Al (Aluminium), Si (Silizium), K (Kalium), Ca (Calzium) sowie Ti (Titan) und Cr (Chrom). In einer Probe war noch Mo (Molybdän) enthalten.

Teil 3: Kosmische Rätsel

Kosmische Rätsel faszinieren den Menschen, seit er zum Himmel blickt und sich fragt, was das da oben für Lichtersind, die nachts in schier unendlicher Zahl leuchten. Die kosmischen Rätsel sind in ihrer Zahl ebenfalls Legion und ständig stehen die Astronomen vor neuen Fragen, die sie nicht so schnell beantworten können. Gibt es außerirdische Intelligenzen? Werden wir von ihnen beobachtet? Haben die Mond-Astronauten doch mehr gesehen, als der Öffentlichkeit zugetragen wurde? Fragen über Fragen, der ein oder andere mag über unser Woher sinnieren, ob Leben auch an unwirtlichen Ecken des Kosmos überleben kann oder ob wir durch das Universum beeinflusst werden. Manche fragen sich, ob es einst einen Planeten zwischen Mars und Jupiter gegeben haben kann oder grübelt über die endgültige Lösung für das vieldiskutierte Tunguska-Rätsel. Einigen dieser Fragestellungen wollen wir im Folgenden nachgehen.

Anomale SETI Signale:

Mysteriöse Signale und die Frage nach dem Empfänger

Der Wunsch nach der Suche von Intelligenzen im All scheint so alt zu sein wie die Menschheit selbst. Doch erst im Industriezeitalter war es erstmals möglich, Sonden und Funkbotschaften ins All zu senden in der Hoffnung, fremde Intelligenzen würden mit uns Kontakt aufnehmen. Raumsonden wie Pioneer 10 und Pioneer 11, gestartet am 3. März 1972 bzw. 6. April 1973, wurden mit Plaketten ausgestattet. Diese enthalten grafisch dargestellt grundlegende Informationen über unser Sonnensystem. Die Raumsonden Voyager 1 und Voyager 2, gestartet am 5. September bzw. 20. August 1977 und mittlerweile bereits außer Reichweite unseres Sonnensystems, transportieren sogar eine Schallplatte. Auch sie enthält eingravierte Grafiken, außerdem beinhaltet sie analog kodierte Audio- und Videoaufnahmen. Als visionär sind die Radiosignale zu bewerten, mit deren Hilfe nach Außerirdischen Ausschau gehalten wird und auch bereits Signale von Radiostationen gesendet werden.

Normal-Bürger hören selten etwas von SETI (Search for Extraterrestrial Intelligence), der Suche nach Signalen von Aliens. Wenn überhaupt, ist meist nur vom berühmten „WOW"-Signal die Rede, ein merkwürdiges, unbestimmbares Schmalband-Radiosignal, das der Astrophysiker Jerry R. Ehman im Rahmen eines SETI-Projekts am 15. August 1977 aus Richtung des Sternbildes Schütze aufzeichnete. Ein Signal, das nur einmal auftauchte und nicht wiederkehrte. Interessanterweise hätte man damals noch nicht einmal eine Botschaft, im Fachjargon eine Modulation, also ein Inhalt, wie wir sie in unserer Arecibo-Botschaft verwendeten, aus dem Signal herauslesen können. Man hätte den Inhalt damals wegen des zu einfachen, breitbandigen Empfängers überhaupt nicht feststellen können. Die Arecibo-Botschaft war ein von dem Astronomen Frank Drake initiiertes Radiowellen-Signal, das am 16. November 1974 als eine Botschaft von der Erde an mögliche Außerirdische gesendet wurde. Ziel des Signals ist der Kugelsternhaufen M13 im Sternbild Herkules. Dieser ist etwa 25.000 Lichtjahre von der Erde entfernt und besteht aus mehr als 300.000 Einzelsternen. Er war mit dem Teleskop erreichbar und wurde ausgewählt, da hier viele Sterne auf relativ engem Raum versammelt sind. Deswegen wurde hier eine höhere Chance gesehen, auf eine bewohnte Welt zu treffen.

Paul Horowitz, Professor in den Fakultäten für Physik und Elektrotechnik an der Harvard University, ist ein glühender Verfechter der SETI-Suche nach Signalen außerirdischer Intelligenz und arbeitete auch mit Carl Sagan (1934 - 1996) in SETI Projekten zusammen, dem wohl bekanntesten Astronomen der westlichen Hemisphäre. Im September 1988 meinte er 37 Signale entdeckt zu haben, die er für extrem heiße SETI-Kandidaten hielt. Dies konnte bis heute nicht verifiziert werden. Jedoch hat SETI und das SETI@home-Projekt im Laufe seiner Himmelsabtastung einige ungewöhnliche Signale aufgefangen, die nicht genau zugeordnet werden können. Also ist nicht ganz klar, ob es sich um künstliche, intelligente Signale handelt oder einfach nur um Radiowellen von Pulsaren, Neutronensternen oder anderen astronomischen Quellen.

Beispiele hierfür sind u.a. die Radio-Quelle SHGb02+14a, die sich wie eine außerirdische Sprache anhört oder ein wildes „Plappern". „Wer spricht da wohl mit uns?" möchte man da spekulativ fragen. Oder ist das Signal SHGe326+P ein interessanter Alien-Kandidat, ein Geräusch, das einem leisen, monotonem pochen gleicht? Ein anomales SETI-Signal ist auch die leiernde, schrille Transmission, die von den Radioteleskopen der SETI-

League aufgefangen wurde. Niemand weiß sicher, was die Ursache dieses Signal ist. Obwohl dieses doch recht stark ist und nie positiv identifiziert werden konnte, haben Astronomen die Transmission anhand einiger Merkmale einer eher banalen und letztlich irdischen Quelle zugeordnet.

Viele ungewöhnliche Sendungen aus dem All werden unerkannt bleiben. Keiner der Hinweise ist bislang stark genug gewesen oder konnte lange genug verfolgt werden, um es eindeutig als von einer außerirdischen Intelligenz kommend zu identifizieren. So ist es auch mit dem Signal SHGb11+15a, das aus Richtung vom Sternbild des Löwen empfangen wurde. Ein stetig wiederkehrendes, sich wiederholendes Signal, das 2008 im Rahmen von SETI@home entdeckt wurde. Ein recht verhaltenes SETI-Signal scheint die Radioquelle SHGb00+13n zu sein, die einem leisen Flüstern gleichkommt. SETI Kandidat SHGd26+c ist ein monotones Summen mit Zischlauten aus dem Sternbild Schlangenträger. Auch bei dem Signal SGH0115660-11c, das 2007 im Sternbild Lyra aufgefangen wurde, mit seinem leisen, schwingenden Trompetensound mag man sich fragen, welchen Ursprung es wohl haben mag. Keins der oben genannten Signale konnte verifiziert werden.

Besteht bei den potentiellen SETI-Signalen sogar ein Zusammenhang mit den mysteriösen Unterwassersounds in den Weltmeeren? Der Autor Frank Grondkowski berichtet in seinem Beitrag *Terrestrische submarine WOW-Signale?* in der Anthologie *Terra Divina* von merkwürdigen Unterwasser-Sounds, die bislang keiner eindeutigen Quelle zugeordnet werden konnten. In gewisser Weise erinnern diese mysteriösen Klänge an SETI-Signale. Unvermittelt lässt das die Frage aufkeimen, ob sie gar nicht für uns bestimmt sind, sondern einer anderen Spezies auf der Erde gelten? Freunde von Star Trek werden sich an das vierte Kinoabenteuer, The Voyage Home, mit Kirk, Spock & Co. erinnern, in dem eine außerirdische Sonde Kontakt mit einer intelligenten Lebensform auf der Erde aufnehmen möchte. Dabei handelt es sich aber nicht um die Menschheit, sondern um Buckelwale, die im 24. Jahrhundert bereits ausgestorben waren. Dem heldenhaften Captain Kirk gelingt es natürlich, Schlimmeres abzuwenden und die Erde vor einer schlechtgelaunten Sonde zu retten, doch wer kann mit Gewissheit sagen, ob SETI-Signale bereits längst empfangen und auch beantwortet werden, nur nicht von uns?!

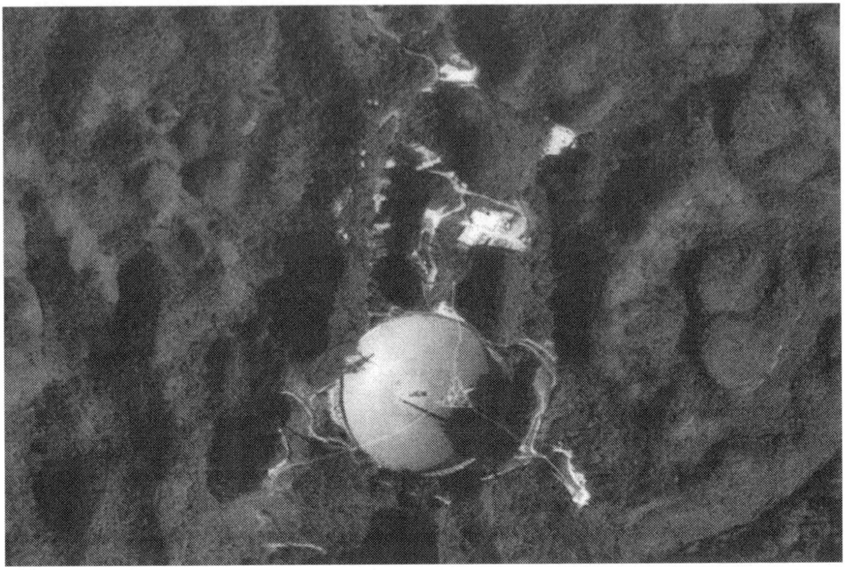

Abb. 28: Arecibo: Der 305-Meter-Reflektor auf einer Satellitenaufnahme. NASA

Aber vielleicht ist es ja auch ganz anders und wir bekommen keine Antwort, weil der „Erschaffer" des Universums es nicht will. Die sogenannte Uhrmacher-Analogie wird heute gern von Vertretern des Kreationismus und des Intelligent Designs verwendet und erklärt sich als ein teleologisches (zweckmäßiges) Argument zur Unterstützung der Ansicht, dass das Universum, oder Teile davon, durch das Wirken intelligenten Bewusstseins entstanden sind. Schon Cicero (106 - 43 v. Chr.) berichtet in seinem philosophischen Dialog *De natura deorum* (Vom Wesen der Götter; Buch II, Kap. 84) von dem planvollen Funktionieren einer Sonnen- oder Wasseruhr und schloss daraus, dass sie die Stunden nicht aus Zufall, sondern aufgrund der ihr innewohnenden Technik anzeige, ergo müsse analog dazu die Welt aufgrund von Planung und Vernunft entstanden sein. Auch der englische Universalgelehrte Robert Hooke (1635 – 1702) vergleicht in *Micrographia* (1664) die von ihm mit dem Mikroskop erforschten Kleinlebewesen mit den Uhrwerkmechanismen (mit deren Konstruktion er sich ebenfalls befasste). Seine Einschätzung ist, dass Konstruktionen von Menschenhand neben der „Allmacht und Vollkommenheit des großen Schöpfers" verblassen müssen. Der englische Theologe und Philosoph William Paley (1743 –

1805) vertrat die Auffassung, dass eine auf dem Feld gefundene Taschenuhr als intelligent konstruiertes Objekt erkannt werde, und dass folglich auch die lebenden Organismen die Werke eines intelligenten Konstrukteurs seien. Dies beschrieb er in seiner Natural Theology (1802). Der Astronom Seth Shostak vom SETI-Institut kritisiert die Uhrmacher-Analogie von Grund auf, denn komplexe Muster allein, die zahllos in der Natur vorkommen, würden noch lange keine Intelligenz nachweisen.

Die moderne Evolutionstheorie erklärt die Entstehung von komplex-organisierten Systemen wie dem menschlichen Auge oder dem Gehirn rein evolutionstheoretisch durch das Wirken von Mutation und Selektion. Dafür wäre kein Schöpfergott notwendig, was uns also quasi weiterhin auf den Kontakt mit anderen Lebewesen im Kosmos hoffen lässt.

Der Meeresbiologe Wesley R. Elsberry betont als Fachmann auf dem Gebiet der Schöpfungs- und Evolutions-Kontroverse, dass SETI nur Transmissionen aufspüren könne, die analoge Eigenschaften zu der menschlichen Kommunikation besitzen, beispielsweise die Benutzung von elektromagnetischen Signalen im Radiowellenlängenbereich und bestimmte Arten der Codierung. Andernfalls könne man außerirdische Signale möglicherweise gar nicht erkennen. Schlussendlich könnten wir mit SETI also wohl nur solche Signale von intelligenten Wesen erkennen, die der menschlichen Intelligenz ähnlich sind ...

Die mysteriösen Radio-Quellen kann man auch auf YouTube anhören:

Radio-Quelle SHGb02+14a:
http://www.youtube.com/watch?v=DpFtSkK5Xhw

SETI Candidate Signal SHGe326+P
http://www.youtube.com/watch?v=2EHoZUoRicU

Anomales SETI Signal mit schrillem Leiern:
http://www.youtube.com/watch?v=ED4ihYW7adI

Seti Candidate Signal, SHGb11+15a Sternbild Löwe:
http://www.youtube.com/watch?v=r1UBzn4dQzI

Seti Candidate Signal SHGb00+13n
http://www.youtube.com/watch?v=hStvVjaY-UU

Seti Candidate Signal SHGd26+c
http://www.youtube.com/watch?v=mtxQtJAtQR0

Signal SGH0115660-11c Trompetensound
http://www.youtube.com/watch?v=xGpf76Xytdg

Die Zoo-Hypothese:

Stehen wir unter Beobachtung?

Manche Menschen glauben, dass wir als Spiezies schon seit biblischen Zeiten unter Beobachtung stehen und hin und wieder genetische Eingriffe an uns vorgenommen wurden. Da stellt sich natürlich die Frage, ob vielleicht unsere gesamte Entwicklung von diesen „Fremden" abhängig ist. Hier denkt man sogleich an die von Wissenschaftlern formulierte „Zoo-Hypothese".

Die hypothetische Existenz extraterrestrischer Intelligenzen und die Möglichkeit einer Kommunikation mit ihnen gehören zu den tiefgreifendsten Themen unserer Zeit. Es werden kulturelle und soziologische Folgen eines Kontakts diskutiert und die SETI-Projekte werden geplant und durchgeführt, um den Himmel nach außerirdischen Signalen abzusuchen.

Doch bis zum heutigen Tag hat sich auf unsere Signale augenscheinlich niemand von fernen Welten gemeldet. Überlegungen wurden angestellt, ob die Suchstrategien falsch sind oder es überhaupt Leben im Kosmos gibt, das auf unsere Signale antworten könnte.

In Hinsicht auf die unermesslich gewaltigen Dimensionen des Universums und der riesigen Anzahl von Sternen und Galaxien ist die Annahme, es existiere kein weiteres Leben auf anderen Planeten, als völlig unlogisch einzustufen. Da in den Weiten des Kosmos überall die gleichen Moleküle und meist die gleichen Bedingungen und Voraussetzungen herrschen wie in unserer „Ecke" des Weltalls, ist es nur logisch, weitere intelligente Lebewesen auf fremden Welten zu postulieren, auch wenn wir bis dato keine schlüssigen Beweise dafür haben. Es wäre aber ein mittelalterlicher Gedankengang anzunehmen, das riesige Weltall sei lediglich für uns Menschen konzipiert und für sonst niemanden. Die Machthaber der mittelalterlichen Kirche dachten ebenso und setzten sich prompt in das Zentrum allen Seins. Wer behauptete, dass eine Vielzahl von Welten existiere, auf denen es Leben gibt, wurde kurzerhand der Inquisition vorgeführt und im schlechtesten Fall auf dem Scheiterhaufen verbrannt. Diese traurigen Kapitel der menschlichen Geschichte werden mit Namen wie Giordano Bruno, Galileo Galilei und anderen angeblichen „Ketzern" in Verbindung gebracht, die zu der Art von Pionieren gehörten, die gegen die „erwiesenen" Tatsachen ankämpften und ihre eigenen Gedanken und Forschungen vorantrieben; zum Nutzen der Menschheit!

Die faszinierende Überlegung der Zoo-Hypothese geht von der möglichen Tatsache aus, dass unser Planet ganz bewusst von einer galaktischen Kommunikation ausgegrenzt wird. Demnach könnte die Erde gewissermaßen „unter Quarantäne" gestellt worden sein, so lange, bis die darauf sich entwickelnde Intelligenz reif genug wäre, in die Reihe der kosmischen Zivilisationen aufgenommen zu werden.

Solch ein „Galaktischer Club" wäre eine durchaus denkbare Überlegung. Immerhin könnte diese Tatsache festlegen, dass nur solche Zivilisationen Raumfahrt und Kommunikation betreiben könnten, die über eine eigene Schwelle der „Selbstzerstörung" hinweg gekommen sind und eine gewisse Reife erlangt haben. Die Erde gehört somit ganz sicher nicht zu solch einer Gruppe; das beweisen die täglichen Bilder in den Nachrichten. Wenn überhaupt, hat die menschliche Zivilisation - nach der Zoo-Hypothese - lediglich eine „Anwärterposition" inne.

Die Zoo-Hypothese geht noch einen Schritt weiter. Wissenschaftler glauben, dass eine Art „Codex Galactica" existiert der dafür sorgt, dass jüngere planetare Zivilisationen angeleitet und „beschützt" werden, um eine ungestörte Entwicklung zu genießen. Im „Star Trek"-Universum wird dieses Gesetz die „oberste Direktive" genannt. Man sieht, dass es viele Science Fiction-Filme und -Serien gibt, die auf wissenschaftlicher Basis fußen und zeigen, dass in Science Fiction meist mehr drinsteckt als man vermuten mag.

Dies würde natürlich bedeuten, dass dieser „Codex" auch ein Hindernis gegen einen kosmischen Imperialismus wäre der verhindert, dass kriegerische, primitive Völker andere Welten in Besitz nehmen oder kolonisieren. Solche „universellen" Gesetze hätten wir übrigens auch in der Kolonialzeit auf der Erde bitter nötig gehabt, als fremde Kontinente wie u. a. Amerika „entdeckt" wurden. Hochentwickelte Zivilisationen hätten so gelernt, wie man sich anderen Kulturen gegenüber verhält und junge Gesellschaften auf anderen Planeten behandelt.

Vielleicht ist die Erde somit ein „übergroßer" Zoo, der von außen beobachtet und analysiert wird. Schließlich wird sich zeigen, ob die irdische

Gesellschaft ihre Reifezeit übersteht, um in die Weiten des Kosmos aufzubrechen und den langersehnten Kontakt mit anderen Zivilisationen herzustellen. Denn genau hier liegt der Knackpunkt: Der Mensch muss selbst in die Weiten des Kosmos aufbrechen, um diesen ersehnten Kontakt herzustellen. Wir müssen zu „ihnen" kommen, und nicht „sie" zu uns!

Doch die größte Hürde ist vielleicht auch die alles entscheidende Voraussetzung: schafft es eine Zivilisation nicht, ihre Fähigkeit zu einem friedfertigen Aufbruch ins All zu beweisen, wird sie sich in einem „natürlichen Selektionsprozeß" selbst zerstören und sich letztendlich aus dem Universum tilgen.

Was gäbe es für einen besseren Weg, diese Unfähigkeit nachzuweisen, als abzuwarten, ob sich eine junge planetare Gesellschaft selbst zerstört oder nicht ...

UFO-Sichtungen von heute und Berichte von vorzeitlichen Kontakten zwischen Menschen und Wesen von den Sternen deuten darauf hin, dass die Erde seit frühgeschichtlichen Zeiten von außerirdischen Intelligenzen besucht wurde.

Eine Verknüpfung dieser beiden Bereiche und die Hinzunahme weiterer Forschungsgebiete sind deshalb unerlässlich.

UFOs auf unserem Mond:
Im Fadenkreuz fremder Mächte

Der Mond hatte als naher Erdbegleiter stets eine besondere Stellung innerhalb der planetaren Himmelskörper. Neue Forschungen in Bezug auf Wasservorkommen auf dem Erdtrabanten bezeugen eine neue Attraktivität des Mondes in Hinsicht auf permanent bemannte Stationen. Mit einer verbesserten und ausgereiften Technologie würden wir Menschen unaufhaltsam in kosmische Bereiche vordringen, die vor nicht allzu langer Zeit als reine Utopien ad acta gelegt wurden.

In vielen Science Fiction-Stories und -Filmen war er Ort und Gegenstand der Handlungen. Schon unsere Altvorderen wussten, dass der Mond ein Trabant der Erde ist, ein „treuer Begleiter", der „ewige Geselle und

Freund", und da unser Heimatplanet dreieinhalbmal so groß ist wie „Luna", ahnten sie auch schon früh, dass Erde und Mond eigentlich ein Doppelplanetensystem darstellen.

Der Mond nimmt aufgrund der im Vergleich zu seinem Primärplaneten beträchtlichen Größe eine einzigartige Stellung im Sonnensystem ein. Über ihn wurde schon viel geschrieben und auch heutzutage sorgt er wieder für Stoff zum Nachdenken. Der Einfluss, den er auf Menschen, Tiere, Pflanzen und sogar die Ozeane hat bzw. haben soll, ist sehr weitreichend. Er soll sogar „Schuld" daran haben, dass unser Wetter nicht völlig chaotisch abläuft.

Eigentlich ist der Mond nur ein Gesteinsbrocken. Noch aber lebt die Erinnerung an Zeiten, in denen der Mond als Gottheit im Mittelpunkt von Kult und Opfer stand. In Mythen, Märchen, Legenden und Volksliedern wird von dem Zauber erzählt, den das bleiche Gestirn auszuüben vermochte. Seit frühesten Zeiten versuchten die Menschen zu erklären, was sie nicht „begreifen" konnten, was in ihrem Sinne nicht erfassbar war.

Auf jeden Fall beflügelte er zu allen Zeiten die menschliche Phantasie. So ist es nicht verwunderlich, dass er das erste Ziel war, dass die Menschen ins Auge fassten, sobald der erste Schritt in den Weltraum möglich war.

Den ersten Flug ins All unternahm nach unserer Geschichtsschreibung Juri Gagarin, ein russischer Kosmonaut, der erste Mensch, der die Erde verließ und diese einmal umrundete.

Nach dem Zusammenbruch der UdSSR gelangten unglaublich und auch schaurig klingende Berichte in die westliche Welt. In ihnen war davon die Rede, dass mehrere russische Raumfahrer regelrecht verheizt und als Test-Astronauten ins All geschossen wurden. So sollen Tonbandaufnahmen existieren, auf denen zu hören ist, wie russische Kosmonauten, die vor Gagarin in den Weltraum flogen, qualvoll ersticken. Wenn man die damalige Situation betrachtet - der kalte Krieg war in vollem Gange - erscheint es logisch, dass die Russen Fehlschläge verheimlichten.

Nachdem nun die Russen mit Gagarin einen gewaltigen Erfolg verbuchen konnten, setzten die Amerikaner alles daran, den Sputnik-Schock dadurch zu mildern, wenigsten die ersten Menschen auf dem Mond zu sein.

Am 21.07.1969 war es dann soweit, die Amerikaner hatten den Wettlauf gewonnen: Neil Armstrong betrat als erster Mensch den Mond.

Die USA hatte mit dem Apollo-Programm eine gewaltige Menge an Material und große finanzielle Mittel aufgewendet, um für sich den Ruhm verbuchen zu können, als erste den Mond betreten zu haben. Als Neil Armstrong und Buzz Aldrin den Mond betraten, saß die ganze Welt vor den Fernsehgeräten und verfolgte diesen historischen Moment.

Die Original-Transkriptionen des Funkverkehrs der Astronauten geben Stoff zum Nachdenken. Immer wenn die Astronauten auf Unerwartetes trafen, schalteten sie auf eine andere Frequenz oder benutzten codierte Mitteilungen:

Dies betraf angeblich:

- eine Aufreihung mehrere Ufos an einem Kraterrand, die die Astronauten beobachteten,
- ein Astronaut sah aus der Umlaufbahn ein künstliches Objekt, bei dem es sich nicht um die Landefähre handelte,
- sich bewegende Objekte, die im Staub Spuren hinterließen, wurden gesehen und fotografiert.

Ein noch immer heiß diskutiertes Beispiel geht zurück auf die Apollo-11-Landung, als die Astronauten Armstrong und Aldrin im Juli 1969 von merkwürdigen Zwischenfällen berichteten. Als die Astronauten die Landefähre verließen, beobachteten sie bald darauf ein merkwürdiges Licht innerhalb eines Mondkraters. Als danach die Funkverbindung abriss, behaupteten Funkamateure, den weiteren Funkverkehr abgefangen zu haben. Danach habe Aldrin gefragt: *„Was war es, was zum Teufel war es? Das ist alles was ich wissen will!“* Darauf die Bodenkontrolle: *„Was ist dort? Mission Control ruft Apollo 11!“* Aldrins Antwort: *„Diese Dinger sind gewaltig ... enorm ... Oh Gott, ihr würdet es nicht glauben! Ich sage euch, hier draußen, hier sind noch mehr Raumschiffe ... aufgereiht auf der anderen Seite des Kraterrandes ... Sie sind auf dem Mond und beobachten uns ...“*

Was geht auf dem Mond also wirklich vor sich? Unter unzähligen Aufnahmen von der ersten Mondlandung der US-Raumfähre „Apollo 11“ findet sich im „Lunar Surface Journal“-Archiv der NASA auch eine Aufnahme, die in zahlreichen Internetforen für Diskussionen sorgte und aus einem Jules-Verne-Roman stammen könnte. Waren die ersten Menschen auf dem Mond damals doch nicht alleine?

Es existieren unzählige moderne Mythen, Gerüchte und Legenden um die erste Mondlandung. Während Verschwörungstheoretiker die Mondlandung als gänzlich erfunden und inszeniert darstellen, sehen Forscher wie Richard C. Hoagland eine wesentlich tiefgreifendere Problematik der wahren Hintergründe der Mondlandung und deren Entdeckungen. Ein weiteres Rätsel dieser Art zeigt auf einer der Originalaufnahmen vom Mond ein mysteriöses Objekt, was die Diskussionen um die Hintergründe der Mondlandung wieder einmal aufheizt. Die rätselhafte Mondaufnahme zeigt unweit der Landestelle von Apollo 11 am Rand eines Doppelkraters ein scheinbar kreisrundes „Etwas", das sich aus der Umgebung der mit Felsbrocken geprägten Mondoberfläche hervorhebt. Die nahezu kreisrunde Form und eine vermeintlich erkennbare strukturierte Oberfläche zeigen offensichtlich keinen natürlichen oder irgendwie „auf kuriose Weise" vom Sonnenlicht angestrahlten Felsbrocken.

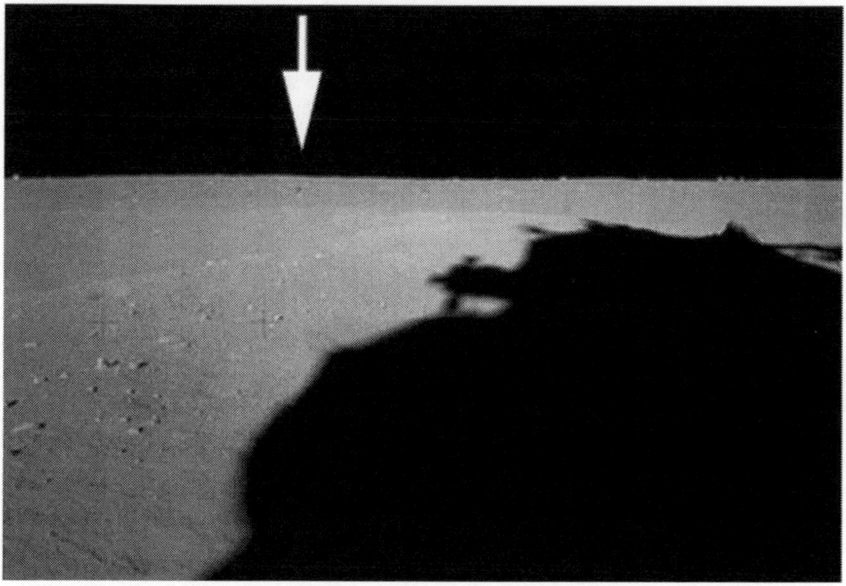

Abb. 29: Die offizielle „Apollo 11"-Aufnahme „AS11-40-5854HR" von der Mondoberfläche mit umstrittenem Detail (sh. Pfeil und folgende Vergrößerung).

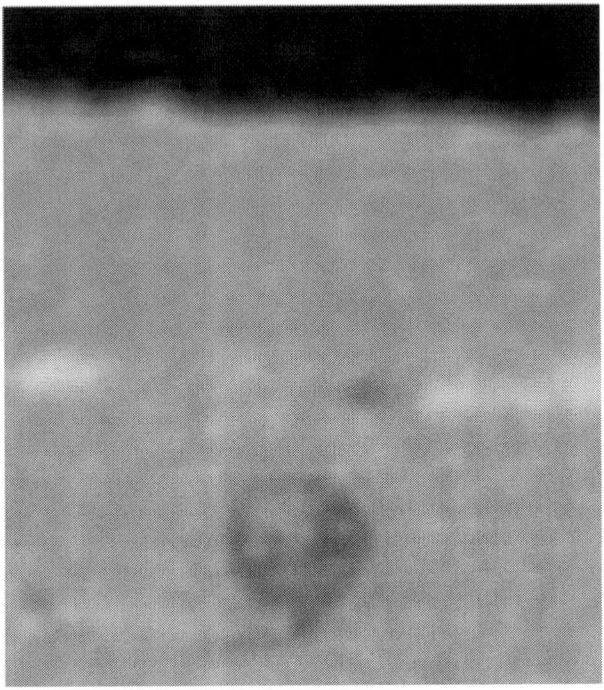

Abb. 30: Detailvergrößerungen des „Objekts".

Das „Objekt" scheint die Form eines Ballons zu besitzen. Andere verweisen auf den vermeintlich räumlichen, dreidimensionalen Charakter. Erkennbar ist auch der Schatten, den es nach vorne links zu werfen scheint. Kritische Stimmen werden laut, denn die Felsbrocken auf dem Bild und auch die Landefähre auf dieser Aufnahme weisen aufgrund des Sonnenstandes Schatten in genau der entgegengesetzten Richtung auf. Handelt es sich also lediglich nur um einen Film- bzw. Entwicklungsfehler - etwa Staub oder getrocknete Emulsion? Ein schlagendes Argument, ist dies doch die einzige Aufnahme in der Bilderfolge, auf welcher der umstrittene „Mondballon" zu sehen ist. Aufnahme „AS11-40-5882HR" zeigt ebenfalls einen Teil des besagten Bildausschnitts, jedoch findet sich hier keine Spur mehr von dem Objekt.

Im Vergleich: Detailvergrößerung der beiden Aufnahmen, beachten Sie den markanten Felsbrocken in beiden Aufnahmen.

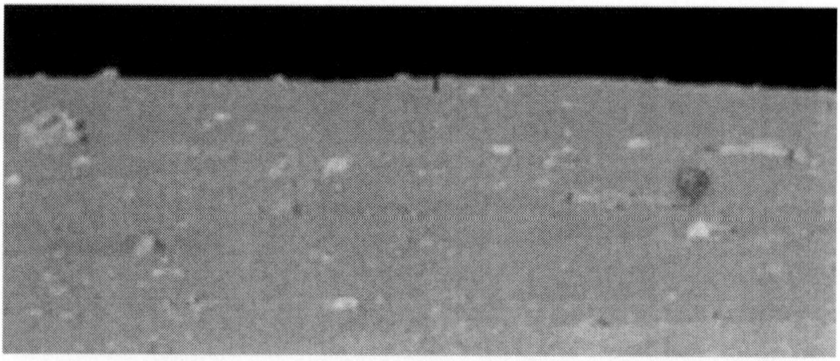

Abb. 31: Nr. „AS11-40-5854HR“ mit „Objekt“

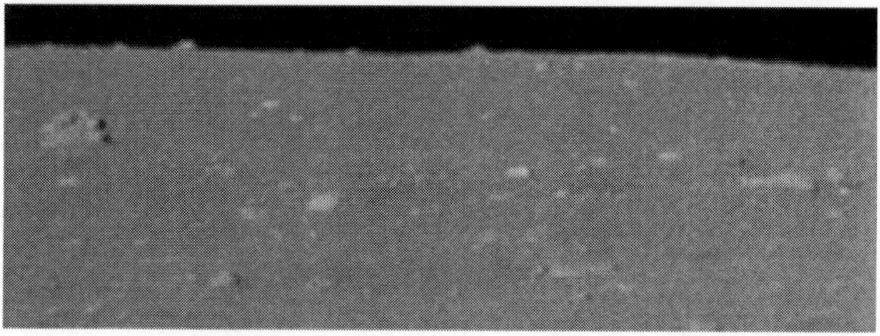

Abb. 32: Nr. „AS11-40-5882HR“ ohne „Objekt“

Handelt es sich also wirklich nur um einen Film- oder Entwicklungsfehler, oder ist es eine vielleicht eine Sonde exotischen bzw. außerirdischen Ursprungs, die sich aufgrund ihrer Eigenbewegung nur auf der einen Aufnahme der Astronauten zu sehen ist und später nicht mehr auffindbar war?

In diesem Zusammenhang rücken die oft debattierten UFO-Sichtungen der Astronauten wieder in ein neues Licht. Schon beim Flug zum Erdtrabanten wandte sich die Crew der Apollo 11-Mission (Neil Armstrong, Edwin „Buzz“ Aldrin und Michael Collins) mit einem Funkspruch an die Bodenstation und erkundigte sich nach der Position der letzten Raketenstufe der Saturnrakete (S-IVB), die bereits zwei Tage zuvor abgetrennt worden war: „Habt ihr eine Ahnung, wo sich derzeit S-IVB in Relation zu uns befindet?“ *(„Do you have any idea where the S-IVB is with respect to us?“)* Grund für die Nachfrage der Astronauten war die Langzeitbeobachtung eines bis heute nicht eindeutig identifizierten Objekts in relativer Nähe zum Apollo-Raumschiff.

„Da draußen war etwas, das nahe genug war, dass wir es beobachten konnten und wir stellten uns natürlich die Frage, was es sein könnte", erinnerte sich Aldrin in späteren Jahren in zahlreichen Interviews. *„Mike entschloss sich, dass Objekt durch das Teleskop zu betrachten und das gelang ihm auch. Als es in einer bestimmten Position war konnte er sehen, dass es aus einer Reihe von Ellipsen bestand. Doch als er das Bild scharf stellte, erkannte er, dass es eine Art von Glockenform hatte. Aber auch das sagte uns nicht sehr viel mehr über das Objekt aus."*

„Keiner von uns Drei wollte diese Beobachtung nach Houston melden. 'Hey Houston, wir haben da etwas, dass sich zu unserer Seite mit uns bewegt und wir wissen nicht, um was es sich handelt. Könnt ihr uns sagen, was das ist?' Nein, so was hätten wir nicht gefragt. Wir wussten schließlich, dass ein derartiger Funkspruch von allen möglichen Leuten gehört werden würde und wer hätte schon gewusst, welche Forderungen durch so etwas erhoben worden wären. Etwa, dass wir wegen Aliens umdrehen sollten (...). Wir haben uns also entschieden, in Houston ganz vorsichtig nachzufragen, wie weit das S-IVB entfernt war." Die Antwort auf diese Frage aus Houston lautete: „Apollo 11, hier Houston. Das S-IVB ist etwa 6.000 (ca. 11.000 Kilometer) nautische Meilen von Euch entfernt."

„Nach dieser Antwort, hatten wir nicht wirklich das Gefühl, etwas derart weit von uns entferntes zu beobachten", erinnerte sich Aldrin in einem der Interviews. *„Wir beobachteten es noch eine Weile und entschieden uns dann schlafen zu gehen und bis zur Landung nicht mehr darüber zu sprechen..."* Einige Jahre nach diesem Interview hatte Aldrin seine damalige Deutung der Sichtung deutlich revidiert. Unter anderem im Gespräch in der CNN-Talksendung „Larry Kind Live" im August 2007 erklärte er, dass er sich nun doch *„zu 99,999 Prozent sicher sei, dass sie eines der vier Platten der (dritten Saturn-Raketenstufe) S-IVB" gesehen haben"*. Interessant sind dabei Aldrins Ausführungen, wie „verschwiegen" Astronauten mit Sichtungen „unidentifizierter Flugobjekte" (UFOs) offenbar umgehen, wenn man sich die *Aussage „... Nein, so was hätten wir nicht gefragt ..."* quasi auf der Zunge zergehen lässt.

Auch Neil Armstrong soll sich einmal recht offen zu diesen Vorfällen geäußert haben. Selbstverständlich werden diese Aussagen von der NASA strikt dementiert. Und richtig: Stichhaltig belegen kann man diese Gerüchte nicht, wenn sie alleine stehen würden im Zusammenhang mit merkwürdigen Vorfällen im All.

Schon bei den ersten Erdumrundungen hatten die Astronauten merkwürdige Sichtungen, bevor der Mond überhaupt angesteuert wurde. Major Gordon Cooper, einer der ursprünglichen Astronauten der Mercury-Mission, umkreiste 1963 mit seiner Kapsel die Erde insgesamt zweiundzwanzigmal, und in der fünfzehnten Umkreisung meldete er an die Bodenstation in Muchea, Perth/ Australien, er sehe ein grün leuchtendes Objekt, das sich seiner Kapsel schnell nähere. Das Radar der Bodenstation registrierte das Objekt ebenfalls. Sehr sonderbar waren die „fremdartigen und unverständlichen Stimmen", die Cooper Tage zuvor empfangen hatte. Er erklärte einmal absolut deutlich:

„Ich glaube, dass diese außerirdischen Fahrzeuge und ihre Besatzungsmitglieder diesen Planeten von anderen Planeten aus besuchen ..."

Cooper äußerte später, dass das Interesse an UFOs einer der Gründe war, Astronaut zu werden: *„Ich ... hatte die Vorstellung, dass es draußen im All vielleicht interessante Formen von Leben geben könnte, die wir entdecken und erforschen könnten"*, schrieb er 1962. Auf einer Sitzung der Vereinten Nationen im Jahre 1978 wurde ein Brief von Cooper verlesen:

„Ich glaube, dass diese außerirdischen Raumschiffe und ihre Besatzungen die Erde von anderen Planeten aus besuchen, deren Bewohner offensichtlich etwas fortgeschrittener sind als wir hier auf der Erde. Ich habe den Eindruck, dass wir ein auf höchster Ebene koordiniertes Programm brauchen. Nur so können wir weltweit Daten über jede Art von Begegnung wissenschaftlich erfassen und analysieren, um zu entscheiden, wie wir diesen Besuchern am besten auf friedliche Weise begegnen ..."

Auch die Gemini-Astronauten hatten seltsame Begegnungen während ihrer Missionen. Am 4. Juni 1965 beobachtete Astronaut James McDivitt ein ungewöhnliches, metallisches Objekt. Kurz darauf machte er mit seinem Kameraden Ed White eine zweite Sichtung, diesmal zwei Objekte, deren Herkunft nie zufriedenstellend geklärt werden konnte. Im Dezember 1965 beobachteten James Lovell und Frank Borman ebenfalls ein unbekanntes Objekt, identifizierten aber gleichzeitig ihre abgetrennte Raketenstufe unweit des Objekts, was eine Verwechslung ausschloss.

Zwischen Lovell und der Bodenstation entstand folgender Dialog:

Lovell: Melde „Bogey" auf zehn Uhr hoch.

Kontrolle: Hier Houston. Wiederhole noch mal, 7!

Lovell: Ich sagte, wir haben einen „Bogey" auf zehn Uhr hoch.

Kontrolle: Gemini 7, ist das der Booster oder ist das eine tatsächliche Sichtung?

Lovell: Wir haben mehrere ... tatsächliche Sichtungen.

Kontrolle: geschätzte Entfernung oder Größe?

Lovell: Wir haben auch den Booster in Sicht ...

Ein „Bogey" ist im Astronautenjargon nichts anderes als ein UFO. Später war es nach Meinung der Bodenstation selbstverständlich doch nur die ausgebrannte Raketenstufe. Gemini 10 beobachtete während der Mission ein glänzendes Objekt, Gemini 11 registrierte 1966 ein metallisches Objekt im Parallelflug und von Gemini 12 aus wurde ein unbekanntes Objekt fotografiert. Borman hat nach etlichen Jahren seine Aussagen revidiert und behauptet, er habe keine UFOs gesehen. Eine späte Einsicht? Merkwürdig ...

Was ist nun wirklich los auf unserem Mond? Vielleicht sind ja die vielzähligen Mondblitze, die im Laufe der letzten Jahrhunderte beobachtet wurden und für die die Wissenschaftler keine plausible Erklärung haben, ein Beweis für intelligente Aktivitäten auf dem Mond! Die meisten dieser mysteriösen Lichter wurden und werden in der Gegend des Kraters Aristarchus registriert. Die sogenannten kurzlebigen lunaren Phänomene („Transient Lunar Phenomena") traten auch beim Krater Plato, Alphonsus, Gassendi und Tycho auf. Aber auch in anderen Gebieten registrieren ungewöhnliche Aktivitäten.

Im Jahre 1866 beobachtete Julius Schmidt in Athen den kleinen Krater Linné im Mare Serenitatis, wie dieser angeblich überraschend verschwand und statt dessen eine weiß umrandete Grube entstanden sein soll. Jahrzehntelang wurde der Krater intensiv beobachtet, mit allerdings widersprüchlichen Resultaten. Schließlich zeigten Sondenaufnahmen, dass der Krater noch existierte.

In jüngerer Zeit jedoch wurden zweifelsfrei mehrfach solche Leuchterscheinungen wahrgenommen. So fotografierte N.A. Kozyrev am 3.November 1958 eine Leuchterscheinung im Krater Alphonsus. Am 30. Oktober 1963 beobachteten die Astronomen Greenacre und Barr ein auffälliges Leuchten im Krater Aristarch. Im Jahre 1931 beobachtete N. J. Giddings am 17. Juni des Jahres massive Lichtblitze auf der Mondoberfläche, die er mit bloßem Auge wahrnehmen konnte. 1956 beobachtete Robert Miles am 16. Januar ein weißes Licht auf der Mondoberfläche, welches dort eine Stunde lang auf- und abblitzte und sich dabei langsam blau verfärbte. 1972 fotografierte Rainer Klemm aus Passau eine mehrere Minuten andauernde Lichtfontäne. Im Jahre 1987 fotografierte Helmut Starzynski solch ein „Moonblink". Er erklärte sich das Phänomen mit einem Meteoriteneinschlag, was sich nach einer vernünftigen Erklärungsmöglichkeit anhört.

Inzwischen wurden über 700 Leuchtereignisse katalogisiert. Erklärungen dieser Lichtphänomene reichen von Vulkanismus, Fehlinterpretationen, Beobachtungsfehler, Gasausbrüchen bis hin zu Aktivitäten einer fremden (außerirdischen?) Intelligenz.

Könnten Vulkane auf dem Mond tätig und für manches Phänomen verantwortlich sein? Was aber auch immer da oben auf dem Mond vorgehen mag, wir werden es wohl nicht so schnell erfahren. Bis in dieser Sache keine beweisbaren Resultate folgen oder erneut bemannte Missionen zum Erdtrabanten für Klarheit sorgen, werden die Debatten um die Mondlandungen und möglicherweise „fremden" Aktivitäten wohl weitergehen. Die Wahrheit, die bekanntlich irgendwo dort draußen liegt, ist viel aufregender, als alle phantastischen Geschichten.

Unser Ursprung im All: Die Panspermia-Theorie

In den 50er Jahren war das Thema einer Invasion durch außerirdische Aggressoren durch zahlreiche Science-Fiction-Filme in aller Munde. Heute werden solche beängstigenden Szenarien meist nur belächelt. Doch wie abwegig ist eine Invasion durch fremde Organsimen ferner Welten wirklich?

Die 50er Jahre waren der Höhepunkt klaustrophobischer Science-Fiction-Filme, in denen meist fremde und bösartige Organismen die Erde erobern wollten. Klassiker des Genres seiner Zeit waren Filme wie *Die Dämonischen* (1955, Invasion of the Body Snatchers), *Shock* (1954, The Quatermass-Experiment) und sein zweiter Teil *Feinde aus dem Nichts* (1956, Quatermass 2 – Enemy from Space).

Diese Glanzstücke der 50er Jahre basierten auf das beliebte SF-Motiv einer außerirdischen Infiltration unter dem Deckmantel menschlicher Identität im Stil von Robert Heinleins *The Puppet Masters*. Raffiniert konstruierte Drehbücher bereicherten diese Grundidee mit zahlreichen Anspielungen, die weit über 08/15-Science-Fiction hinausging. Diese politische Paranoia fand sich später u.a. auch in *Botschafter der Angst* (1962, The Mandschurian Candidate) oder in der Fernsehserie *Akte X* (ab 1993, The X-Files) wieder.

So sehr diese nostalgischen Filme heute noch belächelt werden, ist der Grundgedanke einer außerirdischen Invasion gar nicht so abwegig, wie es unserer heutigen Gesellschaft erscheint.

Im Frühjahr 1997 funkte der Polarsatellit der NASA eindrucksvolle Bilder zur Erde, auf denen Kometen bis zu einer Größe von Einfamilienhäusern die Erde täglich bombardieren und in der Erdatmosphäre verglühen, die Gefahr eines Einschlags größerer Objekte also allgegenwärtig ist. In einer Höhe zwischen 1.000 und 20.000 Kilometern verdampfen die tonnenschweren Eisklumpen und bilden Wolken in der oberen Atmosphäre.

Die Objekte sind für Astronomen allerdings deshalb besonders interessant, weil sie möglicherweise organische Moleküle enthalten und somit vor langer Zeit überhaupt erst die Entstehung von Leben auf der Erde ermöglichten.

Heute treffen diese Objekte aus den Tiefen des Alls auf eine bereits existierende Flora und Fauna, woran die Boten aus dem Kosmos einen wohl nicht unerheblichen Anteil hatten. Aber auch heute enthalten sie organische Moleküle und Bestandteile, die auf die Erde treffen. Es ist bis heute noch unklar, welche Auswirkungen ein Fremdorganismus beim Kontakt mit den irdischen Gegebenheiten hervorruft.

Nicht von der Hand zu weisen sind Theorien über die Abstammung zahlreicher Mikroorganismen wie Bakterien oder Viren. Oftmals verblüfft das überraschende Auftreten solcher Organismen die Fachwelt, mehrfach dokumentiert bei Krankheitserregern wie Aids, Ebola etc. Dahingehend ist die Vermutung einer außerirdischen Herkunft ebenso legitim wie die Theorien der etablierten Wissenschaft, diese Organismen schlummern in noch unbekannten Gefilden abseits gelegener Dschungelwelten bzw. tropischen Paradiesen.

Stammt das Leben auf der Erde aus dem Weltall, wie es die Befürworter der Panspermie-Theorie annehmen? Hinter der Diskussion um die Panspermie-Theorie steht nicht weniger als die Frage nach dem Ursprung des Lebens. Bereits 1903 hatte der schwedische Chemiker Svante Arrhenius vorgeschlagen, dass Sporen durch das Sonnensystem reisen könnten. Diese Panspermie genannte These wurde vor allem von den britischen Astronomen Fred Hoyle und dem aus Sri Lanka stammenden Astronomen und Mathematiker Chandra Wickramasinghe in den 1970er Jahren wieder aufgegriffen. Ihrer Theorie zufolge begann die Evolution einst durch die Einschläge von Kometen und Meteoriten, die mikroorganisches Material auf die Erde brachten. In einem Interview gab mir Prof. Chandra Wickramasinghe einen Einblick in seine aktuellen Erkenntnisse und Theorien..

Leben gibt es nicht alleine auf der Erde, so die Panspermia-Theorie, die Ende des 19. Jahrhunderts vom Chemie-Nobelpreisträger Svante Arrhenius aufgestellt wurde. Sie geht davon aus, dass Leben etwa in Form von Bakteriensporen auch durch das Weltall reisen und so andere Planeten nicht nur „infizieren" kann, sondern dies auch längst getan hat - und dass dieser Verteilungsprozess noch immer stattfindet.

Auch die Science-Fiction-Literatur griff das Thema der Panspermie bereits in frühen Jahren auf, so beispielsweise in John Wyndhams „The Day of the Triffids", ein Klassiker der SF-Literatur, der in einer Reihe mit Romanen wie „1984" oder „Schöne neue Welt" genannt werden kann. Alle drei Klassiker lassen sich in Anspruch und Aussage durchaus vergleichen: Mögliche Szenarien werden konsequent weitergedacht. Orwell und Huxley verwendeten dabei düster-pessimistische Zukunftsvisionen, während Wyndham wissenschaftliche Parameter nutzte, um daraus eine anarchische Apokalypse zu konstruieren. Interessante Fragestellungen nahm Wyndham bereits vorweg, die heute mehr denn je aktuell sind: Was würde passieren, wenn wissenschaftliche Errungenschaften wie die Gentechnik außer Kontrolle geraten, und wie würden sich die wenigen Überlebenden einer globalen Katastrophe neu organisieren? Wyndham nahm eine fremde, pflanzenähnliche Lebensform als Indikator der Apokalypse, die in Kometen über Jahrtausende lebensfähig blieb und sich nun auf der Erde unkontrolliert vermehrte. Sind es in der SF-Literatur pflanzenartige „Triffids", gehen die führenden Astrobiologen vorwiegend von Mikroorganismen wie Viren oder Bakterien aus, die unkontrolliert auf die Erde prasseln könnten und so zu unerklärlichen Epidemien führen könnten.

Nachweisen ließen sich diese interplanetaren Reisenden noch nicht, auch ob solche interstellare Reisen überhaupt möglich sind. Max K. Wallis und Professor Chandra Wickramasinghe vom Astrobiologischen Institut der University of Cardiff, der zusammen mit dem mittlerweile verstorbenen Astrophysiker Fred Hoyle die moderne Panspermia-Theorie maßgeblich geprägt hat, sowie der Astronom Bill Napier haben allerdings neue Überlegungen zur prinzipiellen Möglichkeit einer solchen Verbreitung vorgestellt.

Diese neuen Erkenntnisse stammen aus den Auswertungen der Kometensonden, die belegen, dass die Kometen Träger mikrobiologischen Lebens im Kosmos sind. Diese neuen Untersuchungen von Kometenstaub, der in der Stratosphäre gesammelt wurde, zeigen definitiv Anzeichen für lebende Zellen, die jetzt in der Gegenwart unsere Erde erreichen.

Diese Theorie untermauert somit die Feststellung, dass das Leben aus der Tiefe des Alls kam, und wir Menschen dann ebenfalls Abkömmlinge dieses biologischen Systems sind. Das Bild, das sich uns jetzt langsam enthüllt, zeigt uns, dass alle entscheidenden Aspekte der biologischen Evolution bereits abgeschlossen waren, lange bevor die Erde entstand. Die Menschen sind ein Teil dieses kosmischen evolutionären Erbes. Die Entwicklung des Lebens auf der Erde, wie sie sich in den fossilen Ablagerungen offenkundig zeigt, ist eine Neuzusammensetzung bereits entwickelter Gene vor dem Hintergrund der natürlichen Auslese nach Darwin. Wir sind also buchstäblich Kinder des Kosmos.

Abb. 33: Professor Chandra Wickramasinghe auf den Spuren organischer Moleküle im kosmischen Staub.

Chandra Wickramasinghe geht nun einen Schritt weiter und folgert, dass in den interstellaren Staubwolken, in denen nachgewiesenermaßen organische Moleküle wie Aminosäuren zu finden sind, auch Bakteriensporen oder Viren mitreisen. Seit Ende der 1970er Jahre haben wir die Meinung vertreten, dass die Bandbreite komplexer organischer Moleküle, die wir im kosmischen Staub finden, mit Leben in Verbindung steht. Die spektroskopischen Gemeinsamkeiten bleiben nach wie vor beeindruckend. Jegliche Verbindungen dieser Art waren natürlich anfangs energisch umstritten, aber nun werden einige für möglich gehalten. Der moderne Trend geht dahin, zu sagen, dass diese kosmischen organischen Moleküle frühe Schritte der Entstehung des Lebens darstellen, die an vielen Stellen unabhängig voneinander stattfindet. Das soll implizieren, dass es ein leichter Schritt vom Molekül zum Leben ist, was natürlich nicht der Fall ist. Alle Beweise deuten auf das Gegenteil hin - dass die Transformation von Nicht-Leben zu Leben unglaublich, superastronomisch unwahrscheinlich ist. Nach Ansicht von Wickramasinghe ist es sehr viel wahrscheinlicher, dass wir es bei den interstellaren organischen Molekülen mit intakten bakteriellen Zellen und Viren sowie deren Spaltprodukten zu tun haben. Eine Entstehung von Leben würde die Ressourcen aller Kometen von vielen Sonnensystemen erfordern, aber sobald Leben entstanden ist, kann es sich relativ leicht ausbreiten. Bakterien und Viren sind die großen Überlebenskünstler des Weltraums. Selbst wenn wir eine höhere Sterberate annehmen, wird es immer genug lebensfähiges Material geben, das die Botschaft der Evolution weiterträgt.

Ein Indiz für diese Überlegungen wäre der merkwürdige rote Regen, der im Sommer 2001 und in den Folgejahren mehrfach in Südindien niederging. Der rote Regen von Kerala ist bis heute ein Rätsel, aber gleichartige Ereignisse sind in der Geschichte über Tausende von Jahren hinweg sehr gut dokumentiert. Dr. Godfrey Louis, der diesen Regen untersucht hat, identifizierte rote Zellen mit dicken Wänden, die ein bisschen, aber nicht ganz wie Algen aussahen. Louis meinte, dass diese Partikel in einem Kometenfragment transportiert wurden, das über Kerala explodierte und dieses Material in der Troposphäre verteilte, wo es sich in den Kernen von Regentropfen einlagerte. Wickramasinghe sympathisiert mit diesem Standpunkt, wenn auch bestimmte Aspekte dieser Daten immer noch verwirrend sind. Louis sandte dem indischen Forscher Proben des roten Regens, und nach einigen Monaten der Untersuchung konnten seine Kollegen im

Laboratorium keine guten Übereinstimmungen mit irgendeiner Art Mikrobe auf der Erde finden. Darüber hinaus sind Godfrey Louis' Behauptungen, die Zellen würden sich bei 350 Grad Celsius unter Druck teilen und enthielten keine DNA, schwer zu verifizieren. Wickramasinghe ist der Auffassung, dass immer noch darüber entscheiden werden muss, was die Zellen aus dem roten Regen tatsächlich sind.

Das Leben kam also nach der Panspermia-Theorie durch Kometen, Asteroiden oder Meteoriten auf unseren Planeten. Können durch einen Einschlag von diesen Körpern auf der bereits belebten Erde nicht nur Katastrophen verursacht, sondern auch andere Planeten befruchtet worden sein? Könnten Bakterien im Weltall die kosmische Strahlung überleben und beispielsweise dann, wenn das Sonnensystem interstellare Molekülwolken durchquert, aus denen neue Sterne und Planeten entstehen können, die Planeten direkt oder indirekt mit Leben infizieren?

Janaki Wickramasinghe und Bill Napier konnten kürzlich zeigen, dass wiederkehrende Folgen von Kometeneinschlägen und das damit verbundene Herausschlagen von mit Leben durchsetztem Oberflächenmaterial dazu beitragen könnte, dass sich die Panspermia-Theorie bestätigt. Das passiert immer dann, wenn das Sonnensystem eine massive Staubwolke sehr nah passiert, im Durchschnitt alle 40 Millionen Jahre. Solche Einschläge transportieren Leben enthaltendes Material von der Erde nicht nur zu anderen Planeten unseres Sonnensystems, sondern auch zu Millionen neu entstehenden Planetensystemen anderswo in der Milchstraße. Auch haben Max Wallis und Wickramasinghe ergänzende Hinweise dazu geliefert, die die Annahme eines solchen nach draußen gerichteten Transfers des Lebens von der Erde noch erhärten. So scheint es fast sicher zu sein, dass wir zum jetzigen Zeitpunkt bereits einen Teil der Galaxis mit unserer eigenen Art von Erd-Leben „verschmutzt“ haben (in Form von mikrobiellen Genen). Und da die Erde in keiner Weise als spezieller Einzelfall gesehen werden kann, müssen andere Leben tragende Planeten ebenso ihre eigenen lokalen biologischen Zusammensetzungen von Genmaterial verbreiten. So würde also das Leben in der Milchstraße gründlich durchmischt – man kann die Biosphäre der Erde in Verbindung mit einer galaktischen oder kosmischen Biosphäre betrachten.

Prof. Wickramasinghe ist in jedem Fall der Auffassung, dass die Erde Teil einer Kettenreaktion ist, durch die sich das Leben auf der ganzen Galaxie verbreitet und sich überall angesiedelt und repliziert hat, wo es angemessene Umweltbedingungen gab. Möglicherweise ist die Erde sogar Ursprung des Lebens in der Galaxie, vielleicht aber auch nur Teil dieser Kettenreaktion. Jeder andere Planet mit Leben würde allerdings genauso als Verteilerzentrum für die Verbreitung des eigenen Lebens dienen.

Eine Frage, die uns Menschen als Zivilisation betrifft, bleibt: Inwiefern hängt die Theorie vom Leben aus dem All mit dem Überleben der menschlichen Spezies zusammen? Die Menschen stellen nur eine ganz bestimmte Zusammenstellung von kosmischen Genen dar, stellt Chandra Wickramasinghe fest, sozusagen als Ergebnis einer natürlichen Auslese des Überlebens im Stile Darwins über vier Milliarden Jahre. In ferner Zukunft wird sich die Sonne in einen Roten Riesen verwandeln und die Erde und die inneren Planeten verschlucken. Lange bevor das passiert, wird das Leben auf der Erde wohl aber ausgestorben sein.

Aber die tatsächliche Lebensspanne der Menschheit auf dem Planeten ist wahrscheinlich sehr viel kürzer. Wir haben hier jetzt für gerade mal ein paar Millionen Jahre existiert, und die Erde hat schon heftige Schläge in Form von Kometen- und Asteroidenimpakten eingesteckt, jeweils mit einem großen Aussterben verbunden. Die Dinosaurier gaben ihr Regiment der Herrschaft über die Erde vor 65 Millionen Jahren durch das plötzliche Aussterben ab. Theorien zufolge bewegt sich die obere Grenze unserer Lebenserwartung als Spezies ebenfalls in einer Größenordnung um mehrere zehn Millionen Jahre, sie könnte aber durch menschliche Dummheit noch weit kürzer ausfallen – Atomkriege, Umweltzerstörung, Seuchen und so weiter.

Unsere Art ist aber vielleicht gar nicht so selten, wie wir glauben. Es ist unausweichlich, dass ein Genom nach menschlichem Typus auch an anderer Stelle zusammen findet, auf der Basis derselben kosmischen genetischen Einheiten. Da unsere Gene so weit verbreitet sind, ist es sehr wahrscheinlich, dass sich Menschen oder menschenähnliche Wesen auf einer großen Zahl von Planeten entwickeln, die ihre Bahnen um andere Sterne ziehen.

Eine Grundsatzfrage schwirrt dabei ständig in den Köpfen der Forscher: Wie stark verbreitet ist das Leben im All? Existieren in den Weiten des Kosmos tatsächlich ähnliche Lebensformen wie die unsrige oder werden wir auf völlig fremdartige Lebensformen treffen? Die gleiche Garnitur kosmischer Gene wird im Allgemeinen gleichartige Trends und Muster in einer Evolution hervorrufen. Auch Prof. Wickramasinghe glaubt, außerirdisches Leben wird sich generell von uns Menschen unterscheiden, aber nicht mehr als ein Delfin von einem Affen. Derzeit entdecken die Astronomen ständig neue Planeten, die um ferne Sonnensysteme kreisen. In Bezug auf die Existenz und Häufigkeit von intelligenten Zivilisationen auf fernen Welten bedeutet das eine unglaubliche, potenzielle Vielfalt.

Die vergangenen Entdeckungen von Planeten in anderen Sonnensystemen zeigen, dass die Bildung von Planeten ein höchst gewöhnlicher Prozess im Universum ist. Wickramasinghe schätzt, dass etwa einer von 100 Sternen wie unsere Sonne einen Planeten nach Art unserer Erde hat, der Leben tragen kann. Mit 100 Milliarden Sternen wie unsere Sonne in der Milchstraße ergäbe das insgesamt eine Milliarde Kopien unserer Erde, alle vor Leben strotzend. Wenn Intelligenz das Produkt einer konvergenten, überall ablaufenden Evolution ist, dann wird intelligentes Leben ebenso weit verbreitet sein. Das Universum würde dann von intelligentem Leben nur so wimmeln.

Die Menschheit steht dabei immer im Verhältnis zu den kosmischen Abläufen im Weltall und wie unsere Zukunft in Bezug auf die Raumfahrt und Kolonisation anderer Welten sein wird, entscheidet wohl das Schicksal, ob im Fall der Erde die Panspermie effektiv war oder nicht. Und wenn uns nicht ein Kometen- oder Asteroideneinschlag dazwischen kommt und unsere Spezies auslöscht, werden wir aber tatsächlich Weltraumkolonien etablieren können, bevor eine solche Katastrophe die Erde heimsucht und die Menschen wären in der Lage, auf andere Planeten auszuwandern – mit all ihrem evolutionären Erbe, ihrer Kultur, Zivilisation und ihren Torheiten.

Leben im Untergrund:
Biologie in Höhlensystemen und unbekannten Tiefen

Höhlen sind der Eingang in ein faszinierendes Reich. Sie versprechen einen Blick in finstere Unterwelten. Noch immer sind sie weitestgehend unerforscht, doch hofft man ausgerechnet hier besondere Schätze zu finden. Mikroorganismen aus der unbekannten Tiefe geben möglicherweise Aufschluss über die Existenz von Lebensformen auf anderen Planeten und Monden.

Spätestens seit der Entdeckung von Arsen absorbierenden Bakterien in dem Mono Lake in Zentralkalifornien, hat sich unsere Auffassung von Leben im Universum grundlegend geändert. Tiefe Höhlensysteme waren bislang ebenfalls nicht gerade auf der „Bestseller"-Liste, wenn es um Orte mit extremen Bedingungen geht. Das Interessante an Höhlen ist die Tatsache, dass je tiefer man in Höhlen vordringt, umso rätselhafter werden diese verborgenen Welten. Jede Erkundung ist eine spannende Entdeckungsreise in Richtung „Mittelpunkt der Erde". So am Beispiel der faszinierenden Unterwelt der Carlsbad Caverns. Der Nationalpark in New Mexiko, USA, beherbergt eines der spektakulärsten Höhlensysteme der Welt. Der „Big Room", der große Saal, 230m unter dem Besucher-Zentrum gelegen, ist ca. einen halben Kilometer lang und 25 Stockwerke hoch. Tausende von Stalakmiten, Stalactiten und anderen Formationen finden sich in seinem Inneren. Im Jahre 1960 waren die Höhlensysteme idealer Schauplatz des Hollywood-Films *Reise zum Mittelpunkt der Erde* (Journey to the Center of the Earth) mit James Mason. Hier fand man perfekte Bedingungen, um den Jules Verne-Klassiker auf die Leinwand zu bringen.

Doch für die Wissenschaft waren die Höhlensysteme in New Mexiko ebenfalls interessant. Hier entdeckten Forscher 1986 die Lechuguilla-Höhle. Sie ist eine der längsten und tiefsten Höhlen der Welt. Derzeit sind lediglich 200 Kilometer des bizarren Labyrinths kartiert, doch das gesamte Höhlensystem ist sicher sehr viel größer. Die Höhle gab den Wissenschaftlern Rätsel auf, denn sie wurde offensichtlich nicht vom Wasser geschaffen. Viele Höhlen haben sich im Kalkstein gebildet. Ihr Baumeister war zum einen die Erosionskraft des Wassers, zum anderen nimmt das versickernde

Regenwasser dabei im Boden Kohlendioxid auf und es entsteht Kohlensäure. Die Säure löst den Kalkstein auf und so bilden sich im Laufe der Zeit gigantische Hohlraumsysteme, unterirdische Labyrinthe mit bizarren Formen, die sich stetig verändern. Eine beeindruckende, aber auch lebensfeindliche Welt, so dachte man bisher jedenfalls.

In der Lechuguilla-Höhle dominieren weiße Kristalle, die aus Gips bestehen, der entsteht aber nur in Verbindung mit Schwefelsäure. Die Forscher vermuteten, dass die Baumeister lebende Organismen waren: Bakterien. Doch wie könnten winzige Bakterien Höhlensysteme von solchen Ausmaßen herstellen?

Durch bestimmte chemische Reaktionen steigt Schwefelwasserstoff aus der Tiefe hoch, von dieser Schwefelverbindung ernähren sich die Bakterien und scheiden Schwefelsäure aus. Doch zunächst war noch unklar, was aus den Bakterien geworden ist, die diese gigantischen Unterwelten geschaffen hatten. Die Antwort fand sich in den größeren Tiefen der Höhle, denn hier entdeckten die Forscher nicht nur die Urheber der Schwefelsäurestrukturen, sondern stießen auch auf einen unerwarteten Artenreichtum an Bakterien und Pilzen. Einige Wissenschaftler vermuten sogar, dass sich hier, ähnlich wie in den Tiefen der Weltmeere, ein weitaus größerer biologischer Reichtum verbirgt, als auf der Oberfläche unseres Planeten.

Mit Blick auf die aktuelle Planetenforschung zeigt uns der vielfältige Artenreichtum an Leben in tiefen Höhlen, dass die Wahrscheinlichkeit sehr groß ist, in Höhlensystemen wie auf dem Planeten Mars oder auf den Top-Favoriten für extraterrestrisches Leben, den Monden Europa oder Titan, auf extraterrestrisches biologisches Leben zu stoßen.

Höhlen dienen als Zuflucht und sind Biotope für Lebensformen, die an der Oberfläche der Erde längst ausgestorben wären. Auf den Planeten und Monden in unserem Sonnensystem besteht daher ebenfalls die Möglichkeit, dass die tiefen Kavernen und Höhlen auf diesen Welten als Zuflucht und Schutz vor der kosmischen Strahlung dienen.

Im Laufe von Jahrmillionen hat sich in den Tiefen unseres Planeten ungestört eine einzigartige Lebenswelt entwickelt. Welche Lebensformen haben sich wohl während dieser Zeitspanne auf den Monden des Jupiter und Saturn oder in den Höhlensystemen des Mars entwickelt?

Doch in den Höhlen herrscht ewige Dunkelheit. Wie kann Leben unter diesen Bedingungen überhaupt existieren, und woher kommt die Nahrung für ihre Bewohner? Wer im Dunkeln lebt, muss über spezielle Sinne verfügen. Fledermäuse beispielsweise senden Ultraschall-Laute zur Orientierung aus. Das Muster der Reflektionen vermittelt ihnen ein genaues Bild der Umgebung und die Fledermäuse können damit sogar ihre Feinde orten, wie eine Schlange, die auf Beutezug ist. Doch auch die Schlange schnappt im Dunkeln nicht blind zu. Ein Rezeptor in ihrem Kopf registriert die Körperwärme ihrer Beute, zielsicher stößt sie auf ein Tier zu.

Die Evolution hat auf der Erde Lebensformen hervorgebracht, die glatt als Aliens durchgehen könnten. Selbst Wirbeltiere, wie der Cave Angle Fish, haben die Unterwelt erobert. Er lebt in den Wasserfällen von Höhlen, wo er sich mit winzig kleinen Haken an der abgeflachten Flosse am Fels festhält. Seine Nahrung besteht aus Bakterien, die ihm das Wasser heranschafft.

Ein anderer Überlebenskünstler der Unterwelt ist ein weißer Salamander. Wie alle echten Höhlenbewohner in diesem Dunkel ist er blind. Im Gegensatz zu seinen Verwandten an der Erdoberfläche bildet er keine Pigmente, denn im Finstern haben sie keine Bedeutung. Optische Tarnung wie prächtige Farben ist hier nicht gefragt.

Aber die unwirtlich anmutende Umgebung bietet den Bewohnern den wichtigen Vorteil der Kontinuität. Die Temperatur in der Lechuguilla-Höhle liegt ständig bei etwa acht Grad, die Luftfeuchtigkeit konstant bei 95 Prozent. Der weiße Salamander musste also nie flexibel auf sich verändernde Bedingungen reagieren und hat so einen verringerten Stoffwechsel. Das ist überlebenswichtig, denn er ist oft gezwungen mehrere Monate lang zu hungern. Im Extremfall kann der Salamander bis zu sechs Jahre von einer ordentlichen Mahlzeit zehren.

Welten, die für die Wissenschaft bisher als lebensfeindlich galten, gewinnen so wieder mehr Aufmerksamkeit, denn Leben findet seinen Weg und hat überall im Kosmos die gleichen Absichten: Es ist expansiver Natur, es breitet sich aus und vermehrt sich, und das an den schier unmöglichsten Orten. Man denke in diesem Zusammenhang an die „Oasen der Tiefsee", wo Bakterien an 350 Grad heißen Quellen in der Tiefsee existieren. Es zeigte sich, dass diese Mikroorganismen Photosynthese betreiben – und das an einem Ort, zu dem niemals auch nur ein einziger Sonnenstrahl vordringt.

Sie nutzen als Energiequelle das schwache „Glimmen“, das von heißen Quellen des Meeresgrundes ausgeht. Diese für das Auge unsichtbare Strahlung, das sogenannte geothermische Licht, gibt der Wissenschaft allerdings immer noch Rätsel auf.

Auf das geheimnisvolle Licht der Tiefsee ist Ende der achtziger Jahre die amerikanische Biologin Cindy Lee Van Dover aufmerksam geworden. Sie hatte bei Krebsen, die an Thermalquellen auf dem dunklen Meeresboden leben, eigenartige Lichtsinnesorgane entdeckt. Sie befinden sich auf dem Rücken. Bei der Suche nach dem biologischen Sinn dieser „Augen“ stieß die Forscherin auf das geothermische Licht. Es handelt sich dabei um Strahlung vorwiegend im tiefroten bis nahezu infraroten Bereich. Das heiße Wasser, auch wenn es mit mehr als 300 Grad aus dem Boden schießt, kommt nicht als alleinige Strahlungsquelle in Betracht. Die Intensität bei manchen Wellenlängen ist viel zu hoch, als dass sie mit Wärmestrahlung erklärt werden könnte. Möglicherweise entsteht „Licht“, wenn das heiße Wasser auf das kalte Meerwasser, dessen Temperatur nur zwei Grad beträgt, trifft und dabei Mineralien auskristallisieren. Zu den weiteren Erklärungsversuchen gehören Sonolumineszenz, hervorgerufen durch kollabierende Bläschen, und bei chemischen Reaktionen auftretende Lumineszenz.

Mikroorganismen aus den unbekannten Tiefen der Weltmeere oder den phantastischen Höhlensystemen im Carlsbad Caverns Nationalpark geben so möglicherweise Aufschluss über die Existenz und Überlebensfähigkeit von Lebensformen auf anderen Planeten und Monden unseres Sonnensystems. Doch dieses Rätsel werden wohl nicht unsere Robotersonden lösen, sondern erst künftige bemannte Missionen zu diesen faszinierenden Welten, die mit entsprechendem Equipment ausgestattet sind und die menschliche Fähigkeit nutzen, eine gewisse Sensibilität für Ungewöhnliches einsetzen zu können.

Kontaktinfos: Carlsbad Caverns National, 3225 National Parks Highway 88220 Carlsbad Telefonnummer: +1 (800) 221-1224

Kinder des Kosmos:

Evolution und kosmische Strahlung

Wie sich das Leben im Laufe der Erdgeschichte entwickeln und die zahllose Vielfalt von Arten hervorbringen konnte, ist bis heute nicht gänzlich geklärt. Hatte kosmische Strahlung einen weit größeren Einfluss auf unsere Entwicklung, als bislang angenommen?

Bereits 1973 sagte Carl Sagan in seinem Buch *The Cosmic Connection* voraus, dass kosmische Strahlung für Veränderungen in der menschlichen Evolution verantwortlich gewesen sein könnte. Als Quelle solcher Strahlung vermutete er einen fernen Neutronenstern.

Wir wissen heute, dass der Neutronenstern Cygnus X-3 ein Doppelstern im Sternbild des Schwan ist, der sich etwa 37.000 Lichtjahre von uns entfernt befindet und dessen erhöhte Strahlenemision genau auf die Erde ausgerichtet ist. Dabei hat er schon mehrfach intensive Strahlenschübe abgegeben. Astronomen nennen solche Objekte mit direkter Ausrichtung auf unser Sonnensystem „Blazare". Nach unserem bisherigen Wissensstand befinden sie sich normalerweise im Zentrum hochaktiver Galaxien. Cygnus X-3 setzt sich aus einem massereichen, sterbenden Wolf-Rayet-Stern und einem Neutronenstern beziehungsweise Schwarzen Loch zusammen. Der massereiche Stern „versorgt" dabei den Neutronenstern mit Energie, die dann die überhitzten Plasmaströme entlang seiner Achse mit nahezu Lichtgeschwindigkeit auswirft. Diese Achse und die energetischen Jet-Ströme aus Röntgenstrahlen, Infrarotstrahlen, Radiowellen und Gammastrahlen sind also direkt auf unser System ausgerichtet.

Wissenschaftler des Instituts für kosmische Strahlung von der Sowjetischen Akademie der Wissenschaften und ein Team der Universität von Arizona haben Interessantes herausgefunden: Sie vermuten einen Zusammenhang mit ungewöhnlich hohen Beryllium-10-Werten in Eisbohrkernen in einer Schicht von vor 35.000 bis 40.000 Jahren und den Strahlenausbruch einer Supernova, der zu jener Zeit die Erde traf. Beryllium-10 ist ein chemisches Element, das in der Geologie und Klimaforschung für präzise Datierungen verwendbar ist.

Interessanterweise ergaben die Eisbohrkern-Messungen mit hohen Werten von Beryllium-10, dass bereits vor rund 70.000 Jahren hochenergetische Strahlenschübe die Erde erreichten. Messungen mit unterirdischen Teilchendetektoren zeigten, dass sich für diese einfallende Strahlung Cygnus X-3 verantwortlich zeichnen sollte. Vor rund 35.000 bis 40.000 Jahren traf ebenfalls ein großer Plasmastrom an kosmischer Strahlung die Erde, just in der Zeit, als der Homo sapiens seine komplexe Lebensweise mit neuen Praktiken unter Beweis stellte oder komplexe Formen der darstellenden Kunst wie jene in der Chauvet-Höhle nahe der Kleinstadt Vallon-Pont-d'Arc in Südfrankreich entstanden, während der Neandertaler seinem Aussterben entgegenblickte. Wieder wurde für diesen Zeitraum als Quelle der Strahlung Cygnus X-3 identifiziert. Der Schriftsteller Andrew Collins sieht darin einen signifikanten Zusammenhang, den er in seinem Buch *The Cygnus Mystery* konsequent darlegt.

Die Chauvet-Höhle mit ihren vergessenen Meisterwerken stellt einen Quantensprung in der evolutionären Entwicklung des Menschen dar und beherbergt die ältesten Höhlenbilder in Europa. Über mindestens 6.000 Jahre hinweg wurden in der Höhle Malereien hinzugefügt. Die dargestellten Tiere wurden dabei nicht nur als einfache Jagdbeute gezeigt, sondern auch in überraschend friedlichen Darstellungen. So wurde beispielsweise die Zuneigung unter Tierpaaren nachweislich portraitiert, so auch ein Balztanz von zwei Nashörnern. Darüber hinaus erscheinen oft Mischwesen und verschiedene Sexualsymboliken. Die Komplexität der Höhlenmalereien deutet daher auf einen erheblich gesteigerten Intellekt hin, der in der Zeit vor 35.000 bis 40.000 Jahren noch nicht vorhanden war.

Es wird seit längerem davon ausgegangen, dass nahe Supernovae und die dabei entstandenen Strahlenschübe aber auch für Massensterben in der erdgeschichtlichen Vergangenheit mitverantwortlich gewesen sein könnten, so zum Beispiel am Ende des Jura vor rund 145 Millionen Jahren oder zum Höhepunkt des Pleistozäns, der vor 12.000 Jahren mit dem Ende der Eiszeit zusammenfiel.

Im Jahr 2005 hielt Dr. Aden Meinel, Professor am College of Optical Sciences der Universität von Arizona und ehemaliger Mitarbeiter beim Jet Propulsion Laboratory der NASA, einen Vortrag bei einer Konferenz der *Theoretical Archaeological Group* in Sheffield, England. Seiner Ansicht nach wiesen die extrem hohen Beryllium-10-Werte in Eisbohrkernen aus Grönland und der Antarktis darauf hin, dass die Keimbahnmutationen, also Mutationen, die an die Nachkommen weitergegeben werden können, bei Menschen und Tieren vor 35.000 bis 40.000 Jahren auf kosmische Strahlung zurückzuführen seien. Auf den Organismus, in dem sie wirkt, haben Keimbahnmutationen in der Regel keine direkten Auswirkungen, so dass sie erst bei den Nachkommen die Veränderungen bewirken. So erklärt sich seiner Meinung nach die Verbreitung des Cro-Magnon-Menschen und das fast gleichzeitige Aussterben des Neandertalers.

Auch jetzt ist Cygnus X-3 wieder aktiv und feuert kosmische Salven elektromagnetischer und anderer Strahlung in unsere Richtung ab. Es werden von Astrophysikern sogar immense Strahlungsintensitäten von bislang nie dagewesenen Umfangs erwartet. Läutet dieser Strahlenschauer eine erneute Veränderung der Evolution ein? Können sich so spontane Mutationen bei Lebensformen erklären, indem hochenergetische kosmische Strahlungen für die evolutionären Sprünge verantwortlich sind? Zumindest wäre die Theorie Darwins zur Evolution durch natürliche Auslese und das postulierte Überleben des Stärkeren damit nicht die alleinige Erklärung für die Entwicklung des Lebens auf der Erde.

Carl Sagan jedenfalls hatte mit seiner damaligen Vermutung wohl voll ins Schwarze getroffen, als er davon ausging, dass wir im wahrsten Sinne des Wortes Kinder des Kosmos sind und die Evolution des Lebens auf der Erde mitunter vom spektakulären Tod ferner massereicher Sterne beeinflusst wird. Vielleicht veränderte auch Cygnus X-3 zumindest teilweise die Evolution des Menschen.

Anders sieht es natürlich der bekannte Paläoanthropologe Richard Leakey. Irgendwann in den nächsten 15 bis 30 Jahren werde niemand mehr an der Evolutionstheorie zweifeln, so seine Überzeugung, die er im Mai 2012 in The Associated Press kundtat. Künftige Entdeckungen der Wissenschaftler würden auch den letzten Skeptiker davon überzeugen, dass die Entwicklung des Menschen so vorgegangen sei, wie schon Darwin behauptet habe, wir alle seien Afrikaner. Leakey, Sohn des bekannten Archäologenpaares Louis und Mary Leakey, sagt, seine Familie habe „die meisten existierenden fossilen Beweise für die menschliche Entwicklung zu Tage gefördert". Wenn man alle Fossilien von Hominiden in eine Reihe lege, die jemals gefunden und gesammelt wurden, könne selbst ein Narr die Entwicklung des Menschen daran rekonstruieren.

Die Frage bleibe aber, warum diese Entwicklung sich ereignete. In keinem religiösen Buch der Welt habe er je aus dem Munde irgendeines „Gottes“ eine Antwort auf diese Frage gefunden.

Rief kosmische Strahlung mit ungewöhnlich hohen Strahlenwerten globale Veränderungen hervor, war sie maßgeblich an der Evolution beteiligt? Da es unzählige strahlungsintensive Leuchtfeuer wie Neutronensterne, Schwarze Löcher beziehungsweise Blazare im All gibt, ist dieser Prozess auch auf andere Welten übertragbar. Überall im Kosmos, wo vielversprechende Welten mit kosmischer Strahlung hoher Intensität getroffen werden, entsteht Leben, wird Leben verändert oder zerstört.

Das ist nicht nur ein bedeutender Faktor für die Astrobiologie, sondern auch für die SETI-Forschung. Es erhöht die Wahrscheinlichkeit, dass es auf anderen Welten hochentwickeltes Leben gibt, das bereits in der Lage gewesen sein könnte, unsere Welt zu besuchen. Haben eventuell schon mindestens einmal Besucher aus dem All einen vielversprechenden Hominiden wie unsere Vorfahren auf der Erde angetroffen und ihr umfangreiches Wissen an Genetik dazu verwendet, den Menschen zu „veredeln“ oder ihm Grundlagen der Zivilisation beizubringen? Nach diesem Szenario hätten uns fremde Astronauten nicht direkt „geschaffen“, denn wir wären schon da gewesen, ausgestattet mit einem großen Potential. Sagte nicht Enki in der sumerischen Überlieferung: *„Das Wesen, das ihr sucht, existiert bereits“*? Mussten die Astronauten aus fernen Welten nur noch einige Verfeinerungen vornehmen, damit der primitive Hominide ihren Ansprüchen oder Vorstellungen gerecht wurde, nachdem Strahlung aus dem All bereits die Vorarbeit geleistet hatte?

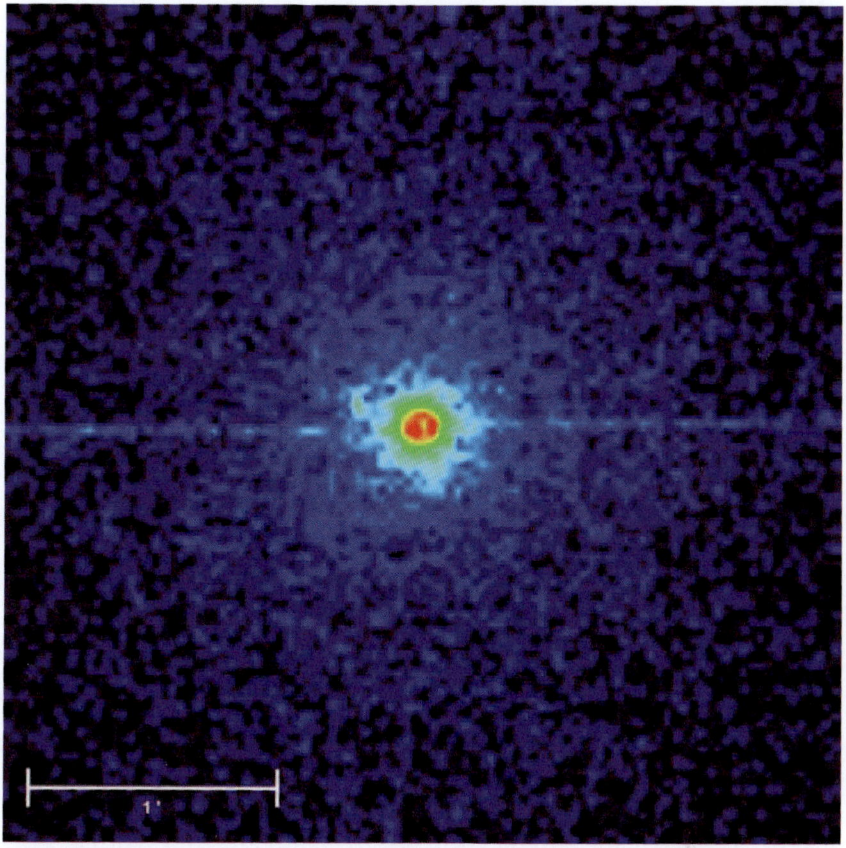

Abb. 34: Cygnus X-3: Das Röntgendoppelsternsystem Cygnus X-3. NASA.

Kosmische und andere Katastrophen: Findet Leben immer einen Weg?

Die Reaktorkatastrophe von Tschernobyl bedeutete für viele Lebensformen in der unmittelbaren Nähe das Ende. Nicht aber für Prokaryonten, die sich für gewöhnlich selbst in den Kühlwasserkreisläufen der Atomkraftwerke finden lassen. Prokaryonten, das sind radiophile Organismen, die ionisierte Strahlung nutzen, um sie mit Hilfe von Melanin in Nahrung umzuwandeln. In Tschernobyl hat sich aus diesen Extremophilen ein schwarzer Belag an den Wänden des zerstörten Reaktors gebildet. Diese Mikroben halten also scheinbar alles aus.

Aber Tschernobyl ist auch ein Paradebeispiel für die Effizienz von Leben. Bereits zwei Jahrzehnte nach der Katastrophe ist das Leben in die ehemalige Todeszone, ein Radius von 30 Kilometer um den Reaktor, zurückgekehrt, Beispielsweise sind in den zerstörten Kiefernwäldern nun Birken zuhause, denn diese Bäume haben verglichen mit den Koniferen ein deutlich kleineres Erbgut, dadurch sind sie besser vor den schädlichen Mutationen geschützt. Sogar Vögel haben sich physiologisch an die unwirtlichen Bedingungen angepasst. Immerhin ist die Strahlenbelastung nach wie vor tausendfach erhöht. Es blüht und gedeiht also in der ehemaligen Sperrzone. Wie diese Lebewesen der Strahlenbelastung trotzen, ist derzeit Gegenstand aktueller Forschungen. Demnach würde sogar ein Atomkrieg auf der Erde nicht das gesamte Leben auslöschen, denn schon die Extremophilen würden einfach wieder von vorn beginnen. Mit anderen Worten bedeutet das, dass diese Welt immer belebt sein wird, zumindest solange die Sonne scheint.

Als die Dinosaurier vor 65 Millionen Jahren das Regiment durch eine möglicherweise kosmische Katastrophe abgegeben hatten, förderte gerade diese Katastrophe die Bildung neuen Lebens, denn die Evolution hat die freigewordenen Nischen relativ schnell wieder besetzt. Das förderte den Siegeszug der Säugetiere und die Entwicklung des Menschen. Fakt ist, dass kleinere Organismen wesentlich besser mit veränderten Lebensbedingungen klarkommen, seien sie auch noch so unwirtlich. Dies bezeugen auch die nachgewiesenen Massensterben in den Zyklen der Erdgeschichte. Vor gar nicht allzu langer Zeit, vor 74.000 Jahren, brach der Supervulkan Toba auf Sumatra aus. Die Auswirkungen waren verheerend für die Flora und Fauna zu jener Zeit. Seine Asche blockierte für sehr lange Zeit das Sonnenlicht. Vor 74.000 Jahren aber existierte bereits der Homo sapiens in Afrika, der Neandertaler streifte in Europa umher. Wie ist es denen damals wohl ergangen? Verursachte diese Katastrophe eine Art genetischen „Flaschenhals", in dem nur wenige Homo sapiens überlebt haben und anschließend auf ihrem Weg nach Europa und Asien die dort ansässigen Gattungen verdrängten? Diese Annahmen stützen sich auch auf die Berechnungen zur Mutationsrate und die Nachverfolgung der mitochondrialen DNA.

Massensterben gab es aber auch schon in wesentlich früheren Zeiten der Erdgeschichte. Vor 225 Millionen Jahren verursachten reihenweise Vulkanausbrüche die Auslöschung von rund 96 % der Meeresbewohner und 70 % der Landlebewesen. Durch Untersuchungen der Chinesischen Akademie der Wissenschaften in Meishan (China) und den Datierungen am Massachusetts Institute of Technology (USA) wurde festgestellt, dass diese Epoche lediglich 60.000 Jahre andauerte, erdgeschichtlich gesehen ein Klacks. Vulkanfelder ähnlich zerstörerischen Ausmaßes wurden im Juni 2014 im australischen Lakarindji auf 510 Millionen Jahre datiert, was sich ebenfalls mit einem Massenaussterben deckt, bei dem etwa die Hälfte allen Lebens auf der Erde ausgelöscht wurde. Wollen wir also hoffen, dass der Supervulkan unter dem Yellowstone Nationalpark weiter vor sich hinschlummert.

Kometen, Asteroiden und Meteoriten sind nicht weniger gefährlich wie der Yellowstone Nationalpark. Lange Zeit galten Einschläge von Körpern aus dem All auf die Erde als unwesentliche Randerscheinung. Erst die Raumfahrt und Teleskope öffneten diesbezüglich die Augen, welchen immensen Einfluss solche Ereignisse auf die Entwicklung unseres Planeten haben. Kometen, Asteroiden und Meteoriten sind dabei die häufigsten Verursacher von Katastrophen, die ihren Anfang in den tiefen Regionen des Sonnensystems haben.

Durch die geologische Aktivität auf der Erde wurden die meisten der im Verlauf der Erdgeschichte entstandenen Einschlagskrater der Umgebung angepasst und verschwanden zusehends. Allerdings zeigt unser direkter Nachbar und Trabant, der Mond, wie häufig es zu Einschlägen nicht nur in der Frühphase der Planetenentwicklung, sondern auch heute noch kommt. Unbeeinflusst von geologischen Vorgängen und einer kaum vorhandenen Atmosphäre zeichnet der Mond die heute vorherrschenden Weltraumbedingungen auf, denen auch die Erde auf ihrem Weg durch das All ausgesetzt war und ist.

Die Erde wird von Objekten aller Größenordnungen getroffen: Tag ein Tag aus sammelt unser Heimatplanet rund 100 Tonnen feinkörnigen Staub aus dem Weltraum ein. Millimeter- bis zentimetergroße Teilchen verglühen beim Eintritt in die Erdatmosphäre. Wenn wir solch einen Treffer bei klarer Nacht erkennen, betrachten wir ihn als Glücksbringer, als „Sternschnuppe". Aber auch größere Gesteinsbrocken fallen auf die Erde, diese nennt man dann Meteoriten.

Kometen sind ebenfalls wahre Unglücksbringer wenn man bedenkt, dass sie bei einem Aufschlag unglaubliche Explosionsenergien freisetzen können. Einige Kometen kommen der Erde gefährlich nahe. Das Problem dabei ist auch, dass sich durch äußerliche Einwirkungen im Sonnensystem und Einflüsse der inneren Planeten auf einen Kometen während seines Umlaufs um die Sonne seine Bahn durchaus verändern kann. Ein bekanntes Beispiel hierfür ist der Komet Swift-Tuttle, dessen Umlaufbahn ihn alle 120 bis 125 Jahre an die Erde heranführt. 1983 „verspätete" er sich um mehrere Jahre und gab sich erst 1992 ein Stelldichein. Im Jahre 2126 wird Swift-Tuttle der Erde wieder näher kommen und sie bei einigen wenigen Bahnabweichungen im Jahre 3044 womöglich sogar treffen. Man sollte annehmen, dass sich die Menschheit bis dahin gegen eine solche Bedrohung entsprechend gewappnet haben sollte.

Durch die Kollision des Kometen Shoemaker-Levy 9 mit dem Jupiter im Juli 1994 wurde klar, dass die Gefahr eines Einschlags von größerer Dimension durchaus im Bereich des Wahrscheinlichen liegt, und dabei spielt es wohl kaum eine Rolle, ob es sich dabei um einen Kometen oder Asteroiden handelt. Die NASA und die amerikanische National Science Foundation (NSF) kamen zu dem Schluss, dass „in moderner Zeit kein einziger Todesfall eines Meteoritenfalls" bekannt geworden sei. Allerdings sind in der vorindustriellen Zeit einige Fälle dokumentiert. Nach Recherchen am Jet Propulsion Laboratory (JPL) in Pasadena (Kalifornien) erschlug am 5. September 1907 ein „himmlischer Steinschlag" in Hsin-p´ai Wie/Wenig-li (China) die Familie Wang Ten-kuei. Am 30. Juni 1874 tötete ein Steinmeteorit in Chin-kuei Shan/Ming-tung Li ein Kind. Die Liste der Meteoritenopfer lässt sich sogar bis zum 14. Januar 616 zurückverfolgen, wo ein Meteoritenregen in das Camp des Rebellen Lu Mingyueh fiel, den Turm am Schutzwall zerstörte und mehr als zehn seiner Kameraden tötete.

Rein statistisch müsste im weltweiten Durchschnitt alle dreieinhalb Jahre der Tod eines Menschen durch einen Meteoritentreffer zu erwarten sein. Nach Recherchen vom Ames Research Center in Moffet Field (Kalifornien) liegt die Wahrscheinlichkeit, in den USA durch einen Asteroiden ums Leben zu kommen, bei 1 : 3.000. Sogar bei einem Flugzeugunglück zu sterben, liegt die Wahrscheinlichkeit „nur“ bei 1 : 20.000. In diesem Jahrhundert dokumentierte, große Ereignisse gibt es ebenfalls: 1947 drang ein drei Meter großer Körper über Sibirien in die Atmosphäre ein und zerbrach noch im Flug. 1972 flog ein zehn Meter großer Meteor über Nordamerika durch die Atmosphäre, wurde jedoch durch die Reibung zurück in den Weltraum geschleudert. 1908 zerbarst über Tunguska/Sibirien wahrscheinlich ein etwa 20 Meter großer Körper in großer Höhe - durch die Explosion wurden damals über 2000 km^2 Wald zerstört. Solche Objekte aus dem Weltraum treffen meist mit einer Geschwindigkeit von 54.000 bis 80.000 km/h auf die Atmosphäre. Erreichen sie die Erdoberfläche, wird die gesamte Bewegungsenergie in einer gewaltigen Explosion freigesetzt. Dank der Atmosphäre dringen Objekte bis zu einer Größe von weniger als 30 Meter kaum bis zur Oberfläche vor, sondern zerplatzen eher in der Luft. Bei einem Aufschlag eines 30 Meter großen Objektes auf die Erde dagegen entsteht ein Krater von einem Kilometer Durchmesser. Die dabei freigesetzte Energie entspricht der Sprengkraft von elf Millionen Tonnen (elf Megatonnen) herkömmlichen Sprengstoffs (TNT). Das ist in etwa elfmal so viel wie eine „normale“ Wasserstoffbombe oder das 550fache der Atombombe von Hiroshima. Statistisch gesehen kommt es zu solch einem Ereignis alle 1600 Jahre. Eine Druckwelle von solch einem Aufschlag würde mehrere tausend Quadratkilometer der direkten Umgebung verwüsten.

Auf der Erde kennen wir ca. 150 gesicherte Einschlagskrater mit Durchmessern von einem Kilometer bis knapp 300 Kilometer. In Deutschland kennen wir mit dem Steinheimer Becken und dem Nördlinger Ries gleich zwei Exemplare, die vor rund 15 Millionen Jahren entstanden. Das Ries hat einen Durchmesser von 24 Kilometer und wurde von einem kilometergroßen Körper erzeugt. Die damals freigesetzte Energie entspricht etwa 80 000 Megatonnen Sprengstoff, was über viermal so viel war, als beim größten

Vulkanausbruch in historischer Zeit freigesetzt wurde. Solch ein Einschlag erfolgt durchschnittlich etwa alle 550.000 Jahre.

Das bereits angesprochene große Artensterben vor etwa 65 Millionen Jahren, wo mehr als 70 % der Tier- und Pflanzenarten ausstarben und unter anderem das Regiment der Dinosaurier vorzeitig beendet wurde, ist ein Paradebeispiel für die Wirkung von solchen Killern aus dem All. Auf der Halbinsel Yucatan in Mexiko wurde mit Fernerkundungsmethoden und durch Bohrungen ein unter Sedimenten verborgener, etwa 200 Kilometer großer Einschlagskrater entdeckt, der in dieser einschneidenden Epoche entstand. Verursacher war ein etwa zehn Kilometer großer Körper (Asteroid oder Komet), dessen Sprengkraft rund 1000-mal größer war als beim Nördlinger Ries. Solch ein Einschlag könnte rein rechnerisch alle 50 – 100 Millionen Jahre erfolgen. Den Weg für die Säugetiere ebneten dann wahrscheinlich die sekundären Ereignisse, als enorme Mengen an Staub, die in die Stratosphäre geschleudert wurden, für viele Jahrzehnte die Sonne verdunkelten und dramatische Veränderungen im Klima hervorriefen.

Solch ein kosmisches Drama ist keine Seltenheit, ja sogar in nicht allzu ferner Vergangenheit mehrmals geschehen, wenn man den Ausführungen von Forschern wie Immanuel Velikovsky glaubt. In seinem Standardwerk *Welten im Zusammenstoß* hat der Autor beispielsweise anschaulich Katastrophen, Einschläge von Kometen, Asteroiden und anderen Umwälzungen im Sonnensystem dokumentiert. Dabei gab es in der Menschheitsgeschichte recht genaue Beschreibungen solcher Ereignisse, wie die Erde stöhnte und wochenlang hindurch der Untergrund aus dem Gefüge gebracht wurde, die Erdbahn gar verändert wurde, sich die Himmelsrichtungen verschoben und die Ozeane über die Kontinente hereinbrachen. In solchen Epochen des totalen Chaos wurden Meere zu Wüsten, Berge emporgehoben, Inseln überflutet, Welten überströmt von Lava und speienden Vulkanen, wurde die Erde von Meteoriten erschüttert, die Welt eingehüllt in eine von Dampf und Rauch erfüllte Atmosphäre.

NEAs, also erdnahe Asteroiden, sollten eine besondere Aufmerksamkeit erfahren. Bis zum heutigen Tag sind in etwa 200 Objekte unter den erdbahnkreuzenden Asteroiden bekannt, die der Erde sehr nahe kommen. Die Dunkelziffer liegt wahrscheinlich sehr viel höher. Über 70 von ihnen sind größer als ein Kilometer, was der Untergrenze für eine globale Katastrophe entspricht. Noch geht von den bisher bekannten Objekten keine

Gefahr aus, auch wenn es immer wieder zu „Nahbegegnungen“ kam. So beispielsweise das „Vorbeischrammen“ eines Objektes im Jahre 2004 bei einer minimalen Entfernung von nur rund 40.000 Kilometer oder wenn der Asteroid 1999 AN im Jahr 2027 in halber Mondentfernung an der Erde vorbeifliegen wird. Auch der Asteroid 2012DA14 hat uns 2012 erst knapp verfehlt und glich quasi einem Streifschuss. Im Februar 2013 passierte der ca. 45 Meter große Asteroid (367943) Duende in einer Entfernung von knapp 28.000 Kilometer die Erde, also noch unterhalb der Umlaufbahn der geostationären Satelliten.

Abb. 35: Das Nördlinger Ries ist das Ergebnis eines Meteoriteneinschlags, der sich vor etwa 15 Millionen Jahren im heutigen Süddeutschland ereignet hat. Das Bild zeigt einen Blick über Nördlingen, im Hintergrund die Erhebungen des Kraterrands.

Gefährliche Kandidaten gibt es indes schon, da wäre zum Beispiel der Asteroid 2003 QQ47. Dieser Asteroid hat einen Durchmesser von 1,2 Kilometern und eine Masse von 2,6 Billionen Kilogramm. Es war nur eine sehr geringe Wahrscheinlichkeit (1:909.000), das dieser Brocken am 21. März 2014 mit der Erde kollidierte. Es hätte aber auch anders ausgehen können.

Entdeckt wurde dieser Asteroid am 24. August 2003 vom Lincoln Near Earth Asteroid Research Program (LINEAR).

Abb. 36: Noch heute zeugt das Nördlinger Ries mit einem Durchmesser von etwa 24 Kilometer von den gewaltigen Energien, die bei diesem Ereignis freigesetzt wurden. Während der Eiszeiten wurde der heutige Rieskessel durch Erosion freigelegt.

Ein weiteres Objekt, das eventuell mal die Erde treffen könnte, ist das Objekt 2000 SG344. Es sorgte im Jahr 2000 für Aufsehen, da man erst von einer Kollisionswahrscheinlichkeit von 1 : 500 ausging und das Objekt auf die Skala gefährlicher Objekte aufgenommen worden ist. Doch weitere Bahnberechnungen zeigten, dass eine Kollision im Jahr 2030 unwahrscheinlich ist, dennoch ist nicht ausgeschlossen, dass dies zu einem späteren Zeitpunkt passieren kann.

Am 13. April 2029 wird der 325 Meter große Asteroid (99942) Apophis die Erde passieren. Nach den neuesten NASA-Berechnungen wird der geringste Abstand nur 31.300 Kilometer betragen. Solch ein Ereignis kommt laut Angaben der Universität von Michigan nur alle 1.300 Jahre vor. Auch der Asteroid (29075) 1950 DA (1,1 Kilometer Durchmesser) wird der Erde am 16. März 2880 sehr nahe kommen. Wenn auch die Möglichkeit einer Kollision besteht, so wird dies erst unsere Nachfahren beschäftigen.

Erst seit wenigen Jahren laufen systematische Durchmusterungen des Himmels auf der Suche nach solchen Objekten. Die Anzahl potenziell gefährlicher Asteroiden steigt dabei weiter sprunghaft an. Die erdbahnkreuzenden Asteroiden gehören zu der Gruppe der erdnahen Asteroiden und bisher sind weit über 600 NEAs entdeckt worden. Über 200 davon haben einen Durchmesser von mehr als 1 km.

Neben der Gewissheit, dass NEAs auf unseren Planeten einschlagen können und für die Zukunft unserer Zivilisation ein gewisses Risiko darstellen, stellt sich immer noch die Frage nach ihrer Herkunft und die Rolle, die diese „Nahgänger“ bei der Entwicklung von Planetenoberflächen spielen. Die meisten NEAs sind mit angrenzender Wahrscheinlichkeit Bruchstücke, die durch Zusammenstöße zwischen größeren Asteroiden im Hauptgürtel zwischen Mars und Jupiter entstanden sind. Durch den gravitativen Einfluss von Jupiter gelangten diese Objekte schließlich in das innere Sonnensystem, wovon einige sicherlich auch Überreste oder Fragmente von Kometen. Unter den NEAs gibt es wohl auch Objekte, die seit der Entstehung des Sonnensystems kaum modifiziert wurden und somit wichtige Hinweise auf die Entstehungsprozesse von Planeten geben könnten.

Die „Nahgänger“ sind nicht zuletzt deshalb interessante Ziele für Raumfahrtmissionen. Einige dieser Objekte stellen mit ihren Hauptbestandteilen Eisen und Nickel auch mögliche Rohstoffquellen für spätere Generationen dar, die bei der Erforschung des Sonnensystems von großer wirtschaftlicher Bedeutung sein können. Missionen zu den NEAs sind leichter durchführbar als zum Erdmond. Die amerikanische NEAR-Mission lieferte im Dezember 1998 erste Bilder vom Kleinplaneten Eros. Diese NEAs haben meist eine andere Oberflächenstruktur als die Objekte im Hauptgürtel und darüber hinaus führen nicht wenige davon Monde mit sich, so beispielsweise der erdbahnkreuzende Asteroid Dionysus oder der Kleinplanet Ida mit seinem Mond Dactyl. Asteroiden-Monde wurden schon lange vermutet, als sich bei Sternbedeckungen durch Asteroiden Anzeichen für das Vorhandensein von Monden zeigten oder Doppelkrater auf dem Mond, der Erde und anderen planetaren Oberflächen auf die Existenz von Doppel-Asteroiden hinwiesen. Bei dem Asteroiden Dionysus besteht ein wenn auch geringes aber nicht zu vernachlässigendes Risiko einer Kollision mit der Erde. Alle 13 Jahre nähert er sich unserem Planeten. Dann hätten wir es womöglich mit einem „Double Impact“ zu tun.

Durch die weiteren Suchprogramme und Untersuchungen der physikalischen Eigenschaften von NEAs können die Risiken und Folgen eines Einschlages genauer vorhergesagt werden. Daher sind die künftigen Forschungen auf diesem Gebiet unumgänglich, insbesondere für die Entwicklung geeigneter Abwehrmaßnahmen, damit uns Menschen nicht dasselbe Schicksal erleidet wie den Dinosauriern.

Es gibt darüber hinaus aber Gefahren aus den Weiten des Kosmos, die das Schicksal und die weitere Existenz der Menschheit binnen Sekunden entscheiden können. Kosmische Katastrophen in den Weiten des Alls sind unwesentlich heftiger in ihrer zerstörerischen Wirkung als Meteoriteneinschläge. Supernovae beispielsweise könnten durch ihre Gammastrahlung unsere Atmosphäre dauerhaft schädigen. Würde eine Supernova in einer Entfernung von bis zu 150 Lichtjahren explodieren, wäre das für unsere Erde fatal. Ein Kandidat ist der Doppelstern IK-Pegasi, der rund 150 Lichtjahre entfernt im Sternbild Pegasus liegt. Glücklicherweise sollte es aber noch ein Weilchen dauern, bis sich IK-Pegasi zum Roten Riesen entwickelt, spätestens dann wird er der Erde gefährlich. Dadurch, dass es sich um einen Doppelstern handelt, würde der Weiße Begleitstern Masse aus dem Roten Riesen ziehen, bis seine Schwerkraft ausreicht, um das explosive Kerngemisch zu zünden und ihn so in einer Supernova Typ Ia zu zerfetzen. Diese infernale Energiefreisetzung würde Unmengen an Gammastrahlung abstrahlen, die unserer Atmosphäre und unserem Planeten erheblich schaden würde. Monster-Sternexplosionen sind bisher glücklicherweise weit weg von uns, wie die Supernova 1987A, die in einer Entfernung von 160.000 Lichtjahren ein wahres Feuerwerk entzündete. Damals, also in Wahrheit vor 160.000 Jahren und nicht 1987 nach unserer Zeitrechnung, war dort ein Blauer Überriese mit schlappen 17 Sonnenmassen explodiert.

Gammablitze sind noch nicht sehr lange bekannt, eigentlich so richtig erst seit dem 23. Januar 1999. Da erhellte ein greller Blitz den Gammahimmel. Schon 22 Sekunden später richtete sich ein Roboterteleskop auf die von dem Satelliten „Beppo SAX“ identifizierte Stelle am Firmament. Die Kamera registrierte einen neuen Stern, dessen Helligkeit innerhalb von Sekunden immens anstieg, um nach einigen Minuten wieder zu sinken. Mit Hilfe großer Teleskop-Anlagen bestimmten die Astronomen später die Entfernung der Quelle, die rund acht Milliarden Lichtjahre betrug.

Die Explosion fand offenbar in einem Sternsystem statt und leuchtete für wenige Augenblicke so hell wie hundert Billiarden Sonnen! Dieses kosmische Feuerwerk vom 23. Januar 1999 ist kein Einzelfall, durchschnittlich zündet es zweimal pro Tag. Allein der Satellit „Compton“ hat seit 1991 mehr als 2000 „Gamma-Ray-Bursts“ beobachtet. Die Kaskaden dieser Gamma-Strahlen-Blitze dauern wenige Zehntelsekunden bis zu einigen Minuten und sind gleichmäßig über das Firmament verteilt. Was aber steckt dahinter? Sind wir etwa Zeugen von einem „Krieg der Sterne“? Detonieren Bomben von hochentwickelten Zivilisationen?

Die Astronomen haben bislang über 150 Theorien aufgestellt, um das Phänomen zu erklären. Wenn diese Blitze tatsächlich aus mehreren Milliarden Lichtjahre entfernten Milchstraßen-Systemen stammen, gilt es einen Mechanismus zu finden, der die ungeheure Energiemenge erklärt, die bei solch einem Gammablitz entsteht. Lange Zeit dachten die Forscher, hinter den Gammablitzen stünde die Kollision von zwei Neutronensternen. In diesen ausgebrannten, nur rund 20 Kilometer großen, schnell rotierenden Himmelskörpern ist die Materie extrem dicht gepackt - ein Teelöffel davon würde auf der Erde Millionen Tonnen wiegen. Kämen sich zwei Neutronensterne zu nahe, würden sie in einem Feuerball miteinander verschmelzen und dabei Gammastrahlen aussenden. Möglicherweise führen aber auch verschiedene Ereignisse zu diesen heftigen Gammstrahlen-Ausbrüchen.

In jüngerer Zeit denken die Astrophysiker über ein weiteres Erklärungsmodell nach: die Hypernova. Das ist eine Sonne, die am Ende ihres Lebens in eine Energiekrise gerät, explodiert und dabei zu einem Schwarzen Loch mutiert. Niemand kann eine solch derartige Schwerkraftfalle sehen, gleichwohl gilt deren Existenz aufgrund von indirekten Beobachtungen als bewiesen. Explodierende Sterne gibt es zuhauf, beispielsweise ist der Crab-Nebel im Sternbild Stier der Überrest einer kosmischen Katastrophe aus dem Jahr 1054. Dahinter steckte allerdings eine gewöhnliche Supernova.

Hypernovae sind die extrem „Verhaltensauffälligen“ unter den Supernovae. Sie lassen es sich nicht nehmen, letztlich zu einem Schwarzen Loch zu werden. Eine Hypernova wäre von einem ungleich größeren Kaliber als eine Supernova und hätte mindestens die zwanzigfache Masse unserer Sonne. Der natürlich nur rein geschätzte Sicherheitsabstand beträgt 6.500 Lichtjahre. Ein Kandidat für solch einen ungestümen Giganten könnte der etwa 8 000 Lichtjahre entfernte Stern Eta Carinae sein. Er bringt es ungefähr auf hundert Sonnenmassen. Wenn er als Hypernova explodieren sollte, würde sein Gammablitz wohl alles Leben auf unserer Erde auslöschen. Gegen solche kosmischen Feuer wäre die menschliche Zivilisation mehr als machtlos. Das Leben an sich würde aber wahrscheinlich immer einen Weg finden, auch solche Katastrophen zu überstehen.

Der fünfte Planet:
Mythos oder Realität?

Befand sich zwischen Mars und Jupiter früher tatsächlich einmal ein großer Planet, der unter dem Namen *Phaeton* bekannt ist? Gab es einst nach den Planeten Merkur, Venus, Erde und Mars einen fünften Planeten in unserem Sonnensystem, der noch vor den Gasplaneten seine Bahn zog? Wenn ja, wie groß war er dann? Wann wurde er zerstört? Und wäre es möglich, dass sich intelligentes Leben auf diesem Planeten befand? Reine Spekulationen?

Abb. 37: Peter Paul Rubens: Der Sturz des Phaethon, um 1604/1605 (National Gallery of Art, Washington D.C.)"

Zunächst einmal ist es erwähnenswert, dass die Theorie eines Planeten zwischen Mars und Jupiter nur indirekt mit den Thesen des verstorbenen Altertumsforschers Zecharia Sitchin zu tun hat, sondern lange vor den Büchern des Autors eine zentrale Diskussion in Forscherkreisen war. Dieser nach Sitchin *Nibiru* genannte Planet soll weit draußen noch jenseits der Plutobahn eine stark elliptische Bahn besitzen, die alle 3.600 Jahre in das innere Sonnensystem eindringt und in der Folge an der Zerstörung des Planeten beteiligt gewesen sein, der zwischen Mars und Jupiter gelegen haben soll, dort wo heute unzählige Asteroiden in einem Gürtel ihre Bahn um die Sonne ziehen.

Hier soll dieser mysteriöse, einst seine Bahn zwischen dem roten Planeten und dem Gasriesen Jupiter ziehende Planet Phaeton im Vordergrund stehen.

Seit jeher sind neue Theorien zweifelhaft, passen meist nicht ins Schema, und doch stellen wir fest, das nicht immer alles richtig ist, was wir seit Ewigkeiten so und nicht anders für richtig hielten. Nehmen wir z.B. das geozentrische Weltbild im Mittelalter. Menschen wurden verbrannt, weil sie sich für die Wahrheit einsetzten, bis man dann doch die modernen Denkweisen stillschweigend anerkannte. Heute werden Menschen mit neuen und logischen Denkweisen auf dem Scheiterhaufen der Kritiker „verheizt".

Die Theorie eines einstigen Planeten auf der Bahn des heutigen Asteroidengürtels kursiert seit längerer Zeit durch die Fachwelten. Dann werden aber nicht unbedingt stichhaltige Argumente vorgelegt, dass es einen *fünften* Planeten nicht geben könne und dann noch mit intelligenten Wesen darauf – wie absurd das auch klingt! Wirklich? Oder wollen wir es nicht wahr haben, weil die Angst vor Neuem wieder einmal zu groß ist?

Bis vor wenigen Jahren war die „Urknall"-Theorie unangefochten. Sie beschreibt, dass alle Materie vor Jahrmilliarden in einem Ur-Atom verdichtet war, eine extrem schwere Materiemasse im Universum, die sich stetig zusammenpresste. Die Kräfte multiplizieren sich bis zur Explosion des Materieklumpens. Der Big Bang der etablierten Wissenschaft. Über geschätzte 15 Milliarden Jahre verteilte sich der kosmische Staub aus der Urexplosion im Universum uns bildete neue Materieklumpen – Galaxien, Sonnen und schließlich Planeten. Durch Messungen in der Rotverschiebung wurde die

Theorie unterstützt. Doch plötzlich geriet das Modell Anfang der Neunziger des Zwanzigsten Jahrhunderts ins Wanken. Bei Messungen eines schmalen Ausschnitts des nördlichen Sternenhimmels wollte man beweisen, dass die Materie im Weltall relativ gleichmäßig verteilt ist. So sagt es die Urknall-Theorie. Das Gegenteil war der Fall. Anstelle von gleichmäßiger Verteilung gab es riesige Ansammlungen von kosmischer Materie. Eine dieser weiträumigen Ansammlungen erhielt den Namen *Große Mauer*! Auch entdeckte man die Quasare, im Rahmen der Big Bang-Theorie unhaltbar, da bei Messungen ein Alter von über 14 Milliarden Jahren veranschlagt wurde. Ein neues Modell wurde entwickelt, die Theorie des Blasenkosmos, nach der das ganze Universum aus kleinen Blasenuniversen besteht . Wir leben in unserem Blasenuniversum, und ringsum gibt es andere Blasenuniversen. Man kann sich ein Schaumbad voller Blasen vorstellen, jede Blase ein Universum. Der Prozess setzt sich fort und fort. Das Weltall ist somit auf den ersten Blick sehr chaotisch. Das Chaos scheint aber nur, weil wir kleinen unscheinbaren Betrachter es als chaotisch empfinden.

Doch zurück zu dem Planeten Phaeton. Sicher erscheint die Theorie über die Existenz eines zerstörten Planeten auf den ersten Blick absurd. Das Denkmodell eines Blasenuniversums jedoch, in dem sich die Materie an den Kreuzungspunkten zusammenballt, erscheint zuerst auch phantastisch, aber letztendlich dennoch logisch.

Die Phaeton Hypothese begründet sich auch auf ein besonderes „Regelwerk“. Nach dem Titius-Bode Gesetz wurde lange angenommen, dass ein Planet zwischen Mars und Jupiter existiert. Johann Elert Bode selbst forderte eine Suche nach dem fünften Planeten. Im Jahre 1801 wurde an der vorhergesagten Position des fünften Planeten Ceres, der größte Asteroid im Asteroidengürtel (heute als Zwergplanet bezeichnet), entdeckt. Viele glaubten bereits, den fehlenden Planeten nun gefunden zu haben. Doch im Jahr 1802 entdeckte der Astronom Heinrich Wilhelm Olbers Matthäus den Asteroiden Pallas, der in der gleichen allgemeinen Umlaufbahn wie Ceres liegt.

Allerdings formulierte Olbers daraufhin die These, dass es sich bei diesen Zwergplaneten um die Fragmente eines zerstörten Planeten handelt, der früher um die Sonne kreiste. Er sagte auch voraus, dass noch weitere Fragmente gefunden werden würden. Die Entdeckung des Asteroiden

Juno von Karl Ludwig Harding und Vesta durch Olbers untermauerte folglich die Hypothese Olbers.

Die Theorie über die Entstehung des Asteroiden-Gürtels durch die Zerstörung eines hypothetischen fünften Planeten besagt also, dass es einmal ein großes planetarisches Mitglied des Sonnensystems in der gegenwärtigen Lücke zwischen Mars und Jupiter gab, der auf verschiedene Weise zerstört worden sein kann:

- Seine Umlaufbahn führte zu nahe an Jupiter heran und wurde von dem Gasriesen und seiner starken Schwerkraft zerrissen.
- Der Planet wurde von einem anderen großen Himmelskörper getroffen.
- Er wurde von einem hypothetischen Braunen Zwerg, einem ebenfalls hypothetischen Begleiter der Sonne mit der Bezeichnung Nemesis zerstört.
- Der Planet wurde von einigen internen Katastrophen vernichtet.

Im zwanzigsten Jahrhundert schlug der russische Forscher Jewgeni Leonidowitsch, der auch an der Untersuchung des Tunguska-Ereignisses beteiligt gewesen war, vor, den explodierten Planeten aus Olbers Theorie Phaeton zu nennen, benannt nach der Geschichte in der griechischen Mythologie vom Sturz des Phaeton.

Eine prähistorische Felszeichnung an einer Höhlenwand westlich des Kimberly Hochlands in australischen Busch ist eines der Hauptindizien, wo die Darstellung unseres Sonnensystems mit dem als grünen Ring eingezeichneten fünften Planeten zu finden ist. Im chinesischen Hunan Gebirgszug wurden Eingravierungen gefunden, die eine Kugel zeigen, die in regelmäßigen Abständen von anderen Kugeln umgeben ist. Die Zeichnung erweckt den Anschein unseres Sonnensystems, wären da nicht zehn (!) Kugeln. Welche Objekte sollten wohl dargestellt werden? Warum zehn Planeten? Welche Zählweise wurde dann hier angewandt und stimmt sie mit unserer Sicht des Sonnensystems überein? Die Felsbilder wurden übrigens auf 45.000 Jahre geschätzt, sie entstanden also lange vor Kopernikus. Die moderne Forschung hat ihren Beitrag zu dem „Wirrwarr" geleistet, was die Anzahl von Planeten in unserem Sonnensystem betrifft. Nachdem der Planet *Pluto* nach aktueller Auffassung der Astronomen eben kein Planet mehr ist, sondern ein Objekt aus dem sogenannten Kuiper-Gürtel, und Dank der Diskussionen um den fiktiven Planeten *Nibiru* ist die Verwirrung komplett, wie viele Planeten es nun tatsächlich in unserem Sonnensystem gibt und einst gegeben haben könnte. Sind aber deshalb alte Felszeichnungen ebenfalls nur wirre Zeichnungen ohne jeglichen Sinn? Mitnichten, denn wer kann schon sagen, welche „Planeten-Chronologie“ andere Kulturen oder Zivilisationen für die korrekte Aufzählung hielten?

Abb. 38: Heinrich Wilhelm Olbers Matthäus (11. Oktober 1758 – 2. März 1840) war ein deutscher Astronom, Arzt und Physiker. (Public Domain)

Derzeit sieht unser Sonnensystem so aus:

Zentralgestirn: Die Sonne

Planet 1: Merkur

Planet 2: Venus

Planet 3: Erde

Planet 4: Mars

Asteroidengürtel

Planet 5: Jupiter

Planet 6: Saturn

Planet 7: Uranus

Planet 8: Neptun

Kuiper-Gürtel (Pluto und andere planetare Körper)

Oortsche Wolke (Kometen-Halo um unser Sonnensystem)

Heute wird die Phaeton-Hypothese von der Wissenschaft nicht mehr ernst genommen. Die meisten Astronomen glauben, dass die Asteroiden im Asteroidengürtel Reste der protoplanetaren Scheibe sind. In dieser Region wurde die Planetenentstehung von großen Gravitationsstörungen durch Jupiter während der Zeit der Ausbildung des Sonnensystems verhindert. Dieses Akkretionsmodell geht von einer gemeinsamen und gleichmäßigen Entstehung des Sonnensystems und auch des Asteroidengürtels aus.

Diese von den Wissenschaftlern heute als Nebularhypothese bekannte These ist allerdings mit einigen sehr schwerwiegenden Mängeln behaftet. Eines dieser Probleme betrifft den Prozess der Akkretion selbst, nämlich, dass mit hoher (oder niedriger) Geschwindigkeit miteinander kollidierende Teilchen nicht zusammenkleben, wie durch das Akkretionsmodell eigentlich vorausgesagt. Sorgfältige Laborexperimente haben gezeigt, dass statt Akkretion die Verlustleistung weit mehr im Einklang mit bekannten physikalischen Gesetzen steht, miteinander kollidierende Objekte also nicht unbedingt „zusammenbacken".

Weitere Probleme betreffen die Tatsache, dass die Sonne zur Ebene der Ekliptik geneigt ist und sich die Planeten auf verschiedenen Neigungen zu dieser Ebene bewegen. Einige der Planeten drehen sich zudem in unterschiedlichen Richtungen zueinander.

Der immer wieder gern aufgeworfene Einwand, die Gravitationskräfte des Jupiter hätten eine Planetenentstehung von vornherein verhindert, greifen ebenso wenig, denn in Wahrheit ist Jupiter noch viel zu weit weg vom Bereich des Asteroidengürtels, um so eine Auswirkung hätte hervorrufen können. In der Tat könnte man die doppelte Entfernung Erde-Sonne zwischen dem Abstand des Asteroidengürtels zum Jupiter unterbringen, somit sind die Asteroiden mit ihrer Bahn wesentlich näher an der Erde als an den äußeren Planeten. Zudem verhalten sich die Asteroiden heute in ihrer mittleren Entfernung von etwa 2,8 AE (Astronomischen Einheiten, der durchschnittliche Abstand zwischen Erde und Sonne) in einer relativ stabilen Umlaufbahn ohne nennenswerte Störungen durch den Riesenplaneten. Immerhin haben es im Vergleich zu anderen Monden im Sonnensystem einige Monde des Jupiter sogar in seiner unmittelbaren Nähe geschafft, gewaltige Dimensionen anzunehmen. So beispielsweise die großen Jupitermonde Ganymed mit einem Durchmesser von 5.262 Kilometer oder Kallisto mit einem immer noch stattlichen Durchmesser von 4.821 Kilometer und damit noch weitaus größer als unser Erdmond mit einem Durchmesser von 3.476 km.

Würde man den Einwand der gravitativen Einflüsse des Jupiter auf den Asteroidengürtel ernst nehmen, müsste man den Gravitationsgesetzen zufolge und trotz der Größenunterschiede einen wesentlicheren Einfluss der Erde auf die Venus postulieren, da sich der Planet in einem relativ „überfüllten“ Sektor des Sonnensystems befindet, wo das Potential für Orbitalstörungen wesentlich größer als irgendwo sonst im Sonnensystem wäre. Aber erstaunlicherweise bewegt sich die Venus auf einer sehr stabilen Bahn um die Sonne. Allerdings sei in Hinsicht auf einige andere „Auffälligkeiten“ der Venus auf den Folgebeitrag über den Morgen- oder Abendstern in diesem Buch hingewiesen, der vielleicht sogar enger mit dem Rätsel des fünften Planeten zu tun hat, als man zunächst glauben mag.

Diese und andere wichtige Faktoren stehen nicht vereinbar zu den Anforderungen der Nebularhypothese, eine Theorie, die sich im Wesentlichen seit seiner Veröffentlichung im Jahre 1796 von Laplace nicht geändert hat.

Nehmen wir einmal hypothetisch an, Phaeton existierte und besaß eine viel ältere Biosphäre als die der Erde, er bedeutend kleiner war als Jupiter und weit größer als der Mars. Etwa in der Mitte zwischen Jupiter und Mars platziert, zog er seine Bahnen um die Sonne. Er war etwa 350 bis 400 Millionen Kilometer von der Sonne entfernt und lag somit am Rand der lebensfreundlichen Ökosphäre. Ist seine Evolution ähnlich wie die der Erde verlaufen und hatte er möglicherweise aufgrund seiner Größe eine sauerstoffreiche Atmosphäre, könnten auf Phaeton Wesen gelebt haben, deren Entwicklung der unseren um Jahrtausende, wenn nicht um Jahrmillionen voraus war. Sie hätten also bereits die Atomspaltung, die Kernfusion und auch die Raumfahrt beherrscht und Expeditionen zu anderen Planeten geschickt, vor allem zum Mars und zur Erde.

Manchen Hypothesen und alten Überlieferungen zufolge fiel Phaeton einer Katastrophe zum Opfer. Könnte ein Zusammenstoß mit einem riesigen Planetoiden oder eine nukleare Kettenreaktion stattgefunden haben? Zugegeben reine Spekulation. Bruchstücke des geborstenen Planeten wären eingeschlagen und hätten sodann auf anderen Planeten und ihren Monden unzählige Krater und größere Brocken hinterlassen, die in das Gravitationsfeld von Mars, Jupiter, Saturn, Uranus gerieten und wurden zu deren Monden und Ringen. Die Zeitspanne dieser Geschehnisse wird nach Vermutungen vor etwa 175 Millionen Jahren veranschlagt. Der Katastrophen-Autor Imanuel Velikovsky versetzt diese Ereignisse in geschichtliche Epochen, als es bereits Menschen auf der Erde gab. Theorien zufolge sollen Venus und Objekte wie Pluto Bruchstücke des Planeten sein und sich zu eigenständigen Himmelskörpern ausgeprägt haben. In der Tat weisen Pluto und Venus ausgefallene Verhaltensmuster und Eigenschaften auf, die von den anderen Planeten abweichen. Hier sind insbesondere die extrem auffällige und chaotische Bahn des Pluto zu nennen oder die retrograde, also rückläufige Rotation der Venus.

Nach dieser zugegebenermaßen kontroversen Thesen ging Phaeton also unter. Mars wurde von Trümmern des geborstenen Planeten so gravierend getroffen, dass alles Leben dem Untergang geweiht war, welches dort vielleicht vorhanden war. Eine hypothetische Sauerstoff-Atmosphäre wurde bei dem katastrophalen Kataklysmus weggerissen und hinterließ später die heutige Kohlendioxid-Atmosphäre. Heute besitzt der Mars kein Magnetfeld mehr, dass er einst mitsamt der ursprünglich vorhandenen Atmosphäre verloren haben soll. Geschah dies zur Zeit dieser katastrophalen Ereignisse, oder bereits vor Milliarden Jahren, wie Astronomen vermuten?

Bereits im Jahre 2008 veröffentlichten Forscher vom Massachusetts Institute of Technology (MIT) die These, dass der Mars vor ca. 4 Millionen Jahren mit einem riesigen Asteroiden zusammengeprallt ist. Sie veröffentlichten ihre Studien im britischen Fachjournal „Nature“. Eine Theorie, die bereits vor und während der 80er Jahre heiß diskutiert wurde. Forscher hatten lange Zeit darüber gerätselt, wie der Mars zu seinen „zwei Gesichtern“ kam. Während die Nordhalbkugel des Mars glatt und eben ist, ist die Südhalbkugel hingegen rau und bergig. Als Erklärung erscheint den Wissenschaftlern nun ein Ereignis, das vor ca. 4 Millionen Jahren stattgefunden haben soll: Der Zusammenprall mit einem 2000 Kilometer großem Objekt, größer als Pluto, das in einem Winkel von 45 Grad eingeschlagen ist.

Spinnen wir die Hypothese weiter: Einer kleinen Gruppe von Phaeton-Bewohnern gelang vielleicht die Flucht zur Erde und dort die Gründung einer Hochkultur - möglicherweise Atlantis? Dieses Reich könnte Millionen Jahre existiert haben, bis zu dem Tag vor etwa 12.000 Jahren, so die Vermutungen in gängigen Atlantis-Theorien, an dem die Erde wieder einmal von mindestens einem enormen Asteroiden getroffen wurde und taumelte und Atlantis unterging. Nur einige wenige dieser Bevölkerung, den ehemaligen Bewohner des fünften Planeten, überlebte und sie trugen ihr Wissen wie auch ihre hochentwickelte Kultur in alle Regionen der Erde, gründeten Hochkulturen in Amerika, in Ägypten, im mittleren Osten und im europäischem Raum. Sie sahen anders aus als die Ureinwohner der Erde zu jener Zeit. Ihrer enormen Kenntnisse wegen gingen sie später in die Überlieferung als „Götter“ ein. Haben diese Götter vielleicht doch den Menschen mittel genetischer Eingriffe und Mutation aus den ursprünglichen Ureinwohnern der Erde geschaffen? Alles nur Spekulation? Vielleicht ...

Der Ingenieur Dr. H.-J. Zillmer schreibt in seinem Buch *Darwins Irrtum*: *„Handelt es sich neben dem Planetoidengürtel bei den Ringen um Jupiter und Saturn, den unzähligen Kratern auf dem Mars sowie unserem Mond, den vielen sonderbaren Monden der verschiedenen Planeten unseres Sonnensystems, den außergewöhnlich geformten Marsmonden Phobos und Deimos (Angst und Schrecken), den Kometen, Meteoriten und vielleicht sogar unserem Mond um Reste des verloren gegangenen Planeten Phaeton oder dessen damaligem Mond, wie es die Sumerer bereits vor 6.000 Jahren in der Schöpfungsgeschichte niederschrieben?“*

Zwischen Mars und Jupiter befand sich früher wahrscheinlich einmal wirklich ein großer Planet, der unter dem Namen Phaeton bekannt ist. Sind die Asteroiden zwischen Mars und Jupiter Reste und sichtbarer Beweis einer kosmischen Katastrophe in unserem Sonnensystem? Hans-Joachim Zillmer fand durch seine Buchrecherchen die Theorie wissenschaftlich bestätigt, als die Raumsonde Deep Space 1 eine neue interessante Entdeckung machte, wie eine Meldung von Bild der Wissenschaft am 04.08.1999 verlautete.

Die NASA-Raumsonde Deep Space 1 flog in nur 25 Kilometern Entfernung an dem Asteroiden Braille vorbei - doch seine Kameras waren im entscheidenden Moment nicht genau auf den Asteroiden gerichtet. Deswegen nahm Deep Space 1 nur zwei unscharfe Bilder 15 Minuten nach der letzten Annäherung auf, die zeigen, dass Braille die Form einer Erdnuss hat und etwa zwei Kilometer lang ist.

Da ein zweites Instrument an Bord einwandfrei funktionierte, erhielten die NASA-Wissenschaftler genug Daten, um etwas über die Zusammensetzung von Braille sagen zu können: Der Brocken besteht aus vulkanischen Gestein, was also schon einmal geschmolzen war. Die NASA-Forscher nehmen an, dass Braille einmal Teil des zweitgrößten Asteroiden des Sonnensystems, Vesta, gewesen ist, da beide eine ganz ähnliche Zusammensetzung haben. Wahrscheinlich ist Vesta in früherer Zeit einmal mit einem größeren Objekt zusammengestoßen, wobei Braille und andere kleiner Körper abgetrennt wurden und ihrer eigenen Wege gingen ... (nach Ute Kehse, NASA und ABC)

Aus dem Absorptionsmuster vermutet man also, dass der Asteroid Braille womöglich ein Bruchstück von Vesta sein könnte, dem mit 500 Kilometer Durchmesser drittgrößten Asteroid in unserem Sonnensystem. Braille als auch die Eukrit-Meteoriten sollen durch einen riesigen Einschlag auf Vesta entstanden sein, der einen 460 Kilometer großen Krater hinterließ. Die große Ähnlichkeit des Eukrit-Spektrums mit dem des Asteroiden Vesta ist der einzige Zusammenhang von Meteoriten und Asteroiden, den man bisher finden konnte. Dies würde aber der Darstellung von Zillmer in Darwins Irrtum entsprechen, dass Kometen, Asteroiden und Planetoiden mindestens zum größten Teil Überbleibsel einer kosmischen Katastrophe in unserem Sonnensystem sind, also gegebenenfalls Restplanetensplitter darstellen, falls weitere Ergebnisse einen gemeinsamen Ursprung aufweisen. Genauere Untersuchungen des Planetoidengürtels sind dabei unerlässlich und vielleicht ergeben sich grundlegende überraschende Erkenntnisse für die Vorstellung über die Bildung unseres Sonnensystems.

Bisher geht man davon aus, dass die Asteroiden und Planetoiden des Planetoidengürtels kleine Teile, also quasi Urbausteine eines sich während der Bildungsphase unseres Sonnensystems nicht verdichteten Planeten handelt, da die Masse aller Asteroiden und Planetoiden zur Bildung eines eigenständigen Planeten nicht ausreichen würde. Aber vielleicht hat man nur noch nicht genau genug gesucht, wie ich weiter oben bereits ausführte?

Der Asteroid 4179 Toutatis (früher 1989 AC) wurde am 4. Januar 1989 von C. Pollas entdeckt. Die Gestalt dieses Asteroiden ähnelt der von Braille, die mehr einer Erdnuss ähnelt. Die Computermodelle zeigen Krater, gerade Rückenkämme und einen tiefen Hals. Wobei die geologischen Ursachen unbekannt sind. Es wird vermutet, dass Toutatis durch Einschläge anderer Asteroiden so geformt wurde oder sich aus zwei einzelnen Körpern zu einem Größeren verband. Die zweite Möglichkeit erscheint unwahrscheinlich. Wie verbinden sich zwei zu diesem Zeitpunkt wahrscheinlich feste Körper? Sollten Einschläge anderer Asteroiden diesen Körper so formen, müsste man vielleicht davon ausgehen, dass bei Wirkung entsprechend großer Kräfte der Asteroid Toutatis zerbrochen wäre. Stellt auch Toutatis, der Braille sehr ähnelt, einen Brocken aus geschmolzenem Gestein dar, eventuell auch den abgesplitterten Rest eines größeren Asteroiden oder auch eines Mondes oder Planeten dar? Ein Rätsel für die Astronomen stellt auch die sehr geringe Rotationsrate dar. Es gibt dafür keine Erklärung. Haben wir hier eine „heiße Spur" auf den ehemaligen Planeten Phaeton?

Rätsel um den Höllenplaneten: Wie alt ist die Venus wirklich?

Die Venusoberfläche ist im Vergleich zu Mond und Mars recht jung - wahrscheinlich bedeutend jünger als 500 Millionen Jahre. Die merkwürdigen Eigenheiten des Planeten Venus könnten darauf schließen, dass sich der Planet erst in kosmisch gesehen recht junger Zeit in die Planetenriege einreihte. Decken sich aktuelle Erkenntnisse mit den Forschungen Immanuel Velikovskys? Auch Überlieferungen alter Völker zeugen von den merkwürdigen Eigenheiten der Venus.

Für den Science Fiction- und Sachbuchautor Arthur C. Clarke (*Unter den Wolken der Venus*) ist die Venus ein verhältnismäßig junger Planet. Für andere Forscher wiederum ein alter, sterbender Planet. Hier scheiden sich auch heute noch die gelehrten Geister. Die bisherigen Fakten über den Planeten Venus ließen bislang keinen endgültigen Schluss zu. Hatte Clarke aber mit seiner Story über eine „junge" Venus gar nicht so Unrecht, wie heutige Erkenntnisse zeigen?

Die römische Göttin der Liebe stand Pate für den zweiten Planeten nach der Sonne. Denn die Venus kommt der Erde, nach dem Mond, von allen Himmelskörpern am nächsten, so dass sie auch entsprechend hell leuchtet. Ihre brillante Erscheinung als Morgen- oder Abendstern machte sie daher zu einem besonders auffälligen und begehrenswerten Objekt. Die moderne Astronomie hat allerdings gezeigt, dass die Zustände auf der Oberfläche des Planeten mit dem Bild der Göttin der Liebe nicht das Geringste zu tun haben und die Venus der Erde nur augenscheinlich ähnelt. Die Venus ist eine Gluthölle, auf deren Oberfläche Temperaturen zwischen 400 und 500 Grad Celsius herrschen sollen. Doch die großen Unterschiede zwischen Venus und Erde werden neben der unsagbaren Hitze auch in anderen Aspekten deutlich. Wenn man den Messungen der Venus-Sonden folgt, so herrscht auf unserem Nachbarplaneten ein Luftdruck, der 90mal höher ist als der auf der Erdoberfläche. Bei diesen Zuständen schmelzen Metalle wie Zinn und Blei. Die ersten Raumsonden, die durch die Venusatmosphäre zu Boden sanken, überlebten diese Zustände nur für wenige Stunden, bevor sie zerstört wurden. Der Grund für eine solche Hölle mit all ihren ungünstigen Bedingungen für Leben in der uns bekannten Form liegt in der Venusatmosphäre. Sie besteht laut Messungen im Gegensatz zur Erdatmosphäre fast nur aus Kohlendioxid, und zwar zu mindestens 98%. Darüber hinaus soll die obere Wolkendecke von Schwefelsäuretropfen gebildet werden. Auf der Venus sehen wir nach der offiziellen Lehrmeinung daher die Folgen eines extremen Treibhaus-Effekts, der jetzt auch auf der Erde allgemein befürchtet wird. Kohlendoxid hat nämlich die Eigenschaft, das einfallende Sonnenlicht zwar passieren zu lassen, die zurückgestrahlte Wärmestrahlung aber, wie die Glasdächer eines Treibhauses, gefangen zu halten. Dadurch heizt sich die Venusoberfläche extrem auf. Wenn der Gehalt der irdischen Atmosphäre an Kohlendioxid (zur Zeit nur 0,033%) weiter zunimmt, besteht die große Gefahr, dass ähnliche Effekte, wenn auch in geringerem Umfang, auf der Erde auftreten - mit noch nicht abzusehenden Folgen für das irdische Leben.

Die Oberfläche selbst ist bisher nur durch genaue Radarmessungen bekannt, die eine sehr komplexe geologische Struktur zeigen, die Gebirgszüge und Ebenen enthüllten und somit bestätigten, dass die Venus eine feste Oberfläche besitzt. Die Ebenen machen mit 70% den größten Anteil der Oberflächenstruktur aus, 20% sind Einsenkungen und 10% Hochland. Es existieren riesige Lavaflächen, auch Vulkane und Einschlagskrater von Meteoriten. Das Hochland konzentriert sich auf zwei Hauptgebiete mit Ishtar Terra im Norden und den elf Kilometer hohen Maxwell Montes am östlichen Ende und Aphrodite Terra in der Äquatorgegend. In Aphrodite Terra befindet sich ein riesiges Tal, Diana Chasma, mit einer Tiefe von über 2.000 Meter und einer Breite von fast 300 Kilometern. Dieses Tal kann mit dem Valles Marineris auf dem Mars verglichen werden.

Wir haben es also mit dem krassen Gegensatz zur Erde zu tun, obgleich Venus in Science Fiction-Romanen und alten, wissenschaftlichen Vermutungen als Planet mit üppiger Flora und prähistorischem Getier dargestellt wurde. Grund hierfür war nicht zuletzt ihre geschlossene Wolkendecke, die den ersten Beobachtungen mit dem Fernrohr den Blick verwehrte. So ist es denn auch nicht verwunderlich, dass man aus der um 28% geringeren Entfernung zur Sonne eine heiße, tropische Atmosphäre schloss, die aus kondensiertem Wasserdampf bestehen sollte, womit unsere früheren Zeitgenossen in Sachen „heiß" grundlegend richtig lagen, diese sich aber Temperaturverhältnisse von über 400 Grad bei weitem nicht vorstellen konnten. Daher ist es nur allzu verständlich, dass die erste Venuskarte, von F.

Bianchini im Jahre 1727 entworfen, Meere und Kontinente enthielt, die leider nur aufgrund optischer Täuschungen entstand. Im Jahre 1954 erregten die Herren F. L. Whipple und D.H. Menzel gar enormes Aufsehen mit der Idee, dass Venus ein vollständig mit Wasser bedeckter Planet sein könnte. 1962 lieferten die Messungen der Raumsonde Mariner 2 den endgültigen Beweis für die hohe Oberflächentemperatur, die die Existenz von flüssigen Wasser unmöglich machte und Wasserdampf nur zu den Spurenbestandteilen der Atmosphäre zählt.

Am 4. Mai 1989 sollten sich mit dem Start der Venus Spacecraft-Mission Magellan neue Ergebnisse, aber auch neue Fragen über unseren Nachbarplaneten ergeben. Der Magellan-Orbiter erfasste durch Radarabtastung der Venusoberfläche mittels Synthetic Aperture Radar und einer maximalen Auflösung von 75 Metern pro Bildpunkt ca. 95% der Oberfläche. Nun erhoffte man Antworten auf Fragen zur Venus. Besitzt die Venus eine dünne Gesteinskruste? Finden wir eine aufgewühlte Oberfläche oder gar Plattentektonik? Doch die Venusoberfläche erwies sich viel geheimnisvoller als erwartet. Alle Vorstellungen, die auf die Erdgeologie fußten, wurden über den Haufen geworfen. Die Forscher erblickten eine merkwürdige, fremde Welt, Lava hatte sich von riesigen Bergrücken hinabgewälzt und dabei einen Fluss gebildet. Die Berghänge waren steiler als in den schroffsten Gebirgen der Erde. Die Wissenschaftler suchten fieberhaft nach erdähnlichen Strukturen, doch das völlig fremde Aussehen der Venus hatte sie buchstäblich umgehauen. Bei all den eigenartigen und unerklärlichen Strukturen stellte sich primär die Frage, wie der Planet seine innere Wärme loswerden könnte. Man konnte keine Andeutungen von Graten, Verwerfungen und Gräben erkennen, die für eine Plattentektonik gesprochen hätten. Von massivem, aktivem Vulkanismus gab es ebenfalls keine Spur. Der Planet musste seine Energie auf eine völlig unbekannte, von der Erde komplett verschiedene Weise abgeben.

Der Schlüssel fand sich womöglich an völlig unerwarteter Stelle; er lag in den 936 Meteoritenkratern. Wie der Mond sind alle Körper im All einem ständigem Meteoritenbombardement aus dem Kosmos ausgesetzt, das seine Spuren auf der Oberfläche in Form von Kratern hinterlässt. Diese Krater verraten viel über das Alter der Oberfläche. Je älter sie ist, desto mehr Krater haben sich darauf angesammelt. Neue Kruste bildet sich durch Vulkanausbrüche, die die Landschaft mit einer neuen Haut überziehen. Sie lässt sich daran erkennen, dass sie noch von sehr wenigen Einschlägen vernarbt ist. Auf der Venus aber schien alles ganz anders zu sein. Als die Geologen die Krater auf der Venusoberfläche sorgfältig vermessen hatten, machten sie eine erstaunliche Entdeckung: Die Krater waren völlig gleichmäßig über den gesamten Planeten verteilt. Das ließ vorerst nur einen Schluss zu: es gab keine alte oder junge Kruste. Die gesamte Oberfläche war gleich alt! Gemessen an der Zahl der Krater war sie recht jung, so etwa 500 Millionen Jahre!

Bei den anderen Planeten und Monden, von Merkur bis zum Neptunmond Triton, gab es nirgends eine so zufällige Kraterverteilung. Die einzige Erklärung war, dass sich die Oberfläche der Venus auf einmal neu gebildet hat, so dass überall die gleiche Kraterverteilung entstand. Das aber bedeutete nach Aussage der Forscher, dass der Planet sein Innerstes nach außen gestülpt hatte. Aber wie und warum sollte es zu solch einer geologischen Katastrophe gekommen sein? Die Wissenschaftler konnten sich nur schwer mit einer solchen Theorie anfreunden. Geologen von der Universität von Arizona wollten es genau wissen und ihre Computertests ergaben dieselben Antworten: Die gesamte Oberfläche der Venus hatte das gleiche Alter. So etwas gab es auf keinem anderen Planeten, jeder hatte ältere und jüngere Gebiete. Das verwirrte die Forscher und man war zunächst ratlos.

Eine Theorie erarbeitete Prof. Don Turcotte von der Cornell Universität in den USA und formulierte das „Katastrophenmodell":

Eine Zeitlang scheint die Planetenoberfläche völlig tot zu sein. Das Innere heizt sich währenddessen mehr und mehr auf und wird dabei immer aktiver. Wie ein Topf Haferschleim auf einem Herd, wenn man die Hitze hochdreht. Schließlich bricht die dicke Oberfläche auseinander und versinkt ins Innere des Planeten. Darauf folgt eine Periode mit wahren Feuerstürmen von Vulkanausbrüchen. Ein regelrechter Magma-See bedeckt dann die gesamte Oberfläche, das entzieht dem Planeteninneren enorm viel Hitze. Ist das Innere wieder ruhig genug, kommt die Oberfläche zur Ruhe und kühlt sich ab. Für vielleicht 500 Millionen Jahre sieht sie aus, als sei sie tot, wie es zur Zeit den Anschein hat: keine Beben, keine Vulkanausbrüche noch irgendwelche anderen Anzeichen von Aktivität. Langsam aber heizt sich das Planeteninnere wieder auf, bis es erneut zur Katastrophe kommt. Die Oberfläche geht abermals in die Brüche und sinkt ins Innere.

Nach einer anderen Überlegung soll die Oberfläche sehr dünn sein, damit die Wärme aus dem Planeteninneren ungehindert abgestrahlt werden kann. Bei diesem „Gleichförmigkeitsmodell" muss der Planet immer genauso viel Wärme verlieren, wie im Inneren erzeugt wird. Diese Theorie kann allerdings nicht erklären, wie die Wärme nach außen dringt. Im „Katastrophenmodell" sieht die Lithosphäre der Venus, wie beschrieben, über 500 Millionen Jahre völlig tot aus. Sie schwillt immer mehr an und die Wärme aus dem Planeteninneren staut sich, bis sie den ganzen Planeten zum Bersten bringt. Danach herrscht wieder Ruhe. Die Bestätigung der Theorien hing also davon ab, ob die Lithosphäre der Venus dick oder dünn war. Eine Messung des Schwerkraftfeldes des Planeten mit dem Magellan-Orbiter sollte die Frage klären.

Das Schwerefeld eines Planeten zeigt geringe Schwankungen, je nach Dichte des Gesteins. Theoretisch lässt sich so aus den Schwerkraftdaten berechnen, was unter der Oberfläche ist, also ob die Lithosphäre dünn oder dick ist. Magellan wurde zur Messung in eine entsprechende Umlaufbahn dirigiert und erhielt somit die Schwerkraftdaten. Die Fachleute stritten sich im Folgenden jedoch über die ausgewerteten Daten, ob die Oberfläche nur 100 Kilometer oder mehr als 300 Kilometer dick ist, was letztlich für das Katastrophenmodell plädieren würde. Don Turcotte hierzu: *„Jeder gute Geophysiker kann sich sein Modell so gut konstruieren, dass er die Antworten erhalten wird, die er erwartet."* So ergaben sich auch durch die mehrdeutigen Schwerkraftdaten keine schlüssigen Antworten. Die Meteoritenkrater halfen, der Lösung näher zu kommen.

Die meisten Krater sind unberührt, da seit ihrer Entstehung es weder tektonische Verschiebungen noch übermäßige Vulkanausbrüche gab, die sie mit frischer Lava überspülte. Alles deutete darauf hin, dass die Venusoberfläche seit 500 Millionen Jahren im Dornröschenschlaf lag. Venus hätte tiefgreifende geologische Umwälzungen haben müssen, da es auf der Erde in derselben Zeitspanne gewaltige Kontinentaldrifte gab, die Landschaft entstand sozusagen in Millionen von Jahren. Krater Cleopatra Patera in den venusischen Maxwell-Bergen ist ein rätselhaftes Beispiel. Diese Bergkette ist völlig deformiert, regelrecht zermalmt, und oben auf thront der völlig unberührte Krater. Ein Phänomen, denn er müsste geologische Verwerfungen zeigen. Die Venus muss demnach in den letzten paar hundert Millionen Jahren eine katastrophale Wandlung durchgemacht haben. Eine spezielle Frage beherrscht jedoch die Planetenforscher: Stirbt die Venus gerade, ist sie tot oder wird sie bald wieder zum Leben erweckt? Kann die Frage auch anders lauten: Ist die Venus sehr jung, vielleicht gerade mal 500 Millionen Jahre alt, und zeigt sie deshalb diese geologischen Ungewöhnlichkeiten?

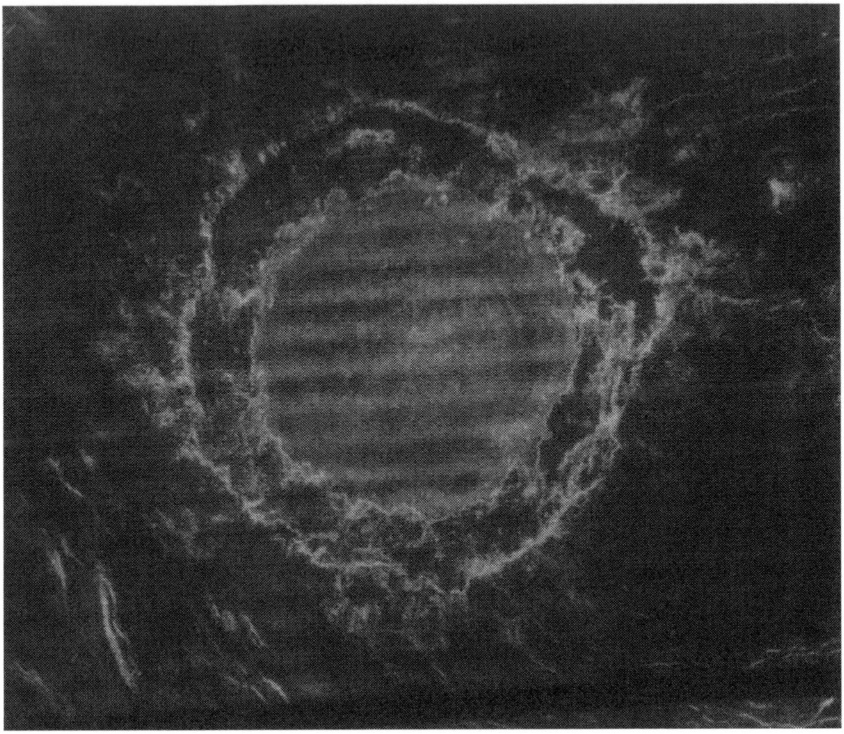

Abb. 39: Liegt die Oberfläche der Venus im Dornröschenschlaf? Krater auf der Venus. DLR.

Auch jüngste Erkenntnisse der letzten Jahre deuten auf ein junges Alter der Venus hin. Mehr noch: In früherer Zeit schien der Planet Venus gar über ein gemäßigteres Klima zu verfügen. Die Venus war die meiste Zeit ihrer Existenz ein bewohnbarer Schwesterplanet der Erde mit idealen Umweltbedingungen für Leben. Diese Behauptung stammt vom amerikanischen Forscher David Grinspoon aus dem texanischen Southwest Research Institute. Über die Spekulationen Grinspoons berichtete ausführlich die Online-Ausgabe des Wissenschaftsmagazins „New Scientist".

Vor fünfzehn Jahren veröffentlichte der US-Wissenschaftler Jeffrey Kargel Berechnungen, nach denen die Venus in den ersten 600 Millionen Jahren ihrer Existenz Ozeane besessen haben muss. Die Temperaturen dürften damals dem heutigen Klima auf der Erde weitgehend entsprochen haben. Dann setzte jedoch ein Treibhauseffekt ein und ließ die Ozeane verdampfen. Heute ist die Oberfläche des Planeten bekanntlich so heiß, dass darauf Blei schmelzen würde. Die Atmosphäre ist mit dicken säurehaltigen Wolken verhüllt, die jedes Sonnenlicht schlucken. Kargels Kollege Grinspoon hält es aber für möglich, dass der Treibhauseffekt erst sehr viel später begonnen hat. Zunächst dürften noch dichte Wasserwolken das Sonnenlicht reflektiert und die Temperaturen in angenehmen Bereichen gehalten haben. In den Schätzungen Kargels fehlen noch die Wolken, welche die Zeit der milden Temperaturen auf der Venus auf vier Milliarden Jahre ausgedehnt haben könnten, sagt Grinspoon.

Der Treibhauseffekt könnte daher mit einem Ereignis vor 700 Millionen Jahren in der Geschichte der Venus zusammenfallen. Damals ist die gesamte Oberfläche des Planeten aufgeschmolzen und hat sich umgeformt, wie auch die Magellan-Daten vermuten lassen. Der Treibhauseffekt könnte laut Grinspoon die Ursache dieser Vorgänge sein: Nachdem die Ozeane verschwunden waren, kamen auch die Kontinentalbewegungen des Planeten zum Erliegen. Die Wärme im Inneren der Venus stieg nun großflächig nach oben und löste die Gesteine der Oberfläche auf. Hier könnte auch die Theorie greifen, nach der sich unser Nachbarplanet viel später in die Planetenfamilie eingliederte, als bislang angenommen. Interessant sind in diesem Zusammenhang die Überlieferungen der alten Völker, die behaupten, dass der Planet Venus in früheren Zeiten der Erde sehr nahe gekommen sein und gar als Komet seine Bahn gezogen haben soll, bevor er sich endgültig eine feste Planetenbahn „erkämpfen“ konnte.

Immerhin erfahren wir in griechischen Schriften, dass der mit Phaethon verknüpfte Weltenbrand dadurch hervorgerufen wurde, dass die Himmelskörper aus ihrer Bahn gerieten. Können wir annehmen, dass die alten Griechen den „Kometen Venus“ meinten? Hesiod erwähnte beispielsweise die Verwandlung Phaethons, den „flammenden Stern“, in einen Planeten. Es war die allgemeine Ansicht, dass sich Phaethon in den Morgenstern verwandelte. Ob der Planet Venus aus einer Explosion eines möglichen zehnten Planeten zwischen Mars und Jupiter hervorging, mag zunächst einen allzu spekulativen Hintergrund besitzen. Da allgemein bezweifelt wird, dass sich aus dem Asteroidengürtel aufgrund der unmittelbaren Nachbarschaft und der daraus resultierenden Gravitationskräfte des Riesenplaneten Jupiter je ein Planet hätte formieren können.

Ungeachtet der Herkunft legt der Buchautor Immanuel Velikovsky anhand unzähliger Beispiele in seinem Buch *Welten im Zusammenstoß* die Vermutung nahe, dass Venus ein „Vagabund" im Sonnensystem war, bis er nach etlichen Umläufen und Katastrophen seine Planetenbahn festigte. Hier bietet er Beispiele von Legenden der verschiedensten Völker. Die Eskimos Nordamerikas erzählen beispielsweise, dass ein „flammender Stern" die sichtbare Bewegung der Sonne unterbrach und zum Morgenstern wurde. In den frühen Überlieferungen der Völker Mexikos wird von Venus als „rauchender Stern" berichtet und auch in den indischen Veden heißt es, dass der Stern Venus wie „Feuer mit Rauch" aussehe. Ganz deutlich erfahren wir es schließlich im Traktat Sabbat des Talmud: „Feuer hängt herab vom Planeten Venus".

Könnte der Planet Venus grundsätzlich ein später Planetengeselle geworden sein, wie es uns alte Überlieferungen berichten? Woher hatten diese Völker schließlich das Wissen und aus welchen zeitlichen Epochen stammten diese Informationen? Festigte sich die Bahn des Planeten vor Jahrmillionen oder erst vor wenigen tausend Jahren? Letztendlich lässt sich wohl schwer rekonstruieren, wann dieses Ereignis stattgefunden haben mag, fest steht jedoch, dass die Venusoberfläche im Vergleich zu Mond und Mars recht jung ist. Es könnte fast den Eindruck erwecken, dass sich unser Nachbarplanet in späterer Zeit von einem glutflüssigen Ball in einen gefestigten Planetenkörper wandelte.

Hinweise für diese Annahme könnte uns auch das merkwürdige Eigenrotationsverhalten der Venus liefern, denn im Jahre 1956 gelang R.S. Richardson die erste richtige Abschätzung der Rotationsperiode. Er kam zu dem Schluss, dass die Venus extrem langsam rotieren müsse und dazu noch in umgekehrter Richtung. Man spricht in einem solchen Fall von einer retrograden Eigenrotation. Das bedeutet, dass sich die Venus lediglich mit einer Periode von ungefähr 243 irdischen Tagen um ihre Achse dreht, wobei ein Venusjahr mit einer Umlaufszeit von 224,7 Tagen kürzer als ein Venustag ist. Eine bemerkenswerte Tatsache, zeigt sie doch den meisten anderen Planetenkörpern gegenüber eine ungewöhnliche Eigenart, denn sie rotiert als einziger Planet rückläufig, obwohl auch Uranus eine über den rechten Winkel hinweg geneigte Rotationsachse (98 Grad) aufweist. Deutet dies, wie schon oben beschrieben, darauf hin, dass sich unser Nachbarplanet tatsächlich zu einem späteren Zeitpunkt in die Planetenfamilie eingliederte?

Katastrophe in Sibirien: Noch immer Rätsel um Tunguska

Vor fast hundert Jahren wurde die sibirische Tunguska-Region von einer Katastrophe heimgesucht, die Wissenschaftler noch heute beschäftigt. Am Morgen des 30. Juni 1908 fegte eine Explosion mit der Gewalt einer 50-Megatonnen-Atombombe große Waldflächen des unbesiedelten Gebietes hinweg. Was die enormen Zerstörungen hervorrief, ist in der Fachwelt umstritten.

Die Kontroverse beschränkte sich bislang meist auf die Frage, ob damals ein Komet oder ein Asteroid in der Atmosphäre zerplatzte. Doch das Unheil muss nicht aus dem All gekommen sein, meint der Geologe Wladimir Epifanow. Der Wissenschaftler vom Sibirischen Forschungsinstitut für Geologie, Geophysik und Mineralogie in Nowosibirsk hält eine unterirdische Ursache für wahrscheinlicher. Epifanow zufolge gibt es zu viele Fakten, die nicht mit einem Einschlag erklärt werden können. So seien etwa im Epizentrum der Katastrophe nicht alle Bäume verbrannt, und der aus umgeknickten Stämmen rekonstruierte Weg der Druckwelle lasse sich kaum mit einem Himmelskörper in Einklang bringen. Vor allem aber konnte bislang niemand Bruchstücke des mutmaßlichen Meteoriten finden, obwohl die Tunguska-Region schon mehrmals Ziel von Forschungsexpeditionen war.

Vor Ort gesammelte Spuren, so der Wissenschaftler, erinnern vielmehr an die Auswirkungen einer Atombombe, wenngleich die hohe Strahlenbelastung fehlt. Eine solche Explosion könnte Epifanow zufolge durch die spezielle geologische Situation in der Region entstanden sein: Möglicherweise bahnten sich unterirdische Gasmassen ihren Weg nach oben, um in der Atmosphäre zu einem riesigen Feuerball aufzugehen.

In dem Gebiet gibt es im Sedimentgestein große Vorkommen von Erdöl, Gas und Gaskondensat, die unter einer mächtigen Basaltschicht begraben sind. Diese natürliche Versiegelung entstand vor rund 200 Millionen Jahren, als zahlreiche Vulkane und kleinere Erdrisse flüssiges Gestein verströmten. Einer der alten Krater liegt genau unter dem Epizentrum der Tunguska-Explosion - kein Zufall, wie Epifanow meint. Nach seiner Hypothese reicherte sich unter der Basaltdecke Gas aus den Erdöl und Kohle enthaltenen Schichten an. Im Jahr 1908, so glaubt Epifanow, fand das unter hohem Druck stehende Gemisch schließlich einen Weg durch das Vulkangestein und schoss als flüssiger Strahl nach oben. Als Auslöser hätte bereits ein mittleres Erdbeben ausgereicht.

Aus Staubpartikeln, die zusammen mit dem Gas in Freie gelangt waren, bildete sich demnach in der oberen Atmosphäre eine Aerosolschicht, die elektrisch aufgeladen wurde. Auf diese Weise könnte der entscheidende Funke freigesetzt worden sein, der den Gasstrahl von oben in Brand setzte. Ein Feuerball raste gen Erde und führte in den tieferen, mit Sauerstoff gesättigten Atmosphärenschichten zur Explosion.

Eine solche irdische Katastrophe könnte erklären, weshalb nie ein Einschlagkrater oder wenigstens Fragmente eines Himmelskörpers in der Tunguska-Region gefunden wurden. Verfechter der Meteoritentheorie mussten sich zuletzt mit der Annahme behelfen, ein extrem brüchiges Projektil sei über Sibirien in die Lufthülle eingetreten. Dieses Objekt, so ihre Theorie, wäre bereits in einigen Kilometern Höhe zerschellt – und zwar so gründlich, dass keine nachweisbaren Stücke von ihm übrig blieben.

Allerdings ist nicht ganz richtig, dass es keine Strahlenbelastung im Gebiet der Katastrophe gab. Ein von W. N. Mechedow vom Vereinigten Kernforschungsinstitut Dubna, Laboratorium für Kernprobleme, bereits im Jahr 1967 vorgelegter Untersuchungsbericht über die Radioaktivität im Gebiet der Tunguska-Katastrophe zeigt überaus deutliche Spuren radioaktiver Strahlung. Lediglich die Ursache, was die Detonation mit anschließender radioaktiver Strahlung ausgelöst haben könnte, liegt noch im Dunkeln. War es doch ein Steinmeteorit, wie die Zeitschrift Sterne und Weltraum unlängst berichtete? Oder ein Himmelskörper der exotischeren Art?

Es fanden sich in Bezug auf die Beobachtungen und Messungen der Tunguska-Detonation immer mehr Hinweise auf eine atomare Explosion. Für den atomaren Charakter der Explosion sprechen folgende Punkte:

Erscheinungen von durch Strahlung verursachte Verbrennungen an den Bäumen im Explosionsgebiet.

Die erhaltene Kohlenstoffaktivität im Holz des sog. „Telegrafenstangenwaldes", der während der Explosion von einem Neutronenstrom bestrahlt wurde.

Die Verseuchung des Geländes und des Holzes der an der Tunguska wachsenden Bäume durch radioaktive Niederschläge, die im Jahre 1908 gefallen sind.

Einige weitere Hinweise auf eine unglaublich energiereiche Explosion ergeben sich in der Größenordnung der Explosion:

- *Explosionstemperatur: einige dutzend Millionen Grad.*
- *Menge der bei der Explosion wechselwirkenden Materie: mehrere hundert Kilogramm.*
- *Explosionshöhe: mehrere Kilometer (ca. 5 – 9 Kilometer).*
- *Explosionsstärke: mehrere (7 – 10) Megatonnen Trotyl.*
- *Bei der Kernumwandlung während der Explosion kam es zur Kernspaltung von Uran oder Transuranen.*

Diese Daten erwecken unwiderruflich das Bild einer thermonuklearen Explosion. War es demnach nun eine natürliche oder künstliche Explosion? Die Ähnlichkeit der Tunguska-Explosion mit einer Kernexplosion beschränkt sich aber nicht nur auf die gegebenen Fakten. Die erwähnte Verbrennung der Bäume erfolgte nach Messungen in einem Augenblick, unmittelbar nach der Explosion und nicht durch einen Waldbrand. Die Bäume entzündeten sich sozusagen durch die auftreffende, enorme Lichtstrahlenenergie.

Bei atomaren Explosionen in einer bestimmten Höhe verändert sich die Leitfähigkeit der Ionosphäre, was zu einer Anregung des irdischen Magnetfeldes führt - den geomagnetischen Effekt. Dieser wurde bei der Tunguska-Katastrophe nachgewiesen.

Hier ergeben sich interessante Einzelheiten. In Anbetracht der Daten muss man bedenken, dass die Tunguska-Detonation ohne Zweifel als atomare Explosion registriert worden wäre, wenn sie sich später als 1958 ereignet hätte. Doch wie ist es mit der Radioaktivität im Gebiet der Katastrophe?

Die russischen Wissenschaftler vom Vereinigten Kernforschungsinstitut in Dubna untersuchten die Radioaktivität von Baumaschen im Gebiet der Tunguska-Explosion. Es zeigte sich, dass der Auslöser ein umschlossener Reaktor mit radioaktiven Elementen oder Antimaterie gewesen sein muss. Hinweise auf den künstlichen Charakter des Phänomens?

Muss man hier das unglaubliche Indiz in Betracht ziehen, dass die Katastrophe in der sibirischen Taiga künstlich hervorgerufen wurde? Doch wer könnte um die Jahrhundertwende dafür verantwortlich gewesen sein? Hat hier jemand einen atomaren Sprengkopf gezündet, war es ein radioaktiver Steinmeterorit oder gar ein Raumschiff, angetrieben durch einem Antimaterie-Reaktor, das aus kaum nachvollziehbaren Gründen über dem Tunguska-Gebiet zur Detonation gebracht wurde?

Die Radioaktivität im Explosionsgebiet ist nicht erheblich hoch, ist aber deutlich vorhanden und erklärt sich in ihrer Konzentration leicht: Erfolgt eine nukleare Luftexplosion in mindestens 5 Kilometern Höhe, so ist es möglich, dass das Gelände kaum radioaktiv verseucht wird. Der Wind trägt die Materie Dutzende oder gar Hunderte Kilometer weit vom Epizentrum weg. Daher ist eine radioaktive Verseuchung kein unbedingtes Zeichen für eine nukleare Explosion. Doch die Spuren der erhöhten Strahlung konnte man interessanterweise in den Bäumen nachweisen und messen. Hier waren zwei radioaktive Sprünge ersichtlich, und zwar 1908 und 1945, letzterer kennzeichnend für den Beginn des Atomzeitalters. Bei Vergleichsproben aus anderen Gebieten zeigte sich nur der zweite Sprung.

Interessant auch folgende Tatsache: Bei einigen Bäumen, die im zentralen Teil der Zone des umgebrochenen Waldes stehengeblieben waren, ist 12 - 15 Jahre nach der Explosion eine zeitweise starke Unterdrückung des Wachstums beobachtet worden. Das wäre noch durch die gegebenen Umstände zu erklären, aber in den folgenden Jahren erholten sich die Bäume wieder und erzielten einen beträchtlichen Zuwachs. Bei Bäumen, die die Katastrophe in gewisser Entfernung überstanden hatten, ist der Wachstumscharakter etwas anders: Die starke Wachstumszunahme ist hier direkt nach 1908 zu beobachten.

Was der russische Forscher Epifanow mit seiner „Gasball-Hypothese“ ebenfalls verschwiegen hat, wurde von der Zeitschrift Sterne und Weltraum bereits 2002 veröffentlicht:

Das Tunguska-Objekt kam nach einer detaillierten Auswertung aller Augenzeugenberichte zur Flugbahn des Feuerballs von 1908, des Fallmusters der umgestürzten Bäume sowie seismologischer und barometrischer Messungen aus dem Asteroidengürtel. Dies mit einer Wahrscheinlichkeit von 83 Prozent, während die restlichen 17%auf einen Körper aus der Region der Kometenkerne vermuten lassen. Trotz gewisser Unsicherheiten haben sich Anflugwinkel und Azimut recht gut eingrenzen lassen, und von 886 möglichen heliozentrischen Orbits des Impaktors haben besagte 83% die Charakteristika von Asteroidenbahnen. Da auch die Physik der gewaltigen Explosion in 5 bis 9 Kilometer Höhe am besten durch einen Steinasteroiden zu erklären ist, der vom Luftwiderstand zerrissen wurde (ein Kometenkern wäre viel höher explodiert), könnte die Meteoriten-Theorie durchaus nicht ganz so abwegig sein. Radioaktive Strahlungsmuster an Hand von Radionukliden wurden ebenfalls bei Meteoriten nachgewiesen.

Zum Schluss:

Die Glühbirnen-Verschwörung

Zum Ende des Buches sei noch auf eine besondere Kuriosität hingewiesen, in der kein geringerer als eine Glühbirne seit 1901 für eine ernstgemeinte Kontroverse sorgt. Lokaltermin in der nordkalifornischen Ortschaft Livermore: Die Feuerwache Nummer 6 ist Schauplatz einer augenscheinlich unbedeutenden, jedoch mit immenser Tragweite behafteten Kuriosität: Eine kleine Glühbirne leuchtet seit 109 Jahren im Dauerbetrieb. Dieser Dauerbrenner ist im Internet sogar via Webcam zu bestaunen.

Die „Hundertjährige Glühbirne" im Spritzenhaus der Feuerwehr glüht und glüht seit Anfang des zwanzigsten Jahrhunderts gemächlich vor sich hin und wurde bereits von „Guinness World Record" und zahlreichen Zeitzeugen in ihrem extremen Dauerbetrieb beglaubigt.

Die Konstruktion der Glühbirne, die von Adolphe Chailet entwickelt wurde, konnte sich nie gegen das Modell von Thomas Edison durchsetzen, obschon sich bei zeitgenössischen Wettbewerben zwischen den unterschiedlichen Modellen zeigte, dass Chailets Glühbirnen widerstandsfähiger waren und auch deutlich höhere Voltzahlen überstanden. Konkurrenzbirnen explodierten bei jedem Versuch mit steigender Spannung, Chailets Birne trotzte allen Tests und wurde lediglich heller.

Die Birne auf der Feuerwache wurde in den späten 1890er Jahren von der „Shelby Electric Company" als Modell „Shelby" produziert und 1901 erstmals in einem der Gebäude der Feuerwehr von Livermore installiert. Später wechselte die kleine Birne ihren Standort noch mehrere Male, bis sie ihren heutigen Platz 1976 zugewiesen bekam und seither weiterhin als Notbeleuchtung ihren Dienst versieht.

Abb. 40: Die 109-jährige „Centennial Bulb" in der Feuerwache 6 von Livermore. (Wikimedia commons)

Die „Centenial Bulb" in Livermore ist somit ein ungeliebter Störfaktor der Glühlampenhersteller, denn sie ist der unwiderlegbare Beweis, dass Glühbirnenhersteller schon lange in der Lage sind, Glühbirnen mit extrem langer bis hin zu unbegrenzter Haltbarkeit herzustellen. Solch ein Produkt wäre natürlich nur einmal zu vermarkten, so dass sich bereits 1924 bis 1941 ein Kartell aus den zeitgenössisch international führenden Glühlampenherstellern dazu entschloss, die Glühlampen mit der erheblich niedrigeren Brenndauer zu favorisieren. Das sogenannte „Phöbuskartell" legte daher bereits 1924 die Brenndauer einer Glühbirne auf 1.000 Stunden fest.

Zwar wurde das Kartell nach Bekanntwerden ihrer unlauteren Methodik umgehend aufgelöst, allerdings verhält es sich hier wohl wie bei so vielen Gruppierungen: Sie wurden selbstredend unter anderen Namen weitergeführt und haben sich bis heute in einflussreichen Konzernen erhalten. Tatsächlich ist der Einfluss dieser Lobby erheblich, wenn man die aktuellen Diskussionen und die entsprechenden EU-Verordnungen zu Leuchtmittel wie Energiesparlampen, LED-Leuchten und normalen Glühbirnen betrachtet. Deshalb ist es total abwegig , dass jemals eine Dauerglühbirne auf den Markt kommt.

Neben der „Centennial Bulb" gibt es noch weitere Rekordbirnen. So spendet die „Palace Bulb" in Fort Worth, Texas, seit 1908 ihr elektrisches Licht. Eine Glühbirne in New York City tut ihren Dienst seit 1912 und eine Glühbirne in einer Feuerwache in Magnum im US-Bundesstaat Oklahoma brennt schier unauslöschlich seit 1926. Die Glühbirnen-Variante von Adolphe Chailet ist somit nur eines von vielen Opfern durch die gewinnorientierten Machenschaften elitärer Gruppen. Sie machen uns in Sachen unbegrenzter Energie, alternativer Autokraftstoffe und vielen anderen nutzbringenden Innovationen und Patenten nachdenklich, die - durch erhebliche Finanzmittel aufgekauft - vor der Öffentlichkeit verborgen in den Schubladen manch selbsternannter Entscheidungsträger buchstäblich „versauern".

Die andere Realität: Ein Nachwort

Wir haben in diesem Buch über merkwürdige Begebenheiten gelesen, phantastisch anmutende Erlebnisse und viele anderen Mysterien kennengelernt. Was ist nun dran an den frenden Dimensionen? Ist es so unmöglich, dass sich andere Realitäten mit unserer Raumzeit überlappen? Sind Zeitrisse, Dimensionssprünge und merkwürdige Begegnungen real? Die moderne Quantenphysik sagt mittlerweile sogar: Ja!

Sind solche Ereignisse wirklich real wie beispielsweise der Empfang des SOS-Notrufs der Titanic, welcher erst 60 Jahre nach dem Untergang des Luxusliners über den Äther ging? Am 15. April 1972 empfing der Marinefunker Lloyd Dethmer an Bord eines amerikanischen Kreuzers den befremdlichen Notruf, in dem ein Schiff um Hilfe rief, das den Namen „Titanic" führte. Die Küstenwache gab überraschenderweise den Befehl, nicht auf diesen Notruf zu reagieren und den geplanten Kurs beizubehalten. Wusste da jemand mehr? Wurde der seltsame Notruf möglicherweise sogar schon von anderen Schiffen empfangen? Tatsächlich haben viele Jahre nach dem Untergang der Titanic Schiffe, die den Unglücksort passierten, immer wieder SOS-Signale des gesunkenen Luxusliners empfangen. Manchmal war es der internationale Notruf SOS, ein anderes Mal der ältere Notruf CQD (bedeutete so viel wie „Seek You" und „Distress", also „Suchen Euch", „sind in Schwierigkeiten") und der Code MGY, das Rufzeichen der Titanic.

Auch das seltsame Phänomen der Zeitspiegelungen, in denen Menschen Informationen hören oder Bilder aus längst vergangenen Zeiten sehen, ist nicht so selten, wie man glauben mag. Manche Forscher vermuten sogar, dass solche „Chronomirages" auch aus der Zukunft kommen können. Dabei handelt es sich nicht um gewöhnliche Luftspiegelungen, wie gern argumentiert wird, sondern sind Momentaufnahmen aus einer anderen Zeit, regelrechte Datenpakete über die Dimensionen hinweg.

Ein Beispiel sind die exotischen Effekte, die sich vor den Mauern der Festung Frangokastello auf der Insel Kreta abspielen und den dort ansässigen Bewohnern schon lange bekannt sind. Zu bestimmten Zeiten und bei ganz bestimmten Wetterbedingungen erscheinen menschliche Schatten, welche die ganze Phalanx einer Armee von Infanteristen und Reitern darstellen. Im Jahr 1828 kam es in der Nähe von Frangokastello zu einer erbitterten Schlacht zwischen Griechen und den türkischen Besatzern der Insel. Die Überreste der über 300 getöteten griechischen Freiheitskämpfer wurden nicht begraben, sondern auf dem Schlachtfeld zurückgelassen. Nicht lange nach dem Massaker traten die merkwürdigen Erscheinungen auf, als wären sie Momentaufnahmen des tragischen Ereignisses. Die Gestalten kommen von Osten her und steigen zur Festung empor, bis sich die ganze Szenerie nach wenigen Minuten in Luft auflöst.

Die Welt scheint viel komplexer und interessanter, als es den Meisten von uns klar sein mag. Solche Zeitspiegelungen sind auch aus China und Russland bekannt, beispielsweise im Waldgebiet Mjasnoi Bor in der Region Nowgorod. Hier wütete im Zweiten Weltkrieg eine unerbittliche Schlacht zwischen der deutschen Wehrmacht und der Roten Armee und man hört bis heute Schüsse, Schreie von Verwundeten und erhascht Bilder von Soldaten. Die Region wird bezeichnenderweise auch „Tal des Todes" genannt. Laut den Physikern Grazyna Fosar und Franz Bludorf soll es auch in Berlin eine solche Zeitspiegelung gegeben haben, und zwar auf der Straße des 17. Juni im Tiergarten, unweit der Siegessäule. An einem frühen Abend, kurz vor Sonnenuntergang, soll sich einmal quer über die Straße eine Röhrenkonstruktion von Nordwest nach Südost manifestiert haben, in der sich ein futuristisch aussehender Zug bewegte. Dabei schwebte der Zug geräuschlos und sehr schnell in der hell erleuchteten Röhre. Es wäre fantastisch, wenn sich dieses Chronomirage noch einmal zeigen würde, am besten unter den Augen zahlreicher Zeugen.

Es gibt sie, die Raum-Zeit-Tunnel in denen Menschen verschwinden, seltsame Projektionen anderer Welten oder Zeitspiegelungen scheinen sich in einer äußerst zerklüfteten Raumzeit zu überlappen, wobei unser Bewusstsein eine sehr große Rolle spielt.

Der Autor Dr. Ulrich Warnke geht in seinem Buch *Quantenphilosophie und Spiritualität* der Auffassung nach, dass alles, was unsere Welt ausmacht, an ein menschliches Bewusstsein gebunden ist. Ohne Bewusstsein gibt es demnach kein Ich, keine Umwelt und keine Natur, keine Sonne und keinen Kosmos.

Somit verbliebe die fantastische Erkenntnis, dass Bewusstsein alles erschafft, was existent ist, was wir mit unseren Sinnen erfahren, was wir erleben und woran wir uns erinnern.

Diese folgenreiche Erkenntnis der Quantenphysik zeigt uns klipp und klar, dass subjektives Bewusstsein Materie steuert und sich in objektiven Erlebnissen manifestiert. Nach den Ausführungen des Autors sind somit Wissenschaft und Spiritualität längst nicht mehr getrennt voneinander zu betrachten, sondern fungieren als eine Einheit, ohne die wir ein unvollständiges Verständnis unserer Alltagswelt erfassen.

Schafft Bewusstsein und Unterbewusstsein die Realität? Ist es uns Menschen also möglich, diese Matrix für unsere Lebensbedingungen zu nutzen und unermessliche Fähigkeiten zu aktivieren? Könnten wir möglicherweise sogar in fremde Raumzeiten vordringen und zurückkehren, ohne Schaden zu nehmen? Die sogenannte Quantenverschränkung beschreibt ein Ereignis, in das zwei Teilchen involviert sind, die beide simultan in einem multiplen Zustand sind, ähnlich wie bei Schrödingers Katze – zugleich lebendig und tot. Wissenschaftler nennen diesen Zustand auch Superposition. Einsteins Relativitätsprinzip widerspricht der Quantenverschränkung, da sich nach diesem Prinzip keine Information schneller als das Licht bewegen kann. Allerdings läuft der Informationsaustausch nach neuesten Erkenntnissen in der Quantenforschung nicht auf herkömmliche Art ab, sondern in einem Augenblick. Wenn zwei Materieteilchen in einen verschränkten Zustand geraten, entsteht zwischen ihnen sofort ein kleiner Raum-Zeit-Tunnel, ein sogenanntes Wurmloch. Ein solches Wurmloch kann über den „Umweg" durch höhere Dimensionen gewaltige Entfernungen im Universum überbrücken und sogar die Raumzeit zu einem Zeittunnel verbinden.

Krümmt also nicht die Gravitation den Raum, sondern die verschränkten Teilchen, die paarweise aus dem scheinbaren Nichts des Quantenvakuums auftauchen und damit überhaupt erst die Gravitation erschaffen? Entstehen so auch Bilder und Szenen aus fernen Zeiten, die als eine Art Quantenholographie in unserer Welt auftauchen? Sind die paranormalen Ereignisse, die uns immer wieder beschäftigen, lediglich das Ergebnis von Erschütterungen im Raum-Zeit-Gefüge? Ist so der Übergang in andere Welten nicht nur möglich, sondern machbar? Und können wir, wie gesagt, mit unserem Bewusstsein solche Vorgänge steuern? Sind wir vielleicht sogar in

Einzelfällen selbst die Auslöser von Begegnungen mit der Raumzeit oder fremden Dimensionen? Können wir Materie sogar steuern?

Alles erschaffen, was uns nötig erscheint: Eine Utopie? Ich denke nicht, denn die neuesten Erkenntnisse der Quantenphysik scheinen immer mehr in diese Richtung hinzuweisen. Und am Ende dieses Buches, das in keinster Weise vollständig oder endgültig sein kann, bleibt die Frage: Haben die in diesem Buch beschriebenen Rätsel und Mysterien, die nur ein Bruchteil oder beispielhafte Momentaufnahmen dessen sind, was um uns herum geschieht, möglicherweise sogar alle einen gemeinsamen Kern?

Danksagung

Dieses Buch wäre ohne die Unterstützung und Mithilfe zahlreicher Menschen nicht realisierbar gewesen. Diesen Menschen möchte ich ein aufrichtiges Dankeschön aussprechen. Besonders die Mithilfe und Unterstützung meiner Frau Iris hat mir in den vielen Stunden des Schreibens sehr geholfen. Sie ertrug mich und meine „Schusseligkeit", sie war da für mich, wenn ich Sie brauchte. Dafür möchte ich ihr von ganzem Herzen danken.

Ich möchte hier stellvertretend einige Namen nennen, wobei jene, die ich nicht aufliste, mir das bitte entschuldigen mögen. Ihnen sei meine Wertschätzung versichert.

Zunächst einmal gebührt mein größter Dank Werner Betz vom Ancient Mail Verlag für die freundliche Unterstützung bei diesem Buchprojekt. Danken möchte ich natürlich auch allen Menschen, die mir wertvolle Unterstützung zukommen ließen, sei es durch hilfreiche Gespräche oder allein durch ihre Freundschaft. Mein Dank geht auch an meine Familie, meine Eltern, meine Schwester und meine Brüder für die schöne gemeinsame Zeit.

Darüber hinaus gebührt mein Dank folgenden Personen: Tom & Anita Arndt, Christiane Barba-Krause & Mario Gruhle, Bernhard Beier, Franz Bludorf, Dr. Wolfgang Bockelmann, Walter Closs (in memoriam), Christian Czech, Cornelia v. Däniken, Dan Davis, Matthias & Angie Mso Donner, Gisela Ermel, Axel Ertelt, Viktor Farkas, Johannes Fiebag (in memoriam), Peter Fiebag, Brien Foerster, Grazyna Fosar, Dr. Horst Friedrich, Hans-Dieter Gau, Dr. Dominique Görlitz, Manfred Greifzu, Frank & Petra Grondkowski, Reinhard Habeck, Gerd W. Höchsmann, Roland M. Horn, Walter Kelch, Gerd Kirvel, Michael Kran (in memoriam), Peter Krassa (in memoriam), Lara Lamberti, Walter-Jörg Langbein, Billy (Karl) Lesina, David Ludwig & Iris Hilbert, Kim-Nadine Nöding, Wladislaw Raab, Ronald R. Rattmann, Lars & Verena Salmann, Udo & Gerda Scharfenberger, Tina Schartner, Karsten Sturm, Hans-Jürgen Schulz (in memoriam), Marianne Stärke, „Teddy Larry", Hans-Jörg Vogel, Mike & Peggy Vogler, Thorsten & Sabine Walch und Manfred Zink.

Last but not least danke ich meinem Hund „Otto" für die schöne gemeinsame Zeit, die wir miteinander verbringen und er mir stets durch seine schonungslose Ehrlichkeit und tiefe Freundschaft zeigt, dass Hunde letztendlich doch die besseren Menschen sind.

Über Roland Roth

„Nur wer die Vergangenheit kennt, kann bereit sein für die Zukunft!“

(Roland Roth)

Roland Roth - Jahrgang 1971 - befasst sich als Journalist und Buchautor seit vielen Jahren mit den Rätseln und Mysterien der Welt und veröffentlichte zahlreiche Bücher und Sammelbände zu diesem Themenkomplex, beispielsweise *Das Erwachen der Maschinen* (2006), *Die Existenz des Unglaublichen* (2006), *Epoche der Götter* (2007), *Terra Enigma* (2009), *Die Spuren der Alten* (2009), *Terra Divina* (2011), *Technogötter* (Neuauflage 2014) oder *Phantastische Orte* (2014). Der Autor verfasste unzählige Beiträge in Anthologien und Zeitschriften aus dem In- und Ausland, darunter Magazine wie *Sagenhafte Zeiten* (CH), *Matrix3000* (D) oder *Mystikum* (A). Zuletzt war Roth Co-Autor in den von Erich von Däniken herausgegebenen Anthologien *Die andere Seite der Archäologie* (2011) und *Neugierde verboten!* (2014). Seit 2006 ist Roland Roth als Herausgeber des interdisziplinären Special-Interest-Magazins *Q`PHAZE - Realität anders!* tätig, das eine Vielzahl von Fachgebieten abdeckt und dabei unvoreingenommen brisante und kontroverse Themen unserer Zeit anspricht. Der Autor lebt und arbeitet mit Frau und Hund am grünen Stadtrand von Kassel, unter der Obhut des Herkules.

Weiterführende Informationen zum Magazin Q´Phaze:

Internet: http://qphaze.alien.de

E-Mail roth-verlag@web.de

Literaturverzeichnis und Quellen

Begg, Paul: *Into thin Air. People who disappear*. North Pomfret/GB 1979

Behrens, Heinz A.: *Hünensteine, Menhire, Seelenthrone*, in: Bodendenkmalpflege im Kreis Wernigerode, Hrsg. Rat des Kreises Wernigerode, 1990

Beier, Bernhard: *Riesen im prähistorschen Nordamerika – Indizien und Belege* http://atlantisforschung.de

Beier, Bernhard: *Riesen im prähistorschen Nordamerika – unmöglich?* http://atlantisforschung.de

Belanger, Jeff: Die Geister-Akte: *Die spektakulärsten Fälle übernatürlicher Phänomene und ihre Erklärung*. 2008

Benjamin, Alexander: *Das große Buch vom Vollmond*. München 1990

Berlitz, Charles: *Die ungelösten Rätsel und Geheimnisse unserer Welt*. Wien/Hamburg 1974

Borrmann, Norbert: *Lexikon der Monster, Geister und Dämonen*. Berlin 2000

Boyrayon, Marius: *Solomon Islands Mysteries*. Nexus Verlag, 2009

Böhme, Hartmut: *Phaeton, Prometheus und die Grenzen des Fliegens*, in: W.R. Dombrowsky (hg.), *Wissenschaft, Literatur, Katastrophe*, Opladen 1995

Birtalan, A.: *Die Mythologie der mongolischen Volksreligion*, in: Schmalzriedt/Haussig: *Götter und Mythen in Zentralasien und Nordeurasien*. Stuttgart 2004

Brooks, Max: *Der Zombie Survival Guide – Überleben unter Untoten*. Goldmann, 2004

Bunson, Matthew: *Das Buch der Vampire*. München 1993

Buttlar, Johannes v.: *Zeitriss*. München 1989

Bürgin, Luc: *Mondblitze, Unterdrückte Entdeckungen in Raumfahrt und Wissenschaft*. München 1994

Bylinski, Gene: *Evolution im All*. 1982

Cipolletti, M.S.: *Schamanismus und die Reise ins Totenreich. Religiöse Vorstellungen der Indianer des südamerikanischen Tieflands*, in: Eliade, M: *Geschichte der religiösen Ideen*. Freiburg 1991

Citro, Joe: *Green Mountain. Ghosts, Ghouls and unsolved Mysteries*. Boston/Mass. 1994

Coles, John: *Erlebte Steinzeit (Archaeologie by Experiment)*. Bergisch Gladbach, 1980

Collins, Andrew: *Das Cygnus-Rätsel*. In: Kreisberg, G.: *Das verschollene Wissen der Vorzeit*. Rottenburg 2011

Collins, Andrew: *The Cygnus Mystery*. London 2006

Corrales, Scott: *In the Wink of an Eye: Myterious Disappearances*. www.inquiring-mines.com

Croy, Alexis von : *Der Mond und die Abenteuer der Apollo-Astronauten*. München 2009

Däniken, Erich von: *Erinnerungen an die Zukunft*. Düsseldorf und Wien, 1968

Däniken, Erich von: *Wir alle sind Kinder der Götter*. München 1987

Däniken, Erich von: *Der Götter-Schock*. München 1992

Däniken, Erich von: *Schatzsuche*, Editorial in „Sagenhafte Zeiten", Beatenberg, Ausgabe 3/2011

Davis, Nigel: *Bevor Columbus kam*. Reinbek bei Hamburg, 1978

Davies, Paul: *Mehrfachwelten. Entdeckungen der Quantenphysik*. München 1981

Davies, Rodney: *Supernatural Disappearances*, London 1995

Davis, Wade: *The Serpent and the Rainbow*. Warner Books, 1994

De Aquino, Fran: Mathematical Foundations of the Relativistic Theory of Quantum Gravity.
http://arxiv.org/ftp/physics/papers/0212/0212033.pdf

Dendle, Peter: *The Zombie Movie Encyclopedia*. McFarland & Company, Inc.: Jefferson, North Carolina 2001

Deutsche Presseagentur (dpa): *BKA: Deutsche nutzen Tsunami-Chaos, um unterzutauchen*, in „Hessische Allgemeine“, 18, April 2005

Diederichs, Ulf/ Hinze, Christa: *Hessische Sagen*. München 1978

Ditfurth, Hoimar von: *Innenansichten eines Artgenossen*. Hildesheim, 1989

Dopatka, Ulrich: *Lexikon der außerirdischen Phänomene*. Bindlach 1992

Drake, Frank/Sobel, Dava: *Signale von anderen Welten. Mit dem NASA-SETI-Projekt auf der Suche nach fremden Intelligenzen*. Essen 1994

Drayna, Dennis: *Genspuren der Menschheitsgeschichte*. In: Spektrum der Wissenschaft, Januar 2006

Drösler, Rudolf: *Astronomie in Stein*, Leipzig, 1990

Eberhardt, Professor W.: *Monumenta Serica, die Lokalkulturen des Südens und Ostens*

Elkins, Don/ Rueckert, Carla/ McCarty, James Allen: *The Ra Material: An Ancient Astronaut Speaks (The Law of One, No 1)*. Donning Company Publishers, 1984.

Energetic Gamma Rays spotted from „microquasar“.

www.newscientist.com/article/dn18202-energetic-gamma-rays-spotted-from- microquasar.html

Ermel, Gisela: *Auferstehung oder Teleportation?* Greiz 2001

Ermel, Gisela: *Das Stargate-Phänomen*. Greiz 2007

Farkas, Viktor: *Unerklärliche Phänomene jenseits des Begreifens*. Frankfurt/Main 1988

Farkas, Viktor: *Rätselhafte Wirklichkeiten*. München 1998

Ferguson, Neil (u.a.): *Infectious Diseases Modelling Research Progress*. University of Ottawa

Fiebag, Dr. Johannes: *Das Tunguska-Ereignis*, wissenschaftl. Arbeit, verwendet als Vorwort zu P. Krassa: *Feuer fiel vom Himmel*

Finkelstein, Israel; Silberman, Neil Asher: *David und Salomon. Archäologen entschlüsseln einen Mythos*. München 2006

Fort, Charles H.: *Da!* Frankfurt 1995

Fort, Charles H.: *Wilde Talente*. Frankfurt 1996

Fosar, Grazyna und Franz Bludorf: *Der Denver-Plan, Vertrag mit der Zeit.* Peiting 2014

Fowler, Raymond E.: *Die Wächter.* Belgisch Gladbach 1991

Franke, Herbert W.: *Vorstoß in die Unterwelt. Abenteuer Höhlenforschung* 2003

IMAX DVD: *Fantastische Höhlen*. Euro Video 2010

Gau, Hans-Dieter: *Cart Ruts auf den Azoren!*, in Q´PHAZE, Ausgabe 26. Roth-Verlag, Kassel

Gebhardt, Harald & Ludwig, Mario: *Von Drachen, Yetis und Vampiren*. Fabeltieren auf der Spur. BLV, München 2005

Geheimnisvolle Welt der Riesen. Ars Edition 2009

Geise, Gernot L./Prahl, Reinhard: *Auf der Suche nach der Mutterkultur.* Peiting 2005

Geise, Gernot L.: *Die dunkle Seite von Apollo*. Peiting 2002

Ders.: *Die Schatten von Apollo*. Peiting 2003

Glase, Katrin: *Das geheime Leben des Fulcanelli*. 2001 http://www.siltry.de/dark/fulcanelli.htm

Gödel, Otto: *Menhire*, Speyer 1987

Good, Timothy: *Jenseits von Top Secret*. Frankfurt 1991

Gorion, M. bin: *Sagen der Urzeit*. 1962

Görden, Meiser, Knappert: *Lexikon der afrikanischen Mythologie*. München 1995

Habeck, Reinhard: *Das Unerklärliche.* Oberrohrbach 1997

Hancock, Graham: *Supernatural. Meetings with the Ancient Teachers of Mankind*, Arrow 2006

Hartmann, William K.: *Eine kurze Geschichte des Mondes*, in Star Observer 6/97

Hartwagner, Siegfried: *Klagenfurt Stadt* (= Österreichische Kunstmonographie, Band X). Verlag St. Peter, Salzburg.

Hasmann, Gabriele/Hepp, Ursula: *Unheimliches Österreich*, Wien 2013

Hausdorf, Hartwig: *Bizarre Wirklichkeiten. Auf geheimen Wegen ins Unbekannte.* München 2006

Herrmann, Dieter B.: *Antimaterie. Auf der Suche nach der Gegenwelt.* München 1999

Heyerdahl, Thor: *Zwischen den Kontinenten.* München, 1978

Hoagland, Richard C.: *Geheimakte Mond: Die schwarzen Projekte der NASA.* Rottenburg 2008

Holbe, Rainer: *Phantastische Phänomene. Den großen Rätseln auf der Spur.* München 1993

Hopkins, Budd: *Eindringlinge.* München 1994

Hoerner, Sebastian von*: Sind wir allein? – SETI und das Leben im All.* München 2003

Hüser, Rembert: *Einkaufen gehen.* CINEMA, Ausgabe 47, Chronos Verlag, Zürich

Hutter, M.: *Religionen in der Umwelt des Alten Testaments.* Stuttgart 1996

Jaritz, Kurt: *Utopischer Mond. Mondreisen aus drei Jahrtausenden.* Wien, Köln 1965

Johnson, Kenneth Rayner: *The Fulcanelli phenomenon: the story of a Twentieth-Century alchemist in the light of a new examination of the hermetic tradition.* Neville Spearman, Jersey 1980

Jordan, Michael: *Cults. From Bacchus to Heaven's Gate.* London 1999

Junker, Reinhard: *Evolution - ein kritisches Lehrbuch.* Gießen 2013

Kauksch, E.: *Die Apokryphen und Pseudepigraphen des Alten Testaments.* Bd. 2, Tübingen 1900

Kempe, Stephan / Rosendahl, Wilfried : *Höhlen. Verborgene Welten.* 2008

New Mexico Tourism Department

Kettmann, Marius & Karina: *Das Djatlow-Pass-Unglück*, in Deguforum Nr. 79 - 81, 2013/2014

Kienzl, Barbara & Deuer, Wilhelm: *Renaissance in Kärnten*. Carinthia Verlag, Klagenfurt 1996.

Khoury, A.T. & G. Girschek: *Das religiöse Wissen der Menschheit. Band 1*. Freiburg 1999

Kolosimo, Peter: *Woher wir kommen*. Wiesbaden 1972

Korn, Wolfgang: *Megalithkulturen - Rätselhafte Monumente der Steinzeit*. Stuttgart 2005

Kusch, Heinrich u. Ingrid: *Versiegelte Unterwelt*. Graz 2014

Langbein, Walter-Jörg: *Das Wissen der Alten*. Rastatt 1997

Laurence, E.A.: *Kosmische Mächte*. Bergisch-Gladbach 1982

Leakey, Richard: *Die Evolutionsdebatte wird bald Geschichte sein*, in: The Associated Press, 28. Mai 2012

Lesch/Gaßner: *Urknall, Weltall und das Leben. Vom Nichts bis heute morgen*. München 2014

Les Demeures Philosophales et le Symbolisme hermétique dans les rapports avec l'art sacré et l'ésotérisme du Grand-oeuvre. Préface de Eugène Canseliet. F.C.H. Imprimerie P. Daupeley-Gouverneur, Nogent-le-Rotrou, Jean Schemit, Paris, (22. Nov.) 1930; dt.: Wohnstätten der Adepten (Übersetzt von Martin P. Steiner) Edition Oriflamme, Basel 2008

Le Mystère des cathédrales et l'interprétation ésotérique des symboles hermétiques du Grand-Oeuvre. Préface de E. Canseliet. F. C. H. Imprimerie P. Daupeley-Gouverneur, Nogent-le-Rotrou; Jean Schemit, Paris, (25. Sept.) 1930; dt.: Mysterium der Kathedralen. (Übersetzt von Martin P. Steiner) Edition Oriflamme, Basel 2004

Lyncker, Karl: *Deutsche Sagen und Sitten in hessischen Gauen*. Kassel 1854

Mack, John E.: *Entführt von Außerirdischen*. München 1995

Madey, Johannes : *William Paley (Theologe)*. In: Biographisch-Bibliographisches Kirchenlexikon (BBKL). Band 16, Bautz, Herzberg 1999

Mechedow, W.N.: *Über die Radioaktivität von Baumaschen im Gebiet der Tunguska-Katastrophe,* Vereinigtes Kernforschungsinstitut Dubna, Laboratorium für Kernprobleme, 1967

Mehner, Thomas: *Der Tunguska-Körper - doch ein Raumschiff?,* in Erich v. Däniken (Hrsg.): *Neue kosmische Spuren,* 1992

Mischke, Roland: *Österreich.* Köln 2012

Modulated High-Energy Gamma-Ray Emission from the Microquasar Cygnus X-3. www.sciencemag.org/content/326/5959/1512

Moore, Patrick/Zimmer, Harro: *Guinnes Buch der Sterne.* Frankfurt/M. 1985

Müller-Scheeßel, N.: *Die Hallstattkultur und ihre räumliche Differenzierung. Der West- und Osthallstattkreis aus forschungsgeschichtlicher Sicht.* 2000.

Mystery-Matrix, in Matrix3000, Band 87, Juni 2015

Pauwels, L. Bergier, J.: *Aufbruch ins dritte Jahrtausend.* Düsseldorf 1997

Pehr, Franz*: Kärntner Sagen.* Klagenfurt 1913

Petzold, Leander: *Sagen aus Niederösterreich,* München 1992

Pichler, Dr. Herbert J.: *Die Mondlandung - Der Menschheit größtes Abenteuer.* Wien-Zürich-München 1969

Praagh, James van: *Geister sind unter uns: Die Wahrheit über die ewigen*

Begleiter der Menschheit. 2008

Raab, Wladislaw: *Statistische CE3 & CE4 Datensätze.* greyhunter.blog.de

Rappold, J.: *Sagen aus Kärnten,* Graz 1887

Rattmann, Ronald: *Das Ende der Riesen,* in Magazin Omicron, Ausgabe 3/97

Rehork, Joachim: *Sie fanden, was sie kannten - Archäologie als Spiegel der Neuzeit.* Bergisch Gladbach, 1989

Reijseger, Ernst: *Die Höhle der vergessenen Träume.* DVD, Ascot Elite Home Entertainment

Rießler, Paul*: Altjüdisches Schrifttum außerhalb der Bibel.* Augsburg 1993

Ritter, Thomas: *Die Giganten der Salomonen*. In: Q´PHAZE, Ausgabe 17, 1/2010

Roth, Roland: *Der UFO-Faktor. Entführungen durch Außerirdische gestern und heute.* EBook 2011

Roth, Roland: *Astronauten der Vorzeit. Das Phänomen Paläo-SETI.* EBook 2011

Roth, Roland: *Die Existenz des Unglaublichen. Die Herkunft des Menschen, rätselhafte Besucher, phantastischer Kosmos.* Groß-Gerau 2006

Roth, Roland: *Epoche der Götter. Als die Menschen begreifen lernten.* Neckenmarkt/Österreich 2007

Roth, Roland (Hrsg.): *Der schweigende Stern. Aus der Steinzeit in den Weltraum.* Plaidt 2011

Roth, Roland (Hrsg.): *Auf den Spuren der Alten.* Freier Falke Verlag 2009

Roth, Roland: *Technogötter. Die phantastische Realität vorzeitlicher Technologie und verschollener Zivilisationen.* Groß-Gerau 2014

Roth, Roland: *Interview mit Prof. Chandra Wickramasinghe*, in von Däniken, Erich: *Die andere Seite der Archäologie.* Rottenburg 2011

Roth, Roland: *Die Existenz im Untergrund*, in von Däniken, Erich: *Neugierde verboten!* Rottenburg 2014

Röllig, Wolfgang: *Das Gilgamesch-Epos.* Ditzingen 2009

Ruh, Hansjörg*: Außenseiter des Lebens.Die Arsen-Mikroben vom Mono Lake.* In Sagenhafte Zeiten, Ausgabe 2/2011

Sagan, Carl: *Unser Kosmos. Eine Reise durch das Weltall.* München 1982

Sagan, Carl*: The Cosmic Connection. An Extraterrestrial Perspective.* Anchor Press Ltd. 1973

Schroll, Anton: *Dehio-Handbuch. Die Kunstdenkmäler Österreichs.* Kärnten. Wien 2001

Shostak, Seth: *Nachbarn im All.* München 1999

Schneider, Adolf: *Besucher aus dem All.* Bern o.J.

Schulze-Thulin, Britta: *Großsteingräber und Menhire – Sachsen-Anhalt, Thüringen, Sachsen.* Halle 2007

Siegel, Felix: *Das Tunguska-Phänomen.* Suhl 1997

Stanglmeier, G. F. L.: *Mit dem Mond zur Weltherrschaft: Geheime Missionen im All.* Rottenburg 2008

Steckling, Fred und Glenn: *Wir fanden außerirdische Basen auf dem Mond.* Rottenburg 1996

Swaaf, Kurt F. de: *Die Zombie-Schnecken von Kalifornien.* Spiegel online 24.10.2008

Taube, K.: *Aztekische und Maya-Mythen.* Stuttgart 1994

Vértes, E.: *Die Mythologie der Uralier Sibiriens,* in: Schmalzriedt/Haussig: *Götter und Mythen in Zentralasien und Nordeurasien.* Stuttgart 2004

Vernaleken, Theodor: *Mythen und Bräuche des Volkes in Österreich.* Wien 1859

Vieweger, Dieter: *Wunsch oder Wahrheit,* in Spiegel Geschichte 3/2009

Wenger, Rémy: *Höhlen - Welt ohne Licht: Entstehung, Erscheinungsformen, Tierleben, Höhlenforschung.* 2007

Wilkins, Harold T.: *Strange Mysteries of Time and Space.* New York 1958

Zöllner, J. K. F.: *Populäre Beiträge zur Theorie und Geschichte der vierten Dimension.* Leipzig 1881

Weitere Infos im Internet

www.klagenfurt.at/klagenfurt-am-woerthersee/lindwurmsage

www.woertherseemandl.at/woertherseemandl_sage

Das Pentagon plant die Zombie-Apokalypse, 15.05.2014, http://www.welt.de/politik/ausland/article128030435/Das-Pentagon-plant-die-Zombie-Apokalypse.html

Videos zu den Formwandlern:

http://www.youtube.com/watch?v=ziB35K9shuI&feature=player_embedded

Weitere Version des Videos u. a. mit Größenvergleichen der Bildszene am Tag: http://www.youtube.com/watch?feature=player_embedded&v=VHsEr_9IIVM

Blair Witch-Kult: www.blairwitch.com

Die Seite der Blair-Hexen-Jagd: www.blairwitch-hunt.com

Die Seite der berühmt-berüchtigten Stadt: www.burkittsville.org

Vierte Art:

http://www.rlnn.com/ArtNov05/UnsolvedCasesNomeAttractFBI.html

http://www.thefourthkind.net/

http://en.wikipedia.org/wiki/The_Fourth_Kind

http://de.wikipedia.org/wiki/Nome_%28Alaska%29

http://unbelievable-pictures.com

http://www.fgk.org/?p=3068

deposit.ddb.de/cgi-bin/dokserv?idn=960440828&dok_var=d1&dok_ext=pdf&filename=960440828.pdf

http://www.allmystery.de/themen/gg7789

www.qeiyafa.huji.ac.il / cnn.com

http://de.wikipedia.org/wiki/Aswang

http://www.six-shooter.de/2010/03/philippinische-monster-surviving-evil/

http://www.vampyrbibliothek.de/vampire/vampire-aswang.htm

http://aswangmovie.blogspot.com/

Bilder von angeblichen Sichtungen eines Aswang:

http://www.youtube.com/watch?v=OPLjcWTU6aI

Riesen in der Mythologie. wikipedia.org/wiki/Riese

smd.qmul.ac.uk

http://www.subversiveelement.com/history_unusual_remains.html

http://spanishhill.com/articles/horned/htm

http://www.spanishhill.com/skeletons/

http://credomutwa.com/

http://home.nwn.de/darklands/fulcanelli.htm

http://astrologieklassisch.wordpress.com/2009/04/10/wo-und-wie-verbirgt-sich-alchemist-fulcanelli-geboren-1839/

Welten Im Zusammenstoß – Mars ist mit gigantischem

Asteroiden zusammengeprallt, in

http://jungemedienhamburg.wordpress.com/2008/06/17/welten-im-zusammenstos-mars-ist-mit-gigantischem-asteroiden-zusammengeprallt/

http://www.bild.de/news/ausland/stephen-hawking/glaubt-nicht-an-ein-leben-nach-dem-tod-17931418.bild.html

http://de.wikipedia.org/wiki/Troll_%28Mythologie%29

http://www.nordlandscape.de/info-norwegen/huldra

Sichtung einer Huldra:

http://www.beliefnet.com/boards/mess...ssionID=203031

http://www.vg.no/pub/vgart.hbs?artid=7906687

The Dyatlov Pass Incident, http://failuremag.com/feature/article/the-dyatlov-pass-incident/#ixzz2owwgcr9R

Mysterious Deaths of 9 Skiers Still Unresolved, by Svetlana Osadchuk, http://www.sptimes.ru/story/25093

Autor will Rätsel um „Djatlow-Pass-Unglück“ gelöst haben, http://grenzwissenschaft-aktuell.blogspot.de/2013/12/autor-will-ratsel-um-dyatlow-pass.html

http://www.n-tv.de/leute/film/Das-Unglueck-am-Djatlow-Pass-55-Jahre-ungeloest-article12025596.html

Cicero: http://www.thelatinlibrary.com/cicero/nd.shtml

http://www.marcopolo.de/reisefuehrer-tipps/kaernten/index-5917.html

http://www.arnoldstein.gv.at/

Benediktinerkloster in Arnoldstein: http://www.burgruine.at/

Andreaskirche Thörl-Maglern: http://www.kath-kirche-kaernten.at/pfarren/pfarre/C3248/

Burg Finkenstein: http://www.burgarena.at/

Anomales SETI-Signal: http://apod.nasa.gov/apod/ap110206.html

setiathome: http://setiathome.berkeley.edu/

Horowitz Group Home Page: http://seti.harvard.edu/index.html

http://37signals.com/svn/posts/3238-paul-horowitz-and-the-real-37-signals

Century Light Bulb, National Public Radio, Juni 2001:

http://www.mercurynews.com/ci_17287091?source=most_emailed&nclick_check=1

http://www.viamagazine.com/attractions/livermores-famous-lightbulb

http://www.centennialbulb.org

Die Live Cam der Glühbirne finden Sie unter: http://centennialbulb.org/photos.htm

Internetseite mit umfangreichen Studien zum Thema Riesen und vielen anderen spannenden Themenbereichen: http://atlantisforschung.de

Internet-Links wurden nach bestem Gewissen auf Aktualität und Funktion geprüft. Leider kann es dennoch immer wieder vorkommen, dass einige Links gelöscht wurden und Seiten nicht mehr erreichbar sind. Hinweise nimmt der Autor gern entgegen und kann etwaige Aktualisierungen in künftigen Auflagen veröffentlichen.

Abb.4: Dyatlov-Unglück, gemeinfrei. Foto https://de.wikipedia.org/wiki/Ungl%C3%BCck_am_Djatlow-Pass#/media/File:Dyatlov_Pass_incident_02.jpg

Abb. 5: Cart Ruts Insel Pico, Foto Hans-Dieter Gau.

Abb. 6: Cart Ruts in Kärnten, Foto Ursula Bartolot.

Abb. 25: Erdställe, Foto Heinrich Kusch/Verlag V.F. Sammler.

Abb. 27: Norbert von Xanten, gemeinfrei. Foto https://de.wikipedia.org/wiki/Norbert_von_Xanten#/media/File:Norbert_xanten.JPG

Abb. 28: Arecibo, Foto NASA.

Abb. 29, 30, 31 und 32: Apollo-Aufnahmen, Fotos NASA.

Abb. 33: Spuren organischer Moleküle, Foto Professor Chandra Wickramasinghe.

Abb. 34: Cygnus X-3, Foto NASA.

Abb. 37: Phaeton, Foto https://de.wikipedia.org/wiki/Phaethon_%28Mythologie%29#/media/File:Peter_Paul_Rubens_-_The_Fall_of_Phaeton_%28National_Gallery_of_Art%29.jpg

Abb. 38: Heinrich Wilhelm Olbers, Foto https://commons.wikimedia.org/wiki/Category:Heinrich_Wilhelm_Olbers?uselang=de#/media/File:Heinrich_Wilhelm_Olbers.jpg

Abb. 39: Venus, Foto Deutsches Zentrum für Luft- und Raumfahrt (DLR).

Abb. 40: „Centennial Bulb“, Foto http://www.centennialbulb.org/.

Alle anderen Bilder: Roland Roth.

Aufruf

Liebe Leserinnen und Leser!

Hatten Sie auch schon merkwürdige Erlebnisse oder seltsame Beobachtungen, die nicht in die uns bekannte Realität passen? Gern können Sie mir schreiben, ich möchte solche Ereignisse sammeln und dokumentieren, um in der weiteren Erforschung seltsamer Phänomene herauszufinden, wie weit verbreitet Begegnungen mit anderen Realitäten sind und was wirklich dahintersteckt.

Schreiben Sie mir per Email: roth-verlag@web.de oder wenden Sie sich an den Verlag, er leitet die Post direkt an mich weiter:

Roland Roth
c/o Ancient Mail Verlag
Europaring 57
64521 Groß-Gerau

Internet: http://www.ancientmail.de/kontakt/

Literatur zu den Rätseln der Geschichte dieser Welt und weiteren faszinierenden Themen finden Sie im Verlagsprogramm des Ancient Mail Verlags:

Roland Roth

Technogötter

Vorzeitliche Hochtechnologie und verschollene Zivilisationen

ISBN 978-3-935910-88-0, Din A5, Pb., 236 Seiten, 52 s/w-Abbildungen, **€ 16,50**

Wussten Sie, dass die Terrassen von Baalbeck im Libanon als „Wohnsitz der Götter" galten? Ist Ihnen bekannt, dass technische Artefakte und gepflasterte Straßen in uralten Sedimentschichten entdeckt wurden? Wussten Sie von dem rätselhaften und weltweiten Schlangenmythos? Sie dachten, Kolumbus entdeckte Amerika – warum finden sich dann Kopien uralter Karten mit den exakten Umrissen Amerikas und der Antarktis? Wussten Sie, dass in uralten Zeiten Kriege mit modernsten Waffen ausgetragen wurden? Ja, dass frühe Völker wie die Ägypter oder Inkas den Sinn und Zweck fliegender Maschinen erkannten? Ist Ihnen bewusst, dass indische Überlieferungen von hochtechnisierten Zivilisationen berichten, die bereits der Raumfahrt befähigt waren? Hätten Sie gewusst, dass die sagenumwobenen Reiche Mu und Lemuria vielleicht doch nicht nur reine Legenden sind? Und dass die Spuren sowohl auf den Osterinseln, als auch auf Neuseeland und Hawaii zu finden sind? Wussten Sie, dass die Cherubim und Seraphim aus der Bibel fliegende Vehikel einer überlegenen Technologie waren? Als es in Europa nur primitive Menschengrüppchen gegeben haben soll, bauten diese jedoch schon astronomische Monumente mit gigantischen Bausteinen – woher hatten sie dieses Wissen? Wussten Sie, dass in dunkler Vergangenheit tonnenschwere Steinkolosse mit Leichtigkeit bearbeitet und transportiert wurden? Haben Sie schon davon gehört, dass die rätselhafte Megalithkultur auch in Deutschland überaus aktiv war? War Ihnen die nur wenigen Menschen bekannte Tatsache bewusst, dass es Sternentore und Teleportationsgeräte vor undenklichen Zeiten wirklich gab? Sie dachten, dass Gott den Menschen schuf – falsch, denn es steht schon anders in der Bibel, denn Gott war nicht allein. Wussten Sie, dass am Golf von Khambhat in Indien versunkene Städte entdeckt wurden, die wesentlich älter sind als die Kultur der Sumerer? Die Indianer kamen nicht über die Beringstrasse auf den amerikanischen Kontinent; wussten Sie das? Ist Ihnen bekannt, dass Atlantis wahrscheinlich nicht nur eine literarische Erfindung ist? Hörten Sie jemals davon, dass die uralten Kulturen durch gewaltige Katastrophen vernichtet wurden . . .?

Solchen und vielen weiteren großen und kleinen Fragen und Rätseln der Geschichte und Gegenwart der Menschheit geht der bekannte Sachbuchautor und Journalist Roland Roth in seinem neuen Buch nach. Und der Autor beweist damit, dass unsere Vergangenheit wesentlich phantastischer war, als wir es heute glauben! Eine Reihe von Fragen der Vergangenheit sind für die Öffentlichkeit gar keine. Sie irrt sich, und das Buch beweist es. Denn es existieren noch immer offene Phänomene, die der Autor in diesem Buch analysiert. Den kritischen Blick verliert er dabei jedoch nie, denn es gibt natürlich auch Experten und solche, die es sein wollen, die Gegenargumente der Schulwissenschaft anführen. Doch stimmen diese bei einer näheren Betrachtung überhaupt? Ja und Nein sagt der Autor und führt den Leser so in eine Welt des Unerklärlichen, die vor Jahrtausenden begann und noch immer existiert.

Robert M. Schoch, Ph. D.

Die vergessene Zivilisation

Die Bedeutung der Sonneneruption in Vergangenheit und Zukunft

ISBN 978-3-95652-078-5, Din A5, Paperback, 423 Seiten, 25 s/w-Abbildungen, 14 Farb-Abbildungen, **€ 22,80**

Das plötzliche Erscheinen von Zivilisation im Jahre 3.000 v. Chr. stellt nicht das erste Auftauchen einer Zivilisation dar. Eher ist es das erneute in Erscheinung treten einer Zivilisation nach ungefähr 5.000 oder mehr Jahren. Natürlich gibt es erwiesenermaßen eine Kultur in der Zeit von 10.000 v. Chr. bis 9.000 v. Chr., also tausend Jahre früher als die Ägyptische Dynastie und ihre Zeitgenossen in Mesopotamien und dem Industal.

Dieses früheste Erblühen einer Zivilisation wurde im Allgemeinen von der Menschheit vergessen, obwohl Hinweise darauf immer noch in Heiligen Inschriften, überlieferten Legenden und uralten Texten gefunden werden können. Der Garten Eden, Erzählungen über ein Goldenes Zeitalter und Platos Erzählungen über Atlantis könnten alle als Referenz für diese ursprüngliche Zivilisation dienen. Jetzt ist es an der Zeit, ihr Erbe anzutreten.

Werner Betz

Kräfte aus dem Nichts?

Geheimnisvolle Orte und rätselhafte Energien

ISBN 978-3-95652-056-3, Hardcover, Din A5, 206 Seiten, über 70 Farb-Abb., **€ 19,50**

Warum wurde die Kathedrale von Chartres genau an dem Platz erbaut, an dem sie heute steht und warum finden wir in der Bretagne kilometerlange Reihen von Menhiren, die einst unter großem Aufwand dort errichtet wurden? Wie entstand in einem Megalith-Bauwerk eine Temperatur von 2.000° C, so dass die Oberflächen der Steine verglasen konnten?

Bei diesem Buch handelt es sich um die Geschichte einer Entdeckung. Auf der Suche nach der Ursache der Kräfte, die an besonderen Orten wie Kultstätten oder Wallfahrtsorten wirken, haben Werner Betz und Sonja Ampssler Zusammenhänge aufgedeckt, die nahe legen, dass hier tatsächlich eine Energie im physikalischen Sinn im Spiel ist. Zu diesem Zweck haben sie eine Messmethode entwickelt, mit der sie nachweisen können, dass der Ausschlag einer Wünschelrute nichts mit „Esoterik" zu tun hat, sondern das Ergebnis einer messbaren Kraft ist. Die hierfür benötigten Hilfsmittel sind einfach zu beschaffen und das Verfahren kann von jedermann ohne großen Aufwand angewendet werden. Überraschungen erlebten die beiden auf ihren Reisen in Europa immer wieder vor allem in traditionsreichen Kirchen und Gebäuden, aber auch bei Menhiren, Dolmen und Megalith-Bauten. Damit können sie belegen, was bisher nur vermutet wurde, nämlich dass diese in einem unmittelbaren Zusammenhang mit einer Energie stehen, die von den Menschen vielleicht bald wirtschaftlich genutzt werden kann. Damit kann die so genannte „Freie Energie" von Forschung und Wirtschaft nicht mehr ignoriert werden, denn sie ist mit Instrumenten nachweisbar, womit die Voraussetzung für eine systematische Erforschung und spätere Nutzung dieser Energiequelle gegeben ist.

Der Weg zu dieser Erkenntnis war spannend und hat viele neuen Fragen aufgeworfen und einige davon sogar beantworten können. Alle Schauplätze, an denen die Autoren recherchiert haben, sind durch zahlreiche Fotos dokumentiert und anschaulich vorgestellt.

Was wussten unsere Vorfahren von Energien, die uns heute noch Rätsel aufgeben? Werner Betz und Sonja Ampssler hoffen, dass ihre Erkenntnisse einen Anstoß dafür geben, dass die Wissenschaftler diese Rätsel in absehbarer Zukunft lösen können und das Wissen unserer Ahnen neu entdecken.

Alexander Knörr/Roland Roth (Hrsg.)

Terra Divina

Auf den Spuren der göttlichen Lehrmeister

ISBN 978-3-944198-17-0, Din A5, Pb, 326 Seiten, 131 Abb. **€ 19,50**

Terra Divina ist Latein und bedeutet „göttliche Erde".
„Göttliche Erde" deshalb, weil es Tausende Hinweise gibt, dass unsere Erde vor Jahrtausenden von „Göttern" besucht wurde, die uns Menschen nachhaltig beeinflussten und dann wieder verschwanden. Dorthin verschwanden, wo sie hergekommen waren – in die Tiefen des Weltalls. Die Hypothesen der Prä-Astronautik, die diese Annahme zu bestätigen sucht, sind nicht neu. Aber sie sind eben auch immer noch hochaktuell. Und gerade dieses Buch veranschaulicht diese Situation sehr gut.

Immer wieder wird argumentiert, dass die Prä-Astronautik „nichts Neues" ans Tageslicht bringt, dass immer wieder nur alte Themen aus den Schubladen herausgekramt und aufgepäppelt werden.
Die Autorenkollegen und Herausgeber von „Terra Divina", Alexander Knörr und Roland Roth wollten dies nicht länger auf sich sitzen lassen. So trugen sie aus eigener Forschung aber auch aus den Forschungsergebnissen ihrer Forscher- und Autorenkolleginnen und -kollegen eine stattliche Anzahl an Berichten zusammen, die allesamt im deutschsprachigen Raum kaum bekannt geworden sind. Einige sind noch nie vorher in dieser Art behandelt und untersucht worden. Sie erhalten in „Terra Divina" Einblick in die neuesten Forschungsergebnisse von 15 Forschern der Prä-Astronautik die für Sie um die Welt gereist sind um vor Ort zu recherchieren, die sich für Sie mit Themen befassen, die auch sehr gewagt interpretiert wurden. Internationale Autoren, die bereits sehr bekannt sind wie Walter-Jörg Langbein, Roland Horn, Brien Foerster, Gisela Ermel und Thomas Ritter, aber auch in der Welt der Prä-Astronautik noch weitestgehend unbekannte Autoren wie Jürgen Huthmann, Sylvia Lapp oder Frank Grondkowski (um jeweils nur einige zu nennen) beleben mit ihren spannenden und brisanten Artikeln dieses Buch. Sie machen sich streitbar und sicherlich auch mancherorts unbeliebt mit ihren Thesen und Standpunkten. Aber sie versuchen nur eines – Ihnen die „Spuren der göttlichen Lehrmeister" aufzuzeigen. Und sie machen auch eines klar: Es gibt noch so viele Orte, die man aufsuchen, so viele Mythen und Legenden, denen man auf den Grund gehen und so viele Spuren, die man verfolgen kann, dass die Prä-Astronautik noch lange nicht am Ende ihrer Argumente angekommen ist.

Alexander Popoff

Der Djatlow-Pass-Vorfall

Eine Untersuchung, die alle verwirrenden Fakten klärt

ISBN 978-3-95652-091-4, Din A5, Paperback, 110 Seiten, 9 s/w-Abb., **€ 9,80**

Fünfundfünfzig Jahre der Forschung über den Vorfall am Djatlow-Pass – neun junge Skiwanderer sind am Toten Berg (Kholat Syakhl, Russland) unter merkwürdigen Umständen ums Leben gekommen – konnten keine schlüssige Erklärung für dieses seit Langem bestehende Rätsel bieten. Die Fakten dieser Geschichte sind so verwirrend und widersprüchlich, dass es bisher keiner Theorie gelungen ist, sie zu einem stimmigen, realistischen Bild dieser grauenvollen Vorgänge im Jahr 1959 zusammenzubringen. Die sowjetischen Forscher kamen zu dem Schluss, dass eine „unüberwindbare Naturgewalt" den Tod der Skifahrer verursacht hat. In diesem Untersuchungsbericht stellt der Autor 40 Hypothesen über den Vorfall am Djatlow-Pass vor – und natürlich auch seine eigene Theorie, die eine überraschende, aber realistische Lösung für dieses langjährige Rätsel bietet.

Norbert Renz

Die Bundeslade als Funkgerät

ISBN 978-3-95652-100-3, Paperback, 100 Seiten, 12 s/w-Abbildungen € 9,80

Wer kennt sie nicht? Däniken, Charroux, Krassa, Sitchin und ihre Theorien über antike Astronauten und Technologien! Zu Recht klagen die Leser immer wieder, dass die Theorien ja recht plausibel sind, aber es bleibt immer das Gefühl, dass in den Argumentationen etwas fehlt. Sozusagen der Transistor, der aus der Ersatzteilkiste des antiken Servicetechnikers fiel, ein ultimativer Beweis, oder wenigstens eine Stellungnahme eines Ingenieurs oder Wissenschaftlers, welche die Hypothesen untermauert.

Techniker wie der NASA-Ingenieur Blumrich oder Garn hatten bereits mutig die Lampen von Dendera oder Raumschiffberichte aus der Bibel analysiert. In diesem Buch wagt der Autor den Versuch, dasselbe mit der Bundeslade zu tun, und zwar mit Zahlen und Berechnungen, die dem Stand der Technik möglichst nahe kommen und sich so eng wie möglich an den Wortlaut der Bibel halten.

Er geht einen mutigen Schritt, jedoch ist dabei jede einzelne seiner Überlegungen technisch fundiert begründet und nachvollziehbar. Nur wer daran glaubt, dass nicht sein kann, was nicht sein darf, wird sich seinen sachlichen Argumenten verschließen. Doch mit dieser Haltung gäbe es auch keine Waschmaschine, kein Internet und keine Raumfahrt.

Roland Roth

Von Space-Schnaps und Wurmlöchern

Wörterbuch für Hobby-Raumfahrer

978-3-935910-86-6, Din A5, Paperback,
81 Seiten, zahlreiche Illustrationen, **€ 8,90**

Der urige Weltraum-Guide für Space-Touris

Wer mal eben ins All düsen will, sollte gewappnet sein. In der Raumfahrer-Szene haben sich über Jahrhunderte Begriffe und Worte eingebürgert, die stets eine ganz spezielle Bedeutung haben und man muss schon Bescheid wissen, was die „alten Hasen“ und "Space-Trucker" da so erzählen, wenn sie von „schwarzen Löchern“ oder "Kobolden im All" erzählen. Das „Wörterbuch für Hobby-Raumfahrer“ bietet jedem ein nicht ernstzunehmendes Nachschlagewerk, das im grauen Alltag zum Schmunzeln anregen soll, das man - einmal aufgeklappt - nicht so schnell wieder aus der Hand legen möchte. Dabei finden sich hier und da nicht ganz ernst gemeinte Sprüche und völlig aus der Luft gegriffene Worterklärungen für durchaus etablierte astronomische und astronautische Begriffe.

Illustriert wird dieser hilfreiche Ratgeber mit verkappten Zeichnungen, die den bissigen und hintergründigen Humor des Wörterbuches unterstreichen.

Aber aufgepasst: "Das Wörterbuch für Hobbyraumfahrer" entführt Sie nicht selten in andere Welten, auf denen es nicht immer seriös zugeht.